UN LIDER NO NACE, SE HACE

UN LIDER NO NACE, SE HACE

Ted W. Engstrom

GRUPO NELSON
Una división de Thomas Nelson Publishers
Desde 1798

NASHVILLE   DALLAS   MÉXICO DF.   RÍO DE JANEIRO   BEIJING

UN LIDER NO NACE, SE HACE
© 1980 EDITORIAL CARIBE
P.O. Box 141000
Nashville, TN 37214-1000

Publicado originalmente en inglés con el título de
THE MAKING OF A CHRISTIAN LEADER
Copyright © 1976 por Ted W. Engstrom
Publicado por Zondervan Publishing House
Grand Rapids, MI 49506, E.U.A.

Versión castellana: Reinerio Bracelis,
M. Francisco Liévano R.

ISBN 0-88113-330-2
ISBN 978-0-88113-330-1

Printed in U.S.A.

E-mail: caribe@editorialcaribe.com
19ª Impresión, 07/2007
www.caribebetania.com

A unos pocos hombres,
que son mis estimados amigos,
entre muchos que han modelado en mí el liderato cristiano:

Bob Cook, quien me enseñó la disciplina espiritual;
Ray Ortlund, mi pastor, quien me ha enseñado lo que significa
   amar a los hermanos;
Evon Hedley, quien me enseñó la lealtad;
Stan Mooneyham, quien me enseñó la compasión;
Ed Dayton, quien me enseñó a hacer mejores planes;
Carlton Booth, quien me enseñó el "principio de Bernabé" (el arte
   de aconsejar);
Dick Halverston, quien me enseñó el verdadero significado de las
   prioridades espirituales; y
Pat Zondervan, quien me enseñó la importancia del detalle.

—y a la multitud de apreciados amigos y colegas, de los cuales no
doy los nombres, cuyos efectivos y variados papeles y estilos de
liderato me han ayudado.

Contenido

Reconocimientos

Estoy inmensamente agradecido a David J. Juroe por su excelente investigación y su ayuda en la preparación de este libro. David es, de suyo, un autor dotado, pastor de éxito, maestro bíblico y consejero cristiano. Sin reservas se dedicó a ayudarme en esta tarea.

Muy afectuosamente le manifiesto mi gratitud, pues sin su guía, profundamente apreciada, probablemente este libro no se hubiera publicado.

T.W.E.

Deseo expresar mi más profundo reconocimiento a las siguientes casas editoriales por haberme concedido permiso para tomar citas de sus publicaciones:

Theological Dictionary of the New Testament (Diccionario teológico del Nuevo Testamento), Vol. III, por Gerhard Kittel. Grand Rapids: Wm. B. Eerdmans Publishing Co., 1965 (Usado con permiso).

The Art of Leadership (El arte del liderato), por Ordway Tead. Copyright ©1963 por McGraw-Hill Book Company (Usado con permiso).

Spiritual Leadership (Liderato espiritual), por J. Oswald Sanders. Copyright ©1967, Moody Press, Moody Bible Institute of Chicago (Usado con permiso).

Competent to Lead (Competentes para dirigir), por Kenneth O. Gangel. Copyright ©1974, Moody Press, Moody Bible Institute of Chicago (Usado con permiso).

Excellence in Leadership (La excelencia en el liderato), por Frank Goble. Copyright ©1972 por American Management Association, Inc (Usado con permiso).

The Time Trap (La trampa del tiempo), por R. Alec Mackenzie. Copyright ©1972 por Amacom, división de la American Management Association (Usado con permiso).

Prólogo

¿Dónde estabas tú, Ted Engstrom, cuando te necesité?

¡Cuánto hubiese dado por un libro como éste, cuando recién graduado del colegio universitario, fui llamado a pastorear una pequeña congregación al sur de Oklahoma! O cuando a los 27 años de edad, de repente fui lanzado otra vez en las aguas del liderato que dejaron completamente sumergida mi cabeza. Yo había estudiado la Biblia. Había tomado muchos cursos de educación religiosa. Finalmente me había especializado en periodismo religioso. Descubrí que nada de eso me capacitó para dirigir una congregación, ni para ser secretario ejecutivo de una organización eclesiástica de 200.000 miembros.

Sin embargo, allí estaba yo, desempeñando el liderato en virtud de unas elecciones que hubo en una convención de iglesias. Me dominaba un fuerte impulso de gritar: ¡Auxilio!

¿Dónde estabas tú, Ted?

Tropecé desde el principio hasta el fin. Luché para mantenerme a flote. Me especialicé en experimentos empíricos. Cometí un sinnúmero de errores. Entonces te necesité. Necesité este libro.

Tus consejos hubieran sido como una mano firme sobre mi hombro, como una voz que dijese a mi oído: "Intenta esto. Es un principio de liderato probado y comprobado".

Pero tal vez tú mismo no conocías los principios en ese tiempo. Al fin y al cabo, aún estabas en el umbral de tu propia carrera, la cual te distinguiría como uno de los dirigentes cristianos más dotados y efectivos de nuestra generación. ¿Cómo hubiese podido saber cualquiera de los dos, o aun adivinado que, según la providencia de Dios, no sólo se cruzarían nuestros caminos, sino que se fundirían para que llegásemos a ser compañeros de equipo? Somos participantes en un ministerio cristiano tan maravilloso como en que se ha visto en la última mitad del siglo XX.

Quizás no hubieses podido escribir este libro cuando yo estaba luchando con mis propias responsabilidades de liderato. Pero ahora puedes escribirlo. Puedes ser la mano firme y la voz bondadosa, por cuanto has vivido lo que has escrito. Si alguien sabe esto, ése soy yo. A través de nuestra diaria asociación íntima a lo largo de siete años, he observado que tus fantásticas cualidades de liderato maduran y llegan a producir su fruto pleno. Tales cualidades me han servido de bendición. He recibido beneficio de ellas.

Ahora, todos aquellos principios válidos que formulas con claridad en este volumen llevan el peso y el calor de tu personalidad y de tu experiencia. Eso es lo que hace que para mí este libro sea tan valioso. El libro eres tú. Los problemas del liderato no son abordados en el vacío, sino en el crisol del encuentro personal. Eso le da autoridad al libro. Estas páginas contienen lo que tus oídos han examinado atentamente en el campo de la publicidad, tu brillante liderato en el dinámico movimiento Juventud para Cristo y tus años de éxito espectacular en la administración como vicepresidente de Visión Mundial Internacional.

La cúspide de tu carrera es en realidad el sitio apropiado desde el cual compartir algo de lo que has aprendido, de lo que la vida te ha enseñado, de lo que te ha enseñado el Espíritu Santo y de lo que has aprendido de otras personas. Así como yo te necesité en ese tiempo, así la generación de dirigentes cristianos que están surgiendo necesita oír ahora tus saludables palabras.

Lamentablemente . . . trágicamente . . . la iglesia ha marchado muy lentamente en la preparación y capacitación de aquellos a quienes ha confiado el liderato. A menudo los hemos lanzado en las aguas profundas de la responsabilidad, con pocos conocimientos sobre las técnicas y los principios que deben aplicarse, no sólo para mantenerse a flote, sino con la esperanza de producir algún movimiento hacia adelante. Tu libro instructivo y motivador bien puede rescatar a los que forcejean torpemente, y dar impulso a los que sólo han estado pisando el agua, sin decidir lanzarse a ella.

Claro que tanto tú como yo sabemos que un solo volumen no va a formar un líder cristiano. Recuerdo una conversación que tuve hace pocos años con un joven amigo nuestro que había asumido la dirección de una organización que contaba con grandes posibilidades. Me preguntó si yo sabía de alguna organización o escuela que estuviese *produciendo* líderes cristianos. Mi respuesta fue algo así como lo siguiente: "Nadie *produce* dirigentes cristianos. Los certificados, títulos y diplomas no forman líderes. No se pueden producir en masa como plantas de invernadero".

Más bien, le dije, son como flores silvestres, que algunas veces se las ve creciendo en los lugares más extraños. Es afortunado el movimiento o la organización que, al encontrar un ejemplar prometedor, puede trasplantarlo y cultivarlo para obtener de él el máximo beneficio.

Tu libro, Ted, es parte del proceso esencial de cultivo para muchos que nos sentimos mal equipados, o que necesitamos un curso de repaso, a fin de llegar a ser todo lo que Dios quiere que seamos, y todo lo que nuestra responsabilidad nos exige.

Ahora sé dónde estabas cuando te necesité. Dios te estaba formando para que fueras un líder, a fin de que llegaras a ser instrumento de El en la formación de otros líderes para nuestro tiempo.

Gracias, Ted.

Y gracias a ti, Señor.

—W. STANLEY MOONEYHAM
Presidente de la organización
Visión Mundial Internacional

Introducción

En el día de hoy, el mundo se enfrenta a problemas que parecen insuperables. Son asombrosos los problemas de seguridad y defensa. La mayor parte de nuestros jóvenes, nuestros futuros líderes, están confundidos, alienados y desmoralizados. La moral está permanentemente en déficit. Casi no existen las normas morales. La creciente deuda nacional, la bancarrota de las naciones, los problemas financieros de las ciudades y la inestabilidad económica crean más alarma cada día. En medio de estas graves circunstancias, nuestra generación se enfrenta igualmente a un serio problema: una crisis de liderato.

Estas crisis, y muchas otras, brotan en primer lugar de la falta de un liderato positivo, constructivo, dinámico y creador. En algunos casos no se ejerce ningún liderato en absoluto. Tales crisis de nuestro tiempo reflejan un escape de las virtudes fundamentales y de los valores que han dado forma a las grandes naciones. Estos valores han sido forjados lentamente a través de los siglos, con dolor y sacrificio, por una serie de líderes fuertes y efectivos. Con el paso del tiempo, muchas grandes civilizaciones han abandonado estos preceptos. Esas civilizaciones sólo podemos conocerlas en la medida en que los arqueólogos reconstruyen la historia de ellas mediante el examen de sus ruinas.

La organización que logra el éxito tiene una característica principal que la separa de las organizaciones que no lo logran: un liderato dinámico y efectivo. Peter F. Drucker señala que los administradores (líderes de negocios) constituyen el recurso básico y más escaso de cualquier empresa comercial.

Las palabras de Karl Jaspers suenan hoy como un presagio: "El poder del liderato parece estar declinando en todas partes. Un número cada vez más creciente de los hombres que vemos llegar hasta la cima parece que sólo va a la deriva". Posteriormente declara que "el resultado es la debilidad en un liderato colectivo que se esconde del público".[1]

Muchos están de acuerdo con sus conclusiones, que señalan las tragedias de un seudoliderato. Es indiscutible que el éxito o el fracaso, el surgimiento y la caída de los grupos, ya sean religiosos o seculares, es algo que está determinado por la calidad del liderato. La única conclusión que podemos deducir es que la necesidad de líderes dedicados y fuertes es imperiosa.

En vista de las graves amenazas que se levantan contra la sociedad, hay un clamor angustioso que exige líderes responsables en el mundo cristiano. No basta razonar que este es el mundo de Dios, y que Dios se encargará de él; o que Cristo regresa pronto, así que de todos modos, ¿qué importa? Tales puntos de vista sólo complican los profundos problemas y debilitan la posición de la comunidad cristiana, que es la única que tiene los ingredientes para levantarse y ofrecer adecuada orientación a una generación decadente.

El liderato sólido, confiable, leal y vigoroso es una de las necesidades más desesperantes hoy tanto en América como en nuestro mundo. Experimentamos la tragedia de ver hombres débiles en sitios de importancia, hombres pequeños en grandes tareas. El comercio, la industria, el gobierno, el trabajo, la educación y la iglesia, todos tienen hambre de un liderato efectivo. Así que hoy, tal vez más que nunca antes, hay la necesidad de liderato y de trabajo de equipo para hacer frente a las necesidades.

Cuando censuramos la escasez de talento para el liderato en nuestra sociedad, no nos referimos a la carencia de personas para ocupar los cargos administrativos o ejecutivos; tenemos suficientes "cuerpos" administrativos. Más bien estamos profundamente preocupados por la escasez de gente dispuesta a asumir papeles significativos y hacer la tarea de una manera efectiva. El dirigente efectivo no espera que las cosas pasen; ayuda a que pasen las cosas. Toma la iniciativa.

Tanto los valores nacionales como los individuales están cambiando, lo cual crea brechas de comunicación y de entendimiento, y genera sentimientos de frustración, ira e inseguridad por todas partes. Hoy, con la demanda de liderato que va implícita en el cambio, hay muy pocos individuos que tengan capacidades de dirección para orientar los cambios que están ocurriendo.

No sólo existe un clamor que demanda líderes políticos que evidencien integridad, sino que también la iglesia necesita desesperadamente líderes excelentes y vigorosos. Si este libro contribuye al continuo intento de definir y estimular a las personas a fin de que den un paso hacia las filas del liderato, habrá cumplido su propósito.

Debe decirse que bien hablemos de lo secular o de los grupos relacionados con la iglesia, el tiempo de los líderes que se forman por su propia cuenta, del hombre que crece con la organización y aprende el liderato principalmente por experiencia personal, está volando rápidamente. Las organizaciones altamente sofisticadas de hoy requieren dirigentes que tengan una comprensión completa de los básicos principios teóricos de la administración y de las relaciones humanas a fin de que logren el éxito. Con esto no estoy infiriendo que la experiencia no es importante, pues las capacidades para el liderato se desarrollan y se perfeccionan sólo a través de la práctica. Pero la clave está en saber qué es lo que se va a practicar.

No hay escasez de literatura ni de información que ayuden en el desarrollo del liderato. El comercio está inundado con este tipo de material, tanto que la persona ocupada no puede examinarlo completamente. Pero este libro constituye un intento de ayudar mejor al líder cristiano para que identifique los principios y conceptos básicos que le permitan saber lo que él es y lo que tiene que hacer. Con tal fin, este libro no sólo destaca los principios de administración, sino también aquellas cualidades personales y virtudes cristianas que han de producir los mejores dirigentes posibles para hoy y para mañana.

A muchos nos parece que los líderes cristianos, en lo que respecta a la ciencia de las relaciones humanas, a menudo se quedan muy atrás de nuestros amigos no cristianos que cumplen papeles de dirección en los negocios, la educación y las profesiones. Así que necesitamos explorar ciertos aspectos interesantes a fin de que todos los líderes cristianos puedan trabajar conjuntamente y en forma más armoniosa y efectiva en la iglesia y en otras organizaciones cristianas.

A los seguidores de Cristo se les agregan ciertos problemas y preocupaciones por cuanto las organizaciones cristianas son diferentes, o por lo menos deben serlo. Son diferentes porque tienen una responsabilidad superior que el propósito básico de la organización. Operan con el entendido de que están haciendo algo, de que son parte de algo, que tiene valor eterno. Son diferentes porque los miembros dentro de la organización participan en una lealtad común a un "Dios que está presente". Por el hecho de que tienen este propósito común y más elevado, asumen un nivel moral y ético que siempre debe trascender a sus metas de corto alcance.

Esto significa que las organizaciones cristianas continuamente tienen que asignar una importancia superior al valor del individuo, a su desarrollo personal y a sus necesidades. Es fácil hacer una declaración de esta naturaleza, pero en la práctica revela implicaciones tremendas. ¿Cuándo colocamos el bien de la organización por encima de las necesidades inmediatas del individuo? ¿Hasta dónde podemos permitir que la situación desesperada de un miembro desvíe al grupo de su llamado?

Además, la mayoría de las organizaciones cristianas tiene cierto grado de inclinación hacia ellas mismas. En un extremo de la escala está la organización que paga a todos sus miembros un salario, pero les impone demandas especiales debido a este tipo de compromiso. En el otro lado está la iglesia local, que paga muy pocos obreros, en caso de que pague algunos. En este sentido, la iglesia local es el organismo más complicado y sofisticado del mundo. Una cosa es dirigir a un grupo de personas que dependen de la organización como medio de vida. ¡Otra cosa muy distinta es motivar a un grupo en que el 99 por ciento son voluntarios!

Esta es precisamente la razón por la cual tenemos que dedicarnos a estudiar el liderato, pues les corresponde a los líderes hacer que cualquier grupo u organización funcione adecuadamente.

En las últimas décadas, la iglesia institucional ha sido difamada tanto desde adentro como desde afuera. "Entretanto —dice Kenneth O. Gangel—, la sociedad bárbara continúa paganizando a la cultura occidental. Nunca fueron tan necesarias la sal y la luz de los discípulos de Cristo. Alguien ha sugerido que vivimos en un mundo que 'ha cumplido su ciclo completo', pues tenemos normas sociales que reflejan una mayor semejanza con las de la antigua Roma que con las de cualquier civilización intermedia. La necesidad de que la vida y el ministerio de la iglesia toquen el ágora de Atenas es patente para todos los que quieran informarse de la realidad".[2]

Los muchos problemas que hay dentro de la iglesia y la falta de pastores y obreros cristianos son hechos que dan testimonio de la incapacidad de muchos de nuestros actuales dirigentes para hacer frente a las rudas lides. Esto indica que es esencial tener un claro concepto sobre la naturaleza del liderato. Para adquirirlo, tomamos materiales prestados procedentes de la investigación secular y analizamos las Escrituras, a fin de formular una filosofía cristiana adecuada; una teología, si se me permite el término, relacionada con el liderato, que saque a las empresas cristianas del estancamiento.

Llevemos esto a la situación del lector. ¿Eres líder de una organización cristiana o de un ministerio que parece no ir a ninguna parte? ¿Te sientes frustrado por tu incapacidad para hacer que se muevan las cosas? Hay pastores, dirigentes de organizaciones eclesiásticas y ejecutivos de organizaciones cristianas que están en la misma situación en todas partes.

Aunque haya muchos síntomas diferentes, generalmente el problema se reduce a un solo factor significativo. Una organización puede tener un gran objetivo fijo: servir a Cristo, servir a la humanidad u ocuparse de los necesitados; pero muy a menudo no se expresa ese propósito en términos que indiquen lo que intentamos *hacer* para lograrlo. Las metas y los objetivos no están claramente definidos.

Una de las principales señales de este mal es el gran número de comités, departamentos y grupos que se organizan en torno a lo que ellos *hacen*, y no en torno a la *tarea* que están tratando de realizar. En la iglesia local, por ejemplo, esto pudiera manifestarse en el creciente número de juntas de educación cristiana, comités de visitas, comités de ujieres, comités de construcción y otros grupos con asignaciones específicas. Cuando se forman estos grupos, generalmente tienen una idea clara de su razón de ser y de qué es lo que van a hacer. Pero después de cinco, diez o quince años, sus metas originales se vuelven borrosas, y se les mete una arteriosclerosis institucional. Cada año se aprueban nuevos presupuestos que son simplemente una ampliación de "lo que se hizo el año pasado, a lo cual agregamos . . ."

Se nombra más personal para realizar esta función o aquella. Se le pide a la gente que forme parte de tal o cual comité durante tres años. Cuando se busca más personal, cada vez se piensa menos en el valor de lo que se va a realizar, y más en la lealtad a la organización. ("Al fin y al cabo, esta es nuestra iglesia".) ¿No es verdad que eso suena familiar?

Este libro se ha escrito para ayudar al líder cristiano a fin de que obtenga una visión más clara de lo que quiere *hacer* y *ser* en una iglesia o en una organización, y sepa cómo llegar a ese objetivo. Cuando utilizo en este libro los términos *líder* y *dirigente*, tengo en mente a un individuo que sirve de guía y desarrolla las actividades de otros para lo cual trata de ofrecer continuamente preparación y dirección. Este individuo puede ser el presidente, el administrador, el ejecutivo, el pastor, el director, el superintendente, el supervisor, el jefe de departamento, y otros. A dichos términos les doy un significado más amplio que a las palabras *director* o *administrador*, las cuales tradicionalmente se relacionan con la industria y el comercio.

Lawrence A. Appley, ex presidente de la Asociación Americana de Administración, habla acerca de una obra escrita en la cual se siguieron todos los principios necesarios para que tuviera éxito: título impresionante, investigación y contenido sólido que abarque la experiencia de unos 15 años. El libro fracasó, sin embargo, por el hecho de que hizo que un principio natural y sencillo se convirtiera en complicado y difícil. El resultado fue que muchos lectores no terminaron el libro, y los que sí lo terminaron quedaron tan confusos por la aparente complejidad del tema que no pudieron sacar provecho de muchas de las buenas recomendaciones.

Se ha escrito mucho con respecto a las capacidades ejecutivas, a la política administrativa y a las habilidades para dirigir, y ha habido tantas discusiones sobre si los líderes nacen o se hacen, que todo el campo del liderato ha quedado envuelto en un misticismo. Como resultado, a muchos que tienen facultades para ser líderes se les desarrollan complejos de temor e imaginan situaciones complicadas donde no existen.

La verdad sobre este asunto es que el liderato es una condición perfectamente natural de la vida. El mundo está dividido en líderes y seguidores. La civilización está atada a alguna clase de progreso, y el progreso depende del liderato. Por tanto, el proceso de selección natural generalmente proveerá los líderes.

Se ha escrito este libro con la esperanza de que no parezca complicado, sino que su contenido despierte y desafíe a muchos a esforzarse por lograr cualidades superiores que los conduzcan a un liderato mejor.

Finalmente, la elaboración de este manuscrito me ha tomado

unos tres años, pero la estructuración de su contenido me ha tomado casi 40. Durante ese tiempo, he estado observando a los líderes, estudiándolos, aprendiendo de ellos y considerando qué es lo que realmente los convierte en líderes. He establecido cálidos lazos de amistad con muchísimos dirigentes cristianos. Me he acercado a ellos, los he observado, he estado con ellos en innumerables situaciones. Este proceso de aprendizaje ha sido sumamente significativo, y la compañía con ellos me ha enriquecido sobremanera. Estos hombres y mujeres me han prestado un servicio genuino. Muy a menudo olvidamos que los amigos y colegas con quienes trabajamos, así como los mismos talentos con los cuales nos identifiquemos y las capacidades que tengamos para el liderato, son en sí mismos dones de Dios.

He descubierto que el procedimiento para escribir un libro es infinitamente más importante que el libro mismo. Al escribir este libro descubrí que yo mismo estaba creciendo, analizando, cambiando, sintetizando, luchando y produciendo. El proceso en sí es en realidad el producto.

Notas

[1]Karl Jaspers, *The Future of Mankind* (El porvenir de la humanidad), Chicago: The University of Chicago Press, 1963, pág. 65.

[2]Kenneth O. Gangel, *Competent to Lead* (Competentes para dirigir), Chicago: Moody Press, 1974, pág. 7.

UN LIDER
NO NACE,
SE HACE

CAPITULO 1
¿Qué es el liderato?

 Cuando Dios crea a un líder, le da la capacidad para hacer que las cosas sucedan.

En cierta ocasión, un amigo mío visitó a un amigo suyo en una pequeña iglesia de Connecticut. Este último había estado allí muchos años predicando a un puñado de personas. Un día, mi amigo lo vio lavando las ventanas de la iglesia, y le preguntó: "¿Pero qué es lo que estás haciendo?" Se hallaba realizando trabajos serviles en la iglesia, muchos de los cuales hubiera podido encomendar a estudiantes de nivel secundario o a hombres y mujeres de la iglesia. La respuesta que dio pareció piadosa y loable, pero realmente era trágica. Dijo: "Yo hago todo por mi propia cuenta (para demostrar su abnegación). Produzco mis propios boletines, lavo las ventanas de la iglesia, y como ves, coloco los himnarios en sus respectivos puestos. Hago todo. De este modo sé que todo está hecho apropiadamente". ¿Era ese pastor un líder en el mejor sentido de la palabra?

Bueno, ¿qué es liderato? Todos saben qué es. ¿O realmente lo saben? Nadie parece estar seguro. Podemos definir lo que hacen los administradores, pero parece que lo más cerca que podemos llegar de una definición ampliamente aceptable de liderato consistiría en afirmar que eso es lo que hacen los líderes. Y cuando tratamos de definir qué son líderes, la única conclusión a que llegamos es que los líderes son los que dirigen a los demás.

Francamente, el liderato es una cualidad que no alcanzamos a comprender, en caso de que de algún modo sea cualidad. Los sociólogos y los sicólogos han examinado a individuos para buscar en ellos rasgos de liderato, pero muy a menudo han logrado pobres resultados. El reciente entusiasmo que se levantó en favor de la sociometría ha demostrado ser algo que logra más, pero aún deja mucha duda.

¿Por qué debemos estar preocupados? Porque, como se dijo en el prefacio, el desarrollo del liderato es la clave para lograr un desarrollo significativo de la sociedad moderna y un porvenir efectivo para la Iglesia Cristiana en el mundo. Tenemos que estudiarlo con más detenimiento, pues el verdadero liderato es una cualidad que sólo se halla en muy pocos individuos.

Cómo lograr que las cosas se realicen

Nicholas Murray Butler, ex presidente de la Universidad de Columbia, dijo: "Hay tres clases de personas en el mundo: las que no saben lo que está ocurriendo, las que observan lo que está ocurriendo y las que hacen que ocurran las cosas".

Aunque puede ser difícil definir el liderato, la característica común en todos los líderes es la capacidad para hacer que las cosas se realicen; actuar para ayudar a que otros trabajen en un ambiente dentro del cual cada individuo que presta servicios bajo su dirección se sienta animado y estimulado hasta el punto en que se le ayude a descubrir sus más plenas capacidades para ofrecer una contribución significativa.

Los resultados notables no se pueden obtener de las personas por la fuerza. Sólo se producen cuando los individuos colaboran con el estímulo y la inspiración del líder, que se esfuerza para lograr una valiosa meta común. La acción es la clave, por cuanto la cualidad de líder y la de administrador no se excluyen mutuamente. El líder generalmente es un buen administrador, pero un buen administrador no es necesariamente un buen líder ya que puede ser débil en lo que se refiere a la acción que motive a otros.

Cuando se cuenta con todos los datos, la decisión rápida y clara es una señal del verdadero liderato. Los líderes se resistirán a la tentación de postergar una decisión, pero no vacilarán después que la hayan tomado.

Pudiéramos decir, entonces, que el liderato es un *acto* o una conducta que requiere el grupo para hacer frente a sus metas, en vez de ser una condición. Es un acto, bien de palabra o de hecho, para influir en la conducta hacia un fin deseado. Generalmente el líder conduce en muchas direcciones. A menudo identificamos a las personas como líderes en virtud de la posición que ocupan, de su reconocida capacidad, de su prestigio, de la condición social que tengan o de ciertas características personales atrayentes. Sin embargo, aun así, pudieran no quedar incluidos en nuestra definición, a causa de su incapacidad para motivar a las personas y actuar decisivamente para lograrlo. El hombre completo es el que puede satisfacer *todo* lo que los actos le exigen en todas las situaciones. De éstos, hay muy pocos.

Nunca son títeres pasivos

Los hombres de fe siempre han sido hombres de acción. Es imposible que los hombres activos desempeñan papeles pasivos. Esto implica que tales personas por naturaleza tienen la capacidad para hacer decisiones. La acción del liderato demanda fe. El establecimiento de metas, y el esfuerzo para lograrlas es un acto de fe.

Richard Wolfe, en su excelente libro *Man at the Top* (El hombre en la cúspide), señala que cuando Dios crea a un líder le da la voluntad para la acción. De este modo, Dios obra en el pueblo (Filipenses 2:13). Wolfe declara, además, que la oración no es un sustituto de la acción que fluye de la decisión.[1]

El hecho de que Cristo motive a los líderes para la acción no significa que los seres humanos sean sólo títeres pasivos. Tal concepto sería antibíblico. Pablo admitió que Dios obraba en él (1 Corintios 15:10), pero nunca negó su parte activa en el logro de los resultados de su ministerio. Esta es una parte de la tensión que siempre es evidente en la acción del liderato. El apóstol Pablo pudo decir al fin de su vida: "He peleado la buena batalla . . ." (2 Timoteo 4:7). Con esto quiso decir que reconocía la necesidad y la efectividad de la gracia, pero no subestimaba los atributos que hicieron de él un agente activo en el liderato.

También es importante la ejecución

Durante muchos años, el Comité Olímpico Mundial ha tenido que luchar con las naciones comunistas por el hecho de que ellas envían atletas profesionales a los juegos olímpicos. Se han establecido rigurosas distinciones, especialmente por parte de los países no comunistas. La diferencia básica entre los profesionales y los aficionados es que los profesionales reciben sueldo por su actuación.

Necesitamos ampliar la definición de liderato para incluir la idea de que los profesionales son también los que hacen mejor las cosas y obtienen mejores resultados. Esto significa que son profesionales debido a su capacidad, no sólo para actuar, sino para desempeñarse con la más alta eficiencia. Esto se verifica en todos los campos y las vocaciones. Las personas están en los cargos que ocupan por causa de sus estudios y de los títulos que han adquirido. Pero aun más, están allí porque desempeñan su labor con competencia. De lo contrario pronto pierden su derecho a ejercerla, ya que serían desplazados por sus competidores.

Cómo obtener mejores resultados

Si un dirigente ha de actuar decisivamente para obtener resultados, tiene que seguir ciertos principios. Posteriormente examinaremos estos principios con profundidad. Pero a continuación presento algunos de los principales:

1. *Determina tus objetivos.* Determina los importantes resultados finales que quieres lograr y cuándo quieres lograrlos. Escríbelos, exacta, breve y claramente.

2. *Planifica las actividades necesarias.* Decide qué actividades principales deben realizarse para lograr tus objetivos: objetivos generales, específicos, a largo plazo, a mediano plazo e inmediatos. Hazte preguntas con respecto a cada actividad propuesta: ¿Es necesaria? ¿Es importante? ¿Por qué?

3. *Organiza tu programa.* Haz una lista de todas las cosas *importantes* que deben hacerse. Recuerda que las cosas urgentes no son necesariamente importantes. Dwight D. Eisenhower dijo: "Lo importante raras veces es urgente, y lo urgente raras veces es importante". Ordena todo según el orden de prioridades. Estudia detenidamente cada actividad. Identifica los pasos esenciales que debes dar según su orden de importancia. Hazte preguntas con respecto a cada paso: ¿*Cuál* es su propósito? ¿*Por qué* es necesario? ¿*Dónde* debe llevarse a efecto? ¿*Cuándo* debe realizarse? ¿*Quién* debe hacerlo? ¿*Cómo* debe hacerse?

4. *Prepara un calendario.* Es decir, prepara un programa de trabajo. Establece un límite de tiempo para la realización completa de cada paso de tu programa. Aférrate a tu programa, o modifícalo. No permitas que el tiempo se te escape sin actuar. Sigue el calendario desde el principio hasta el fin.

5. *Establece puntos de control.* Determina dónde y cuándo analizarás el avance en relación con los objetivos. Establece puntos de referencia. Haz los necesarios ajustes. Determina la acción terapéutica que se necesite.

6. *Clarifica las responsabilidades.* Clarifica todas las responsabilidades, autoridades y relaciones que has delegado, y ten el cuidado de que estén *coordinadas y controladas.*

7. *Mantén canales de comunicación.* Mantén completamente informados a tus asociados: superiores, ayudantes, subordinados y otros. Haz que para ellos sea fácil mantenerte informado sobre todos los asuntos pertinentes esenciales para lograr que las operaciones tengan éxito.

8. *Desarrolla la cooperación.* El éxito en la realización depende grandemente del grupo de personas que trabajan juntas. Aclara cuáles son los resultados que esperas lograr; indica claramente lo que se espera de cada individuo. De otro modo es casi seguro que los movimientos perdidos, las incomprensiones y las fricciones retarden el progreso.

9. *Resuelve los problemas.* El hecho de pensar en grupo multiplica el pensamiento individual y coordina las capacidades de los miembros del grupo. Levanta la moral a través de la participación. Cualquier interferencia con los resultados finales deseados es un problema de funcionamiento.
   a. Descubre el problema; clarifícalo. Ataca un solo problema a la vez. Analiza las causas subyacentes y las condiciones que contribuyeron a provocarlo.
   b. Desarrolla posibles soluciones; selecciona la mejor.
   c. Determina un plan de acción, y pónlo en práctica.

      d. Revisa los resultados en función de mejoramientos y objetivos. Adquiere, explora, clasifica, asimila, utiliza, prueba, actúa. Haz esto en forma completa.

10. *Da crédito a lo que se debe dar.* Da el debido reconocimiento y el crédito a todo el que te ayude a lograr con éxito tus objetivos. La *ley del reconocimiento* es tan fundamental como la *ley de acción y reacción.*

La diferencia

Por el hecho de que el liderato es una actitud y a la vez una acción, debe distinguirse de la administración. Si bien hay ciertas similitudes funcionales entre ambos, el liderato tiene características distintivas. Infortunadamente a menudo se da poca atención a estas características distintivas en el desarrollo de la filosofía organizativa y en la preparación del personal ejecutivo para una organización. Las organizaciones cristianas no constituyen una excepción.

¿Cuáles son, entonces, algunas de estas características distintivas? En este punto puede sernos útil la comparación. Mi amigo Olan Hendrix hizo las siguientes distinciones (las incluyo con algunas modificaciones personales):

Diferencias entre el liderato y la administración

1. El liderato es una cualidad;
   la administración es una ciencia y un arte.
2. El liderato es visionario;
   la administración provee perspectivas realistas.
3. El liderato se relaciona con conceptos;
   la administración se refiere a funciones.
4. El liderato ejercita la fe;
   la administración se relaciona con los hechos.
5. El liderato busca la efectividad;
   la administración se esfuerza por lograr la eficiencia.
6. El liderato es una influencia positiva entre los recursos potenciales;
   la administración es la coordinación de los recursos dispo-

nibles para obtener los máximos logros posibles.

7. El liderato proporciona orientación;
   la administración está interesada en el control.

8. El liderato se esfuerza por hallar la oportunidad;
   la administración tiene éxito en las realizaciones.

No es tan fácil

Algunas veces uno pudiera ver a un líder dirigiendo con efectividad a un grupo de personas, y pensar: "Eso es fácil. Déjame. Yo lo hago".

Un amigo mío me contó acerca de unos amigos que lo visitaron. Mi amigo llevó a dos de sus hijos y a dos de los hijos de su visitante a esquiar en el agua. Uno que tenía unos 15 años de edad dijo:

—A mí también me gustaría esquiar.

—¿Sabes esquiar, Jim?

—¡Claro! ¡Seguro!

Mi amigo convino en permitir que hiciera la prueba. A medida que el piloto halaba la tensa cuerda, los esquíes del muchacho se volvieron muy inestables. Cuando al piloto le pareció que el muchacho ya estaba listo, le imprimió velocidad a la máquina y comenzó a halar los esquíes. El muchacho fue a parar de inmediato al agua. El piloto dio la vuelta, ajustó al muchacho otra vez en el equipo, e intentó una vez más. Nuevamente piernas, brazos y esquíes tomaron distintas direcciones. Después del cuarto intento, mi amigo le preguntó:

—Jim, ¿estás seguro de que sabes esquiar?

—Claro que sí, sé esquiar.

Mi amigo pensó mejor y cambió la pregunta:

—Jim, ¿has esquiado alguna vez?

—Bueno, tal vez no, pero parece muy fácil.

Eso es lo que pasa con los líderes. Nos colocamos a cierta distancia y observamos a una persona que dirige con efectividad. Entonces pensamos: "Eso es fácil". Así que sonreímos, decimos unas pocas palabras, escribimos cartas y dirigimos reuniones. Podemos dar órdenes y recibir informes, y todo nos parece estupendo . . . hasta el momento en que realmente hagamos el intento. Es entonces cuando descubrimos que la función del liderato no es tan simple. La mayoría fracasa porque no posee la capacidad inherente para emprender las acciones necesarias y adecuadas.

En resumen diremos que el concepto de *líder* en este libro es el siguiente: uno que guía las actividades de otros y que él mismo actúa y ejecuta para hacer que se produzcan dichas actividades. Es capaz de ejecutar acciones que guíen al grupo en el logro de los objetivos. Tiene visión y fe, y la capacidad de interesarse y comprender. Ejerce la acción a través de una influencia efectiva y personal en la dirección de una empresa y en el desarrollo del potencial hasta convertirlo en medios prácticos y provechosos.

Para lograr esto, el verdadero líder tiene que tener una fuerte inclinación a tomar la iniciativa de actuar: una especie de impulso inicial que motiva a las personas y a las organizaciones para utilizar sus mejores capacidades para lograr el fin deseado.

Notas

[1]Richard Wolfe, *Man at the Top* (El hombre en la cúspide), Wheaton, Illinois: Tyndale House Publishers, 1969, pág. 43.

CAPITULO 2
El Antiguo Testamento y el liderato

 Escogió Moisés varones de virtud de entre todo Israel, y los puso por jefes sobre el pueblo, sobre mil, sobre ciento, sobre cincuenta, y sobre diez (Exodo 18:25).

El liderato cristiano significa acción, pero es también como un juego de herramientas para los hombres espirituales. No se puede decir que el liderato cristiano es moral o inmoral. Los métodos del liderato efectivo pueden ser usados con propósitos ulteriores y mundanos por personas que no tengan nada de espiritual. Asimismo los hombres espirituales pueden tomar estas herramientas y utilizarlas para la gloria de Dios, sean espirituales o no lo sean todas las herramientas del arsenal del líder. Lo importante es la espiritualidad de la persona y la manera como puede usar mejor las herramientas para la gloria de Dios.

¿Pero dónde debe buscar el hombre espiritual las herramientas? ¿Basta con que las tome prestadas del mundo secular y de su literatura?

Se puede hacer una legítima pregunta: ¿Es bíblico el tema del liderato? ¿Hay en la Biblia principios válidos de organización y de liderato espiritual? ¿Podemos estudiar la Biblia y hallar en ella métodos que guíen nuestro pensamiento? Sí, si tenemos una mente abierta para percibir sus ideas. Creo que todo principio básico y honorable del liderato y de la administración tiene su raíz y su fundamento en la Palabra de Dios.

Dios buscó dirigentes

La Biblia está llena de ejemplos que nos presentan a Dios en busca de dirigentes, y cuando los encontró, los utilizó plenamente, en la medida en que satisfacían los requisitos espirituales establecidos

31

por Dios, a pesar de las deficiencias humanas de ellos.

Un análisis detenido de los dirigentes que se mencionan en la Biblia indica que la mayoría de ellos experimentaron fracasos en algún tiempo de sus vidas. Muchos de ellos fracasaron de manera notable en algún punto; pero la clave de su éxito estuvo en que nunca se arrastraron en el polvo. Del fracaso aprendieron lecciones, se arrepintieron, y luego fueron utilizados en forma aun más poderosa.

Examinemos algunos pasajes del Antiguo Testamento. No trataremos de hacer un examen exhaustivo, sino más bien de estimular a la persona reflexiva para que posteriormente haga un estudio más amplio y así logre una mejor comprensión de la excelencia del liderato.

En primer lugar, consideremos a José. ¿Hay en toda la historia algún ejemplo más magnífico de capacidad para el liderato que el suyo? Recordemos que él fue colocado en una alta posición administrativa en Egipto no mucho tiempo después de que sus envidiosos hermanos lo vendieron a una caravana que pasaba. A él se le dio el cargo de administrar la monumental cosecha de Egipto. Luego vinieron los horribles años de hambre, la distribución del trabajo, la planificación de toda la operación, la distribución de los materiales, los víveres, la satisfacción de todas las quejas, el manejo de los agravios. No hay duda de que fue muy poco lo que le ayudó el pueblo con el cual tuvo que trabajar (Génesis 41:14-57).

¡Qué magnífico ejemplo bíblico de organización! Pero Dios no sólo implantó las capacidades en el cerebro de José de tal modo que actuara instintivamente sin pensar. Creo que Dios no obra con los hombres de ese modo. Generalmente, si demostramos y ejercitamos las cualidades del liderato, creo que El nos guiará hacia los temas que necesitamos estudiar y aprender.

En un libro que escribí en sociedad con mi amigo Alec Mackenzie, titulado *Managing Your Time* (El manejo de tu tiempo), desarrollo una perspectiva bíblica con respecto al liderato.

> Cualquier criterio sobre el liderato tiene que basarse en el concepto que uno tenga del ser humano. La Biblia nos ofrece una visión clara del hombre: "Todos nosotros nos descarriamos como ovejas, cada cual se apartó por su camino . . .' (Isaías 53:6). Así como las ovejas tienen que ser dirigidas para que todo el rebaño se mueva por un solo sendero, así los grupos de personas necesitan dirección a fin de que sus esfuerzos y energías sean encauzados hacia una meta común.

Esta dirección que necesita la gente tiene que venir desde arriba. Dios así lo ordenó, y la Escritura nos lo enseña de muchas maneras. Moisés, siguiendo el consejo de Jetro, estableció límites de autoridad. Posteriormente examinaremos más de cerca este consejo (Exodo 18:13-27). El sacerdocio aarónico se estableció con un sumo sacerdote, y órdenes sacerdotales de varias categorías bajo la dirección de él (1 Crónicas 24). El marido es la cabeza del hogar, y una relación paralela existe en la Iglesia (1 Timoteo 3:4, 5). Es importante reconocer que en el plan de Dios, la autoridad fluye desde los altos niveles hacia los inferiores.

En las organizaciones cristianas parece haber una tendencia recurrente a olvidar este hecho. Al confundir la igualdad nuestra delante del Señor con la igualdad organizativa, los obreros cristianos pueden hacerse un mal servicio y hacérselo también a sus organizaciones, al negarse a aceptar la autoridad debidamente constituida. Se nos amonesta: 'Sométase toda persona a las autoridades superiores' (Romanos 13:1). Recordamos al soldado romano que le solicitó al Señor que fuera a su casa para que sanara a su siervo, diciéndole: 'Porque también yo soy hombre puesto bajo autoridad, y tengo soldados bajo mis órdenes; y digo a éste: Vé, y va; y al otro: Ven, y viene; y a mi siervo: Haz esto, y lo hace. Al oír esto, Jesús se maravilló de él, y volviéndose, dijo a la gente que le seguía: Os digo que ni aun en Israel he hallado tanta fe' (Lucas 7:6-9).

El lugar que debe ocupar la autoridad responsable

Nada de esto implica que toda clase de autoridad, de cualquier índole, debe ser tolerada. La autoridad conlleva gran responsabilidad. Lo deseable es que la autoridad no sea impuesta de mala voluntad, que no sea omnipotente, ni insensible ni falta de entendimiento. Aquellos a quienes se encomienda la autoridad han sido puestos por Dios para que la utilicen con responsabilidad para el cumplimiento de los propósitos de El. Los propósitos finales de Dios y los de la organización—ojalá que sólo sea una—tienen que ser de suprema importancia. La sensibilidad hacia las necesidades de los que están sirviendo y de los que están recibiendo el servicio es esencial.

La naturaleza de la autoridad puede ser mucho más compleja que lo que comúnmente reconocen aun aquellos que están en la administración. Parece quedar clara la probabilidad de este hecho, a juzgar por el comentario de Chester I. Barnard, notable autoridad sobre administración:

Una persona sólo puede y quiere aceptar una comunicación como autorizada cuando se cumplen simultáneamente cuatro condiciones: (a) cuando puede entender, y en efecto, entiende la comunicación; (b) en el momento de decidir cree que no es inconsecuente con el propósito de la organización; (c) en el momento de la decisión la cree compatible con sus intereses personales en general; y (d) física y mentalmente puede acatarla.[1]

Barnard nos recuerda que no sólo la compleja naturaleza de la autoridad, sino también cuánto haga ella en efecto, depende de la actitud con que sea recibida por aquellos que están bajo la autoridad de la persona que la ejerce. Entre las fuerzas que están en juego en las situaciones del liderato tenemos que identificar las que están en el líder, las que están en sus seguidores y las que están dentro de la situación. La vida de Winston Churchill, a quien nadie disputa seriamente el título de "Hombre del Siglo", nos ofrece una evidencia gráfica sobre estas tres clases de fuerzas. Recordemos que después de dirigir la moral y las fuerzas del Imperio Británico en la hora más oscura durante la Segunda Guerra Mundial, fue rechazado por su propio grupo de electores y sustituido en el cargo de primer ministro por Clement Atlee. Churchill volvió al cargo de primer ministro a los 77 años de edad, pero nunca olvidó las amargas lecciones recibidas de sus volubles seguidores y de la historia.

Luego está el ejemplo de Moisés

Vuelvo a citar del libro del cual soy coautor, *Managing Your Time* (El manejo de tu tiempo):

Se ha citado la Biblia en numerosos casos por el hecho de que indica los principios de la administración. Uno de los más notables ejemplos es la instrucción que Jetro dio a Moisés unos 1500 años antes del nacimiento de Cristo (Exodo 18:13-27). A continuación aparecen estos versículos junto con algunas de las ideas y principios de administración que sugieren.

13. Aconteció que al día siguiente se sentó Moisés a juzgar al pueblo; y el pueblo estuvo delante de Moisés desde la mañana hasta la tarde.

(Observación e inspección personal)

14. Viendo el suegro de Moisés todo lo que él hacía con el pueblo, dijo:

(Interrogatorio; investigación para discernir)

¿Qué es esto que haces tú con el pueblo? ¿Por qué te sientas tú solo, y todo el pueblo está delante de ti desde la mañana hasta la tarde?

15. Y Moisés respondió a su suegro: Porque el pueblo viene a mí para consultar a Dios.

16. Cuando tienen asuntos, vienen a mí; y yo juzgo entre el uno y el otro, y declaro las ordenanzas de Dios y sus leyes.

(Resolución de conflictos. Corrección)

17. Entonces el suegro de Moisés dijo: No está bien lo que haces.

(Criterio)

18. Desfallecerás del todo, tú, y también este pueblo que está contigo; porque el trabajo es demasiado pesado para ti; no podrás hacerlo tú solo.

(Evaluación del efecto sobre el líder y sobre el pueblo)

19. Oye ahora mi voz; yo te aconsejaré, y Dios estará contigo. Está por el pueblo delante de Dios, y somete tú los asuntos a Dios.

(Preparación, consejo, representación, establecimiento de procedimientos)

20. Y enseña a ellos las ordenanzas y las leyes, y muéstrales el camino por donde deben andar, y lo que han de hacer.

(Enseñanza, demostración, especificación del trabajo, delegación;

21. Además escoge tú de entre todo el pueblo varones de virtud, temerosos de Dios, varones de verdad, que aborrezcan la avaricia; y ponlos sobre el pueblo por jefes de millares, de centenas, de cincuenta y de diez.

Selección, calificación, asignación de responsabilidades)

(Jerarquización del mando)

22. Ellos juzgarán al pueblo en todo tiempo; y todo asunto grave lo traerán a ti, y ellos juzgarán todo asunto pequeño. Así aliviarás la carga de

(Amplitud del control, evaluación del juicio, límites de la decisión, manejo en casos de excepción)

sobre ti, y la llevarán ellos contigo.

23. Si esto hicieres, y Dios te lo mandare, tú podrás sostenerte, y también todo este pueblo irá en paz a su lugar.

(Exposición de los beneficios)

24. Y oyó Moisés la voz de su suegro, e hizo todo lo que le dijo.

(Prestar atención, llevar a ejecución)

25. Escogió Moisés varones de virtud de entre todo Israel, y los puso por jefes sobre el pueblo, sobre mil, sobre ciento, sobre cincuenta, y sobre diez.

(Elección, selección, asignación de responsabilidades, límite del control)

26. Y juzgaban al pueblo en todo tiempo; el asunto difícil lo traían a Moisés, y ellos juzgaban todo asunto pequeño.

(Evaluación del juicio, manejo de casos excepcionales)

27. Y despidió Moisés a su suegro, y éste se fue a su tierra.[2]

Aprobación de la prueba

Según este pasaje, queda claro que Moisés recibió mucha instrucción y estímulo para las grandes tareas que tenía delante. En numerosas ocasiones demostró grandes capacidades de líder, aunque su carrera como hombre de estado no comenzó realmente hasta cuando cumplió los 80 años de edad. En el comienzo, luego de que Dios lo llamó, el pueblo no comprendió el papel que él desempeñaba entre ellos (Hechos 7:23-25). Ellos le preguntaron: "¿Quién te ha puesto por gobernante y juez sobre nosotros?" Observemos que él nunca perdió de vista su ambición y la vocación de su vida. Esto fue lo que hizo posible que él emancipara a su pueblo de la opresión de Egipto. La firmeza de su corazón y el impulso que lo inclinaba hacia la realización hicieron de él un ejemplo notable para todos los potenciales líderes cristianos.

La experiencia que tuvo Moisés en el mar Rojo demostró cuán bien había pasado la prueba para líderes, cuando se enfrentó a una situación absolutamente imposible. ¿Quién no hubiera rehuido esta tarea? Delante de él estaba el mar Rojo; detrás, las legiones de Faraón. El pueblo, al enfrentarse a una aniquilación segura, se quejó amargamente. Pero Moisés, con un espíritu resuelto, se concentró en las promesas de Dios, y exclamó al pueblo: "No temáis". El pueblo tenía todo tipo de razón para temer. Y a causa de la fidelidad de Moisés, Dios pudo demostrar su poder a través de un hombre. Esto llegó a ser un punto de estímulo para ayudar a los israelitas en su marcha hacia la Tierra Prometida. ¡Ese día salieron vencedores un extraordinario liderato y una fe implícita!

Posteriormente, en el desierto, cuando Moisés comprendió que había llegado el tiempo para preparar a otro para el liderato, asumió la actitud correcta. El tenía el temor de ser un dirigente paternalista; por tanto, rogó a Dios que les diera a los israelitas un sucesor. Así, no se dejó dominar por la autoconmiseración, al saber que él no guiaría al pueblo hasta la tierra de la promesa. El estaba más interesado en que hubiera una buena dirección y un liderato futuro.

La fama de Moisés

El Nuevo Testamento nos ofrece un comentario más bien amplio sobre las notables cualidades de líder que tenía Moisés, las cuales lo capacitaron para el éxito (Hebreos 11).

1. Fe (versículo 24: "Por la fe Moisés, hecho ya grande, rehusó llamarse hijo de la hija de Faraón".)

2. Integridad (versículo 25: "escogiendo antes ser maltratado con el pueblo de Dios, que gozar de los deleites temporales del pecado".)

3. Visión (versículo 26: "teniendo por mayores riquezas el vituperio de Cristo que los tesoros de los egipcios; porque tenía puesta la mirada en el galardón".)

4. Decisión (versículo 27: "Por la fe dejó a Egipto, no temiendo la ira del rey; porque se sostuvo como viendo al invisible".)

5. Obediencia (versículo 28: "Por la fe celebró la pascua y la aspersión de la sangre, para que el que destruía a los primogénitos no los tocase a ellos".)

6. Responsabilidad (versículo 29: "Por la fe pasaron el mar Rojo como por tierra seca; e intentando los egipcios hacer lo mismo, fueron ahogados".)

No nos extrañe, pues, que hasta el día de hoy, casi todos los judíos: ortodoxos, reformados y conservadores, consideren a Moisés como el mayor de todos los profetas y dirigentes de la larga historia de Israel.

Un vigoroso líder espiritual

David, el segundo rey de Israel, manifestó un contraste sorprendente con Saúl, el primer rey. Mientras David fue noble, generoso y admirable, Saúl fue innoble y careció de la mayoría de las cualidades que uno espera en los líderes.

David ascendió al trono unos 1000 años a. de J.C., y reinó unos 40 años aproximadamente. Dirigió muchas guerras de conquista, estableció el fundamento para el imperio salomónico e inició un período de esplendor y poder para la nación israelita que nunca ha sido igualado. Las proezas de David fueron respaldadas por la bendición de Dios. No es difícil hallar las razones de su éxito.

Cuando los ancianos de Israel se acercaron a David (2 Samuel 5:1-3), reconocieron que él tenía muchas cualidades genuinas y fuertes rasgos de dirigente.

La nación había sido desgarrada por la guerra civil, y el pueblo estaba cansado de la lucha. La felicidad y la prosperidad de Judá bajo el reinado de David motivaron al resto de las tribus para que desearan que él fuera su rey.

Pero además, la relación de todas las tribus con David constituyó un estímulo: ". . . hueso tuyo y carne tuya somos". Ellos le hicieron saber que los sentimientos de ellos para con él eran cordiales y tiernos. David no era un extranjero, al que la ley mosaica le hubiese impedido ser rey sobre el pueblo de Dios (Deuteronomio 17:15).

Las tribus israelitas, a través de sus representantes, adelantaron otra buena razón para desear que David fuera rey de ellas. Se refirieron al valioso servicio que él había prestado a la nación: "Cuando Saúl reinaba sobre nosotros, eras quien sacabas a Israel a la guerra, y lo volvías a traer".

Con ello le estaban diciendo a David que él era el que realmente tenía el poder en el gobierno de Saúl. Saúl sólo era una figura decorativa. David era quien había dirigido a Israel contra sus enemigos y había regresado con los despojos de la victoria. ¿Quién era, entonces, el que estaba más capacitado para ocupar el trono vacante?

La razón más poderosa de todas las que ofrecieron las tribus de Israel para querer que David fuera su rey, fue el hecho de que Dios lo había escogido. "Además, Jehová te ha dicho: Tú apacentarás a mi pueblo Israel". Los dirigentes cristianos sirven mejor cuando están convencidos de que están cumpliendo la voluntad de Dios, pues entonces saben que están equipados para sus tareas con el poder de Dios.

Como líder, David poseyó cualidades que atraían a otros. El no fue a buscar a los ancianos; éstos acudieron a él (2 Samuel 5:3a). El había gobernado bien a Judá durante siete años, y había toda clase de razones para creer que también gobernaría bien a todas las tribus. David hizo un juramento de lealtad al pueblo, y se comprometió a protegerlo como juez en tiempo de paz y como capitán en tiempo de guerra. Ellos a su vez se comprometieron a rendir lealtad y obediencia a David como soberano de ellos bajo la dirección de Dios. Tan sagrado pacto y tan solemne inauguración inspiraron mucha confianza en el pueblo.

Las valientes conquistas y la sabia administración fueron elementos importantes en la gloria del reinado de David. Su primerísima hazaña luego de llegar a ser rey de todo Israel fue la de capturar a Jerusalén de las manos de los jebuseos y convertirla en capital de las doce tribus. El demostró su valor al asaltar y tomar la ciudad. Desplegó su sagacidad política y administrativa también cuando convirtió a la ciudad en capital. Jerusalén no era tan céntrica como Sequem, pero él tuvo que haber pensado muy bien esta decisión. Jerusalén era una fortaleza natural y se levantaba sobre la cordillera central de Palestina, lo cual hacía de ella una ciudad deleitosamente fresca durante el tórrido verano.

Los secretos del éxito de David

Hubo varios secretos en la gloria de David como líder.

1. Una sabia diplomacia distinguió su reinado (2 Samuel 5:11). La generosidad del rey y los atractivos rasgos de su personalidad le ganaron muchos aliados. El sabía a la vez aplacar a los enemigos y ganar amigos. Se dejaba apreciar. Hacía amigos rápidamente, en tanto que Saúl tenía la extraña habilidad para alienarse de la gente. Estos rasgos hicieron que David tuviera éxito como diplomático. A aquellos que no respondían a su naturaleza generosa, los trataba por la fuerza. Pero los sabios, como Hiram, rey de Tiro, cultivaban su amistad y le enviaban representantes para ofrecerle favores.

Hiram I de Tiro (alrededor de 969-936 a. de J.C.) fue contemporáneo tanto de David como de Salomón. El ejerció su dominio sobre un reino comercial cuya capital era Tiro. Su pueblo se dedicaba especialmente al comercio; eran hábiles artesanos, constructores de embarcaciones y técnicos. Hiram tenía acceso a los bosques de cedros en el Líbano, territorio que entonces pertenecía a Siria, y ayudó a David con mano de obra especializada y materiales de construcción para un palacio, e indudablemente para otros proyectos de construcción.

Así vemos que David poseyó la capacidad para extenderse y consolidar estratégicamente su propio imperio. Los dirigentes tienen que tener esta cualidad: la de tratar y dirigir a otros de tal modo que las contribuciones de ellos puedan ser utilizadas con ventaja.

2. El hecho de que David reconoció al Señor en todas las bendiciones que recibió hizo notable su reinado (2 Samuel 5:12). El no se acreditó personalmente todo el éxito y la prosperidad. No se manifestó jactancioso ni presuncioso, como muchos que tienen hambre de poder. Humildemente atribuyó su éxito al poder del Señor, y consideró a Israel como el pueblo del Señor. Y él mismo se consideró como un líder que estaba bajo la autoridad de Dios, ante el cual se consideraba responsable de su gobierno. Los líderes cristianos que dirigen al pueblo de este modo no necesitan preocuparse nunca con respecto al éxito. Cuando reconocen que su mayor responsabilidad es para con el Señor, eso establece toda la diferencia del mundo.

3. David buscó constantemente la bendición del Señor (2 Samuel 6:12-15). Este pasaje se refiere a la ocasión en que el arca fue llevada a Jerusalén. Ya se había hecho un intento para recuperarla, pero un levita llamado Uza puso la mano sobre ella para sostenerla, acto que constituía un desafío a un mandamiento de la ley (Números 4:15).

El arca estaba al cuidado de Obed-edom el geteo. Los que observaban el arca se daban cuenta de que toda la casa de Obed-edom estaba prosperando a causa de que el arca estaba en la casa de él. Estas noticias se le dieron a David. Al oírlas, procedió a llevar el arca a la ciudad. El sabía que tenía la necesidad absoluta de contar con la bendición de Dios sobre su obra y su administración. El dirigente cristiano de hoy no necesita un deseo menor para su vida y su obra.

4. David, como líder, no se avergonzó de tomar parte en los ejercicios espirituales. El pudo reconocer la necesidad del sacrificio por el

pecado (2 Samuel 6:13). En esta ocasión se tomaron todas las precauciones para asegurar que el arca fuese conducida en forma apropiada hacia la ciudad. Rectificó el error anterior. No colocó el arca en una carroza, sino que ordenó que aquellos a quienes correspondía la llevaran sobre sus hombros.

Al principio, cuando los levitas "habían dado seis pasos", David ofreció sacrificios "de bueyes y animales engordados", como expiación por los errores anteriores. Cuando los levitas terminaron con seguridad su tarea, en agradecimiento fueron ofrecidos siete novillos y siete carneros (1 Crónicas 15:26).

David tampoco sintió vergüenza de alabar al Señor y darle las gracias (2 Samuel 6:14). "Danzó delante del Señor con todo su poder". Saltaba de gozo porque su corazón estaba lleno de alegría, y se sentía tan lleno de la gloria del Señor que casi se olvidó del hecho de que, al fin y al cabo, él era un rey de altísima dignidad. Esto, más que cualquiera otra cosa, nos permite penetrar en el corazón de un hombre que amó al Señor tanto que no le importó lo que pensara la gente.

5. Finalmente, David, un líder vigoroso, condujo a su pueblo en la alabanza al Señor (2 Samuel 6:15). El gran rey no consideró que era rebajar su dignidad el dejar a un lado la púrpura real y vestirse con una vestidura sencilla (un efod de lino), con el fin de servir mejor a su pueblo. Tales vestiduras eran las que usaban en los ejercicios religiosos los que no eran sacerdotes, como en el caso de Samuel (1 Samuel 2:18).

El resultado fue que el pueblo llevó el arca a Jerusalén con grandes aclamaciones, con demostraciones de regocijo. Llevaron el arca a la ciudad de David y la colocaron en el lugar que el rey había provisto (1 Crónicas 15:1; 16:1). Con la presencia del arca, Dios estaba en medio de su pueblo.

David demostró claramente que el líder cristiano también debe estar dispuesto a utilizar los medios espirituales para moldear, estimular y acicatear continuamente a sus colegas y subordinados. En la obra espiritual más bien esperamos eso. En el mundo secular, muchos se apartan de ello por timidez. Sin embargo, los principios permanecen. Dios siempre bendecirá a aquellos que lo veneran altamente, sin importar cuál es el esfuerzo que hagan.

Un dirigente de dirigentes

Un sorprendente ejemplo de vigoroso liderato fue Nehemías, quien sirvió de instrumento, junto con Esdras y Zorobabel, para la reconstrucción del templo de Jerusalén y de su muro. ¡El sí sabía de organización! Poseía muchas cualidades que son requisitos previos para el liderato excelente. Su carácter quedó fuera de toda censura; fue un hombre de oración; desplegó gran valor cuando tuvo que enfrentarse a mucha oposición; tuvo un profundo interés en su pueblo, y lo manifestó por medio de su discernimiento, su tacto, su imparcialidad y su firmeza. Además, no eludió la responsabilidad que se le encomendó.

Nehemías tuvo una tremenda capacidad para estimular a sus compatriotas, y cuando era el momento oportuno les manifestó su aprecio. Rápidamente trataba los problemas antes que se complicaran. Así que él fue un líder vigoroso que pudo llevar al pueblo a grandes alturas.

Su capacidad de organización, puesta de manifiesto mediante su hábil estrategia y sus planes detallados, constituye un desafío para todo el que aspira a ser líder. Vale la pena leer todo el libro de Nehemías para buscar todo principio de liderato y administración.

Los libros de Esdras y Nehemías nos hablan acerca de los exiliados que regresaron de Babilonia y cómo fueron absorbidos en la comunidad judía en ese tiempo. Tales relatos son una gran ilustración sobre la importancia de la planificación. Esdras declaró que un total de 42.360 exiliados regresaron con 7.337 esclavos y 200 hombres y mujeres cantores. El número de sacerdotes se elevó a 4.289; hubo 74 levitas, 128 cantores de los hijos de Asaf, 139 porteros y 392 sirvientes del templo e hijos de los siervos de Salomón (Esdras 2).

Reorganización completa

En aquel tiempo, algunas de las tradiciones sociales y religiosas fueron cambiadas, especialmente en lo relacionado con la música. Durante los días de la reconstrucción hubo reuniones de canto y se reorganizó el ministerio del templo. Se aumentó el personal dedicado a la música (1 Crónicas 6:33-37). Conocemos los detalles relacionados con la organización de los levitas, así como de los porteros, los cuales fueron distribuidos entre las diferentes puertas. Los levitas se distribuyeron en varias áreas de responsabilidad, como el trabajo en las cámaras y en los tesoros (1 Crónicas 9:26-32; 23:24-32). Sin duda alguna, estos relatos se refieren al período de Nehemías.

Tres hechos sobresalientes

Al resumir lo relativo a este gran dirigente, podemos decir que Nehemías es conocido en la historia bíblica como el gran constructor. En Nehemías 3:1-6:16 hay tres hechos que se destacan. Vemos cuán grande fue él como administrador. Sabía lo que quería hacer, cómo debía hacerse y quién debía hacerlo. El qué, el cómo y el quién son hechos tremendamente importantes. Establecen la diferencia entre el éxito y el fracaso. Nehemías tenía un claro objetivo o meta, una técnica sana y un buen programa de alistamiento. Su función como administrador incluía la capacidad de *analizar*.

También tuvo éxito en un programa de total movilización luego de haber determinado el plan. Todos los ciudadanos, tanto de Jerusalén como de sus alrededores, quedaron involucrados, desde el sumo sacerdote y sus colegas sacerdotes hasta el platero y los comerciantes (Nehemías 3:1-31). Estaban incluidos los dos gobernantes de Jerusalén como también los ciudadanos comunes y corrientes. Al principio, algunos nobles pensaron que no era apropiado que ellos hiciesen mucho trabajo, pero aparentemente cambiaron su manera de pensar (compárese 3:15 con 4:14). De modo que Nehemías movilizó a toda la población, y así manifestó su capacidad para *comisionar* y *delegar*.

Finalmente, vemos cómo logró Nehemías la perfecta coordinación. En Nehemías 3, casi se hace tedioso leer la frase "después de él" (o "después de ellos"). Las palabras "y tras él" aparecen más de una docena de veces. La expresión anterior también aparece más de una docena de veces. Todo hombre tuvo su trabajo y su sitio para trabajar. Tan perfecta coordinación permitió que el muro fuera terminado en corto tiempo. Aquí vemos claramente la capacidad que tenía Nehemías para *supervisar*.

En realidad, Nehemías permanece para siempre como modelo para todos los posibles líderes que aspiran llegar a las alturas del éxito, pues él organizó a toda la nación y cumplió su papel como líder.

Dios prepara a los dirigentes

La antigua literatura sapiencial de los israelitas, como son los Salmos y los Proverbios, se refiere en gran parte a los principios del liderato. Uno de los proverbios dice que la mano del diligente dominará. En la versión inglesa denominada Living Bible (Biblia Viviente), se lee: "Trabaja intensamente y conviértete en líder" (Proverbios 12:24). El verdadero líder utilizará su imaginación para mejorar su trabajo y anticiparse a la próxima tarea.

Según Salmos 75:6, 7 queda claro que Dios es el que prepara a los hombres para servir:

Porque ni de oriente ni de occidente,
Ni del desierto viene el enaltecimiento.
Mas Dios es el juez;
A éste humilla, y a aquél enaltece.

La Biblia nos revela constantemente que Dios busca hombres con los cuales pueda contar como líderes. Notemos los siguientes ejemplos.

1. 1 Samuel 13:14: "Jehová se ha buscado un varón conforme a su corazón".

2. Jeremías 4:25: "Miré, y no había hombre".

3. Jeremías 5:1: "Recorred las calles de Jerusalén, y mirad ahora . . . a ver si halláis hombre . . . que haga justicia, que busque verdad; y yo la perdonaré".

La búsqueda que hace Dios de líderes estables y eficientes probablemente se expresa mejor en forma abreviada en el libro del profeta Ezequiel: "Y busqué entre ellos hombre . . . que se pusiese en la brecha . . ." (Ezequiel 22:30).

Notas

[1]Ted W. Engstrom y R. Alec Mackenzie, *Managing Your Time* (El manejo de tu tiempo), Gran Rapids: Zondervan Publishing House, 1974, págs. 87-89.
[2]*Ibid*., págs. 89-91.

CAPITULO 3
Cristo y el liderato en los Evangelios

 El método de Cristo como líder establece el ejemplo: "Porque el Hijo del Hombre no vino para ser servido, sino para servir . . ." (Marcos 10:45).

Cualquier estudio que se haga sobre el liderato cristiano no es completo a menos que se estudie la vida de Jesús. Es esencial reconocer desde el comienzo que El resumió el concepto del liderato en la siguiente declaración: "El Hijo del Hombre no vino para ser servido, sino para servir . . . yo estoy entre vosotros como el que sirve" (Marcos 10:45; Lucas 22:27).

Puesto que Cristo pasó tantísimo tiempo con sus discípulos, es cierto que El deseó impresionarlos con el ejemplo de su vida. El vino a servir, y así debían hacerlo ellos. Este fue su método de liderato. Abnegadamente dio su vida, hecho que culminó con su muerte en la cruz. El Antiguo Testamento predijo que el Mesías sería "un siervo sufriente". El servicio de El no se degeneró en servilismo. El fue humilde, pero mantuvo su dignidad.

La clase de servicio de El establece un ejemplo. El estuvo dispuesto a lavarles los pies a sus discípulos. Su vida humana, perfecta e impecable terminó con el sacrificio de sí mismo en el Calvario. Así demostró a sus seguidores cómo servir, y no exigió menos de aquellos que continuarían su obra en la tierra. Jesús enseña a los dirigentes de todos los tiempos que la grandeza no se halla en el rango ni en la posición, sino en el *servicio*. El establece claramente que el liderato debe basarse en el amor que debe expresarse en el servicio.

Cuando examinamos más de cerca su ministerio terrenal, descubrimos que su obra fue principalmente un ministerio de enseñanza. El hablaba con autoridad. Algunas veces los hombres más cultos de la sinagoga se quedaron asombrados por la enseñanza de El. El sabía que la única forma de perpetuar la verdad consistía en transmitirla, así que se dedicó a preparar a sus discípulos.

Además, su liderato exigía que los demás fueran obedientes. No quería que sus discípulos utilizaran la posición que tenían para lograr propósitos egoístas. De modo que su liderato en gran parte se desarrolló a través de la enseñanza y la preparación, así como también a través de su profundo interés en los individuos y sus problemas.

Otra consideración importante es el hecho de que el servicio de Cristo fue redentor. El vino a ofrecer libertad al hombre: ". . . la verdad os hará libres" (Juan 8:32). Esta idea tiene que dominar las relaciones entre cualquier líder y su grupo. Tiene que haber una relación dinámica y viviente; eso es lo que da a entender la palabra *redentor*. Los hombres que tuvieron fe en Cristo no sólo hallaron vida eterna, sino que fueron cambiados aquí en este mundo. El líder cristiano que sigue el modelo de Cristo, no utilizará al grupo para lograr sus propios fines, sin tomar en consideración a las personas que constituyen el grupo. Siempre querrá permitir que las personas sean ellas mismas para que se sientan liberadas. Lo que busca no es una conformidad servil al grupo, sino ayudar a las personas para que sirvan a una causa con gozo, dedicación y una motivación que sea impulsada por el mismo Cristo.

Cristo y la ambición

Todos los cristianos vivimos con el mandato de perfeccionar nuestras vidas hasta lo sumo. El apóstol Pedro nos instó a "crecer en la gracia y el conocimiento de nuestro Señor y Salvador Jesucristo". Esto exige una ambición santificada, con un fuerte impulso a avanzar y realizar. Durante siglos, los místicos cristianos y otras personas han escrito y hablado con menosprecio acerca de la ambición, en el sentido corriente de la palabra, pensando que tal actitud es pecaminosa.

Sin embargo, cuando la ambición se usa para la gloria de Dios es digna de alabanza. La palabra *ambición* viene de un término latino que significa "búsqueda de ascenso". Es cierto que los hombres pueden tener mucha ambición egoísta de controlar a otros, de disfrutar del poder simplemente por el gusto del poder, y carecer de escrúpulos para hacer dinero y controlar a otras personas. Pero Jesús dio a sus discípulos una norma diferente de ambición y de grandeza.

"Mas Jesús, llamándolos, les dijo: Sabéis que los que son tenidos por gobernantes de las naciones se enseñorean de ellas, y sus grandes ejercen sobre ellas potestad. Pero no será así entre vosotros, sino que el que quiera hacerse grande entre vosotros será vuestro servidor, y el que de vosotros quiera ser el primero, será siervo de todos" (Marcos 10:42-44).

Este pasaje revela la verdadera naturaleza de la ambición en un dirigente cristiano. No debe ejercerse en conformidad con las normas mundanales, donde los hombres buscan la ganancia. La ambición debe estar vestida de humildad. Lo importante no es el número de siervos que uno tenga, sino el número de individuos a quien sirve. La grandeza de la exaltación está en proporción con la grandeza del servicio que se rinde humildemente. La verdadera grandeza, el verdadero liderato, se logra en un servicio abnegado para otros. Esta es la clara enseñanza de nuestro Señor. La historia y el escenario contemporáneo están repletos de personas que han dado ejemplo de este servicio abnegado: Florencia Nightingale, la madre Teresa de Calcuta, Sadhu Sundar Singh, Watchman Nee, Martin Luther King, Ken Taylor. Este último es un contemporáneo nuestro que ha entregado todo lo que percibe por concepto de derechos de autor de la llamada Biblia Viviente *(Living Bible)* a una fundación de caridad. Y podemos agregar muchísimos más.

Mi buen amigo, Kenneth O. Gangel, quien ha estimulado mi forma de pensar acerca del liderato, ha hecho una contribución vital en cuanto al entendimiento de este concepto bíblico en su más destacada obra, *Competent to Lead,* (Competente para dirigir). El ya ha hecho la mayor parte de la investigación al ser capaz de presentar tanto los aspectos positivos como los negativos del liderato en el Nuevo Testamento. Lo que resta de este capítulo y parte del próximo son adaptados de su libro, ya que considero este tema importante. *(Competent to Lead,* págs. 11-16, usado con permiso).

Lo que no es el liderato

El liderato bíblico en función de la vida de Cristo también se ve claramente cuando consideremos el lado negativo del asunto.

Un maravilloso pasaje que hallamos en Lucas 22 contiene algunos principios valiosos que nos ayudan a analizar el concepto de nuestro Señor con respecto al liderato. El pasaje en sí se halla en los versículos 24-27, pero el contexto es también de gran importancia. El Señor acababa de ministrar a sus discípulos en la última cena que celebraron en el Aposento Alto. Terminaban de compartir el pan y la copa, y habían experimentado entre ellos una relación de adoración del más alto nivel, con el encarnado Dios que estaba en medio de ellos y con el Padre celestial. Es casi increíble que la escena que se narra en estos versículos pudiera haber sucedido inmediatamente después de esa experiencia.

1. *El liderato del Nuevo Testamento no es un juego de poder político.* Inmediatamente después de compartir la representación simbólica de la carne y de la sangre de Cristo, las Escrituras registran que los discípulos se metieron en una discusión. La palabra que se tradujo "disputa" es *philoneikia* en griego, y literalmente significa "rivalidad". Más interesante aún es el hecho de que la palabra no describe la caída en una discusión accidental en alguna ocasión determinada, sino más bien la presencia de un habitual espíritu de contención. Dicho esto en otros términos equivalentes, a causa de su inclinación a la contienda, los discípulos se atacaron verbalmente unos con otros, con el objeto de ganar prominencia política en lo que ellos esperaban que sería la aparición inmediata del reino terrenal. Martin Buber dijo una vez que la incapacidad de las personas "para continuar entre sí el diálogo auténtico es el síntoma patológico de nuestro tiempo".

El juego del poder político dentro de la iglesia es aun más censurable que el que hay en el mundo. Sin embargo, es sorprendente que aún antes que se organizara la primera iglesia en Jerusalén; antes que ningún pastor fuera nombrado por acuerdo de una congregación; antes que ninguna directiva oficial se reuniera para delinear algún programa de construcción; la iglesia ya sabía sostener contiendas. Hacia el fin del primer siglo, Juan se lamentaba de que por lo menos en una iglesia ya hubiera un hombre llamado Diótrefes, al cual le gustaba "tener el primer lugar entre ellos" (3 Juan 9). La tribu de Diótrefes se ha ido multiplicando durante los 1900 años de la historia.

2. *El liderato del Nuevo Testamento no es una actitud autoritaria.* En Lucas 22:25 se registra la reacción de nuestro Señor ante la discusión de sus discípulos. El presentó primero una comparación, y luego, un contraste. La comparación consistió en decir que la con-

ducta de ellos en ese momento era como la de los monarcas helenitas que gobernaban en Egipto y Siria. Su estilo de liderato se describe con las palabras "se enseñorean". Tales palabras son traducción del término griego *kurieuo*, que aparece frecuentemente en las páginas del Nuevo Testamento. Algunas veces se usa para describir la autoridad de Dios (Romanos 14:9). Pablo la usó con frecuencia para hacer referencia a un control negativo, como el intento de la muerte por mantener su dominio sobre Cristo (Romanos 6:9); el poder del pecado en la vida del creyente en Cristo (Romanos 6:14); y el poder de la ley sobre los hombres que han sido libertados por el Evangelio (Romanos 7:1).

Se usa una palabra similar *(katakurieuo)* para describir a los gobernantes gentiles; el control de los demonios sobre los hombres (Hechos 19:16); y como un ejemplo negativo para describir la conducta de los ancianos para con los santos en la iglesia (1 Pedro 5:3). La forma verbal de esta palabra no se usa nunca con sentido positivo para hacer referencia al liderato cristiano. Digámoslo simplemente: *El liderato cristiano no es un control autoritario sobre las mentes y la conducta de otras personas.* Pedro recordó la lección que aprendió aquella noche, pues al escribir su epístola les advirtió a los ancianos que debían pastorear "no como teniendo señorío sobre los que están a vuestro cuidado".

La primera parte de Lucas 22:26 tiene una construcción gramatical que establece un fuerte contraste: "mas no así vosotros". Los reyes de los gentiles querían ser llamados "bienechores" por cualquier obra de bondad que realizasen para sus súbditos. Se esperaba que ellos practicaran la autocracia y la demagogia. Lo que aquí se discute no es si tal procedimiento era bueno o malo; el asunto es que *el liderato cristiano no es aquella clase de control autoritario.* En realidad, en contra de las prácticas de esa cultura, nuestro Señor agregó que el que es mayor en la iglesia es realmente como el más joven, y el que dirige, como el que sirve.

3. *El liderato del Nuevo Testamento no es un control por medio del culto.* Una de las bellas palabras que se refieren a la tarea de la iglesia es *diakonos.* Tal término significa "servicio". Eso fue precisamente lo que Cristo hizo a favor de los discípulos en el Aposento Alto. Las preguntas del versículo 27 parecen retóricas. ¿Quién es más importante, el que sirve o el invitado a la cena? La respuesta

obvia es: ¡el invitado, por supuesto! ¿Pero quién es el invitado y quién es el que sirve en esta última cena? Respuesta: "Yo estoy entre vosotros como el que sirve".

Conclusión: *El liderato del Nuevo Testamento no consiste en brillantes relaciones públicas ni en personalidad de plataforma, sino en un servicio humilde al grupo. La obra de Dios debe llevarse adelante mediante el poder espiritual, y no mediante el magnetismo personal,* tal como claramente lo señaló Pablo en 1 Corintios 1:26-31. Algunos líderes pueden *servir* la Palabra, y otros, *servir* a las mesas, pero todos *sirven* (Hechos 6).

El modelo positivo de conducta dado por Cristo para el desarrollo del liderato en sus discípulos está enunciado claramente en un libro muy útil de A.B. Bruce, *The Training of the Twelve* (La preparación de los doce).[1] El sugirió que el informe total de los Evangelios sólo cubre 33 ó 34 días del ministerio de tres años y medio de nuestro Señor, y Juan sólo registra el ministerio de 18 días. ¿Qué hizo Cristo el resto del tiempo? De las Escrituras se deduce claramente que El estaba preparando líderes. ¿Qué clase de líderes? ¿Cómo los trató? ¿Cuáles fueron los principios importantes de su programa para el desarrollo del liderato? Aunque en este libro no tengo el propósito de tratar el tema total del desarrollo del liderato, ciertos principios pueden sernos útiles para pasar a una declaración positiva sobre lo que es el liderato en el Nuevo Testamento.

El lado positivo

Kenneth O. Gangel, en su libro *Competent to Lead* (Competentes para dirigir), sugiere cuatro declaraciones positivas sobre lo que fue el liderato de Cristo:

1. El liderato de nuestro Señor se concentró en los individuos. Su conversación personal con Pedro, que se halla en Juan 21, es un buen ejemplo de la manera como El se dio a sí mismo con el objeto de establecer la vida y el ministerio de El en ellos.

2. El liderato de nuestro Señor se concentró en las Escrituras. Su modo de tratar la verdad absoluta de Dios no se diluyó en filosofías relativistas. Tuvo el Antiguo Testamento en la más alta estima. Los rabinos habían deformado la revelación de Dios, y ahora el Líder de los líderes

vino a decir: "Oísteis que fue dicho . . . pero yo os digo" (Mateo 5:21-48).

3. El liderato de nuestro Señor se concentró en sí mismo. Recordemos que, en Juan 14:9, El sintió la necesidad de decir a uno de sus discípulos: "¿Tanto tiempo hace que estoy con vosotros, y no me has conocido, Felipe? El que me ha visto a mí, ha visto al Padre".

4. El liderato de nuestro Señor se concentró en un propósito. Cristo estableció metas claras para su ministerio terrenal, y un tiempo limitado en el cual debía lograrlas. Si tú supieras que tendrías que abandonar tu ministerio actual dentro de tres años y medio, y entregarlo a individuos completamente subordinados a los cuales te permitirían preparar durante ese período, ¿cómo lo harías? No pudieras hacer nada mejor que seguir el ejemplo de Jesús, y el resultado probablemente sería muy parecido al liderato que caracterizó a la iglesia del Nuevo Testamento.[2]

Notas

[1]A.B. Bruce, *The Training of the Twelve* (La preparación de los doce), Nueva York: Harper, 1886.

[2]Kenneth O. Gangel, *Competent to Lead* (Competentes para dirigir), Chicago: Moody Press, 1974, pág. 14.

CAPITULO 4

Las epístolas del Nuevo Testamento y el liderato

 Un líder es como un padre que educa a sus hijos por medio de la exhortación y el estímulo.

Cuando tratamos el asunto del liderato en el Nuevo Testamento, hay la tentación de acudir al libro de los Hechos, por causa de la brillante descripción que allí se hace de la vida de la iglesia primitiva. En realidad ofrece un modelo para el gobierno de la iglesia, que es normativo para su organización, aunque no está completamente desarrollado. Entre las lecciones vitales que deben aprenderse y enseñarse, el libro presenta la necesidad de que los cristianos trabajen juntos.

Es interesante notar que Cristo no reveló un orden eclesiástico completamente elaborado, listo, cuando dio las llaves del reino a Pedro y a los demás apóstoles. La estructura de la iglesia del Nuevo Testamento se desarrolla a medida que la iglesia se aplica a través del liderato de hombres consagrados. Hubo la formación de equipos misioneros, los obreros se reunían en varios grupos, se utilizaban las casas como iglesias y a la vez se desarrollaban las iglesias de las ciudades, y se iban diversificando las formas de servicio cristiano. Se necesitaba un sólido liderato.

En los Hechos se nos dice que los cristianos de esa época trastornaron el mundo con la causa de Cristo. Esto no lo hicieron al azar, ni con una predicación desordenada del Evangelio por parte de unos pocos hombres vigorosos. Para alcanzar eficazmente a aquella generación necesitaron mucha planificación y estrategia.

Pero el libro de los Hechos es insuficiente en sí para un estudio bíblico sobre el liderato, por el hecho de que en primer lugar es una narrativa histórica, y no una eclesiología desarrollada. Nos será más útil examinar las epístolas de Pablo y Pedro, quienes aparentemente fueron comisionados por el Espíritu de Dios para organizar iglesias locales y manifestar el plan de Dios y la forma en que El quería que funcionaran aquellas iglesias. Nos servirá de modelo un pasaje que se halla en 1 Tesalonicenses 2.

El liderato de la iglesia del Nuevo Testamento es nutrición

Nutrición es un término biológico que se refiere al cuidado y alimentación del ser vivo joven, de tal modo que crezca apropiadamente hacia la madurez. En 1 Tesalonicenses 2:7, 8 Pablo utilizó algunas palabras características para describir lo que es realmente la nutrición en las relaciones estrechas que caracterizan a la responsabilidad del liderato. El habla de ser "tiernos". En griego esta palabra era *ēpioi*, y a menudo se aplicaba al maestro que era paciente en el proceso de enseñar a estudiantes que aparentemente eran incorregibles. En 2 Timoteo 2:24, Pablo utilizó la misma palabra para describir a "el siervo del Señor". Como si este hincapié no fuera suficiente, se refirió a la ternura de una "nodriza", que es una referencia obvia a una madre de crianza, y no a una niñera contratada. La misma palabra se utiliza en el Antiguo Testamento para hacer referencia a la manera como Dios cuidaba a Israel.

Pero hay más en relación con este hincapié en la nutrición. Una madre de crianza "abriga a sus hijos". Para expresar esto en griego se utilizó la palabra *thalpē*, que literalmente significa "suavizar por medio del calor" o "mantener abrigado". En Deuteronomio 22:6, Versión Griega de los Setenta, se usa la misma palabra para describir a un pájaro que cuida de sus pichones extendiendo sus plumas sobre ellos en el nido. Tal nodriza "desea afectuosamente" el crecimiento de sus hijos. Este término parece engorroso, pero lo encontramos en el pasaje de 1 Tesalonicenses a que nos estamos refiriendo en la Versión Autorizada, en la Versión Standard Antigua y en la Versión Standard Revisada (todas en inglés). Estas son versiones de la Biblia. Implica un "anhelo en favor" del bien del grupo, que en último análisis, como lo indica el versículo 8, da como resultado un sacrificio por parte del líder.

¿Dónde está la hombría en todo esto? ¿Dónde está la imagen del vozarrón que da órdenes y "capitanea el barco con firmeza"? ¿Dónde vemos al legendario sargento de la marina? En este caso otra vez la cultura pagana deforma nuestro entendimiento de la realidad espiritual. Identificamos la masculinidad con la tenacidad y la rudeza, pero Dios la identifica con la ternura. Pensamos que el liderato consiste en manejar adultos, pero para Dios es educar niños. El libro *Tough and Tender* (Vigoroso y tierno)[1] de Joyce Landorf, dirigido a los maridos, tiene un título muy bien colocado.

El liderato del Nuevo Testamento es ejemplar

El intenso trabajo de Pablo como líder se expresa en 1 Tesalonicenses 2:9. Con gran esfuerzo trabajó entre los creyentes en Cristo día y noche. Su vida y las vidas de sus colegas fueron ejemplos de santidad, justicia e inocencia delante de Dios. Observemos que esta fue una conducta que vivieron *delante de los creyentes*, y no un intento de evangelización. En 1 Tesalonicenses 2:5, 6, Pablo les aseguró a los tesalonicenses que los líderes de ellos eran "hombres", y no alguna clase de gigantes eclesiásticos sobrehumanos que querían hacer funcionar la organización por pura capacidad ejecutiva y mediante su propio poder personal.

El liderato del Nuevo Testamento es paternal

¿Qué es lo que hace un padre? Según Efesios 6:4, él es el responsable de la crianza de sus hijos. En consecuencia, el modelo de la familia se utiliza no sólo para describir la regeneración como el nacimiento de un niño, sino también para describir las funciones del liderato en semejanza con el papel de maestro que le corresponde al padre en el hogar. Las palabras que se tradujeron "exhortábamos y consolábamos" en 1 Tesalonicenses 2:11, son traducción de los términos griegos *parakalountes* y *paramuthoumenoi*. Comúnmente estos términos se usan juntos en los escritos de Pablo. El primero se utiliza a menudo con respecto al ministerio divino, pero el último siempre es una palabra que se refiere a lo humano. *Nunca se usa directamente para hacer referencia al consuelo de Dios, sino más bien sirve para describir la manera como El utiliza a las personas para ministrar a los demás en la comunidad de la fe.*

El padre también "exhorta" a sus hijos. Esta palabra tiene la idea de amonestar o dar testimonio de la verdad para que ellos anden de acuerdo con los patrones aceptables a Dios. Puedo pensar en muchos que me han ministrado haciendo el papel de padres en forma muy efectiva y personal. ¡Cómo alabamos a Dios por aquellos que han hecho este papel de padres en nuestras vidas!

Ya observamos el modelo positivo de Cristo en la preparación de los líderes. Ahora mencionamos el ejemplo del apóstol Pablo. El desarrollo de la iglesia del Nuevo Testamento es la multiplicación de las vidas de las pocas personas que se describen en Hechos 1. Muchos líderes de la iglesia primitiva fueron preparados personalmente por Pablo; en efecto, él fue el "proyecto piloto". Timoteo, Silas, Tito, Epafrodito, los ancianos de Efeso y muchos otros surgieron de la vida y del ministerio de Pablo.

Hay iglesias locales en el día de hoy que tienen mucho parecido con el rasgo mundano condenado por nuestro Señor en Lucas 22. Si hemos de servir a nuestra propia generación con poder y eficacia, debemos abandonar la pretensión de que ser un líder cristiano es como ser un rey entre los gentiles.

Las palabras de Pablo a Timoteo

Un pasaje clave que establece las cualidades de los líderes es 1 Timoteo 3:1-7. Este pasaje es decisivo en lo que concierne al gobierno de la iglesia. Se refiere al hombre que anhela el obispado, al obispo. En diferentes versiones de la Biblia se usan dos términos que se aplican a los líderes de la iglesia: *anciano* y *presbítero*. Estos vocablos se aplican a la persona que ejerce la misma función, según se desprende de pasajes como Hechos 20:17, 28 (conf. también Tito 1:5-9).

Pueden hacerse en este caso dos preguntas legítimas. Primera, si las dos palabras se refieren a la función de una misma persona, ¿por qué se utilizaron dos términos diferentes? La mayoría de los eruditos modernos llegan a la conclusión de que hay una pequeña diferencia entre los dos términos. Podría señalarse que *presbyteros*, término que traduce "el anciano", describe a los líderes como eran en sus personas; eran los mayores, los más respetables. *Episkopos*, término griego que traduce "el obispo", "el supervisor", describe la función y la tarea; un obispo era un superintendente de la iglesia.

Segunda, si el anciano y el obispo eran la misma persona, ¿cómo llegó el obispo a ser lo que era? La respuesta es que, a medida que la iglesia creció, se hizo esencial que de entre los ancianos surgiera un líder. El anciano que surgió llegó a ser conocido como el supervisor.

Varios factores producen esta clase de pensamiento. Por ejemplo, en Tito 1:5 se nos dice que los ministros debían establecer ancianos por todas partes; claramente, esto se hacía en la iglesia dondequiera que iban. En Hechos 14:23 se nos dice que Pablo y Bernabé, luego del primer viaje misionero, constituyeron ancianos dondequiera que había iglesia.

Entonces descubrimos que los requisitos que se exigían para ambos eran en todo sentido idénticos. En Tito 1:5 leemos: "Por esta causa te dejé en Creta, para que corrigieses lo deficiente, y establecieses ancianos en cada ciudad, así como yo te mandé". Cuando Pablo hablaba acerca de los ancianos en medio del pasaje, cambiaba el término y los llamaba obispos (1:7). Así que los requisitos de 1 Timoteo 3 y de Tito 1 parecen ser idénticos.

Asimismo, después del tercer viaje misionero de Pablo, llamó a los ancianos de Efeso para que se encontraran con él en Mileto (Hechos 20:17), y en el versículo 28 se refiere a ellos como "obispos". De modo que el mismo título puede aplicarse tanto al anciano como al obispo.

Entonces puede formularse la siguiente pregunta: ¿Cómo llegó a utilizarse el término *obispo*? Es un axioma que dondequiera que hay un grupo de personas surgen algunos líderes. Se levantarán en forma natural. Así que de estos ancianos surgieron algunos líderes, y éstos llegaron a ser conocidos como obispos. Entonces fueron ordenados o separados para que fueran ministros o líderes de los rebaños locales.

Una larga historia

La institución de los ancianos tuvo una larga historia que comenzó antes que la iglesia fuera constituida. La palabra *presbiteriano* nos viene precisamente de esa palabra griega. Hoy, una iglesia que lleva ese nombre se estructura en torno a un grupo de ancianos. En Números 11:16 se nos informa que fueron nombrados 70 ancianos para que le ayudaran a Moisés a gobernar al pueblo: "Entonces Jehová dijo a Moisés: Reúneme setenta varones de los ancianos de

Israel, que tú sabes que son ancianos del pueblo y sus principales; y tráelos a la puerta del tabernáculo de reunión, y esperen allí contigo''.

Ahora bien, hubo ancianos aún antes que fueran nombrados. Eran los funcionarios que debían guiar a los israelitas. En ese tiempo, el Espíritu Santo no se revelaba a todos los creyentes, sino que descendía sobre personas individuales para que cumplieran algún ministerio especial. Hasta el día de hoy, toda sinagoga ortodoxa tiene sus ancianos que son reconocidos como los dirigentes espirituales de la comunidad. En la formación de una sinagoga se necesitaban diez hombres, llamados *minyan*, para iniciar una congregación formal. Generalmente eran vigorosos líderes de la comunidad. ¡Qué ayuda sería para los protestantes si tuviésemos más líderes comunitarios que sirvieran como dirigentes de las congregaciones locales!

Estos ancianos o *presbyteroi* eran respetados personajes paternales utilizados por el Señor para dar dirección a la iglesia.

El segundo término que aparece en 1 Timoteo 3 es *episkopos*. De él nos viene la palabra "episcopal". Se traduce mediante los términos "supervisor" o "superintendente". Este concepto también tiene una larga y honorable historia. En la Versión Griega de los Setenta se halla varias veces la palabra. En 2 Crónicas 34:17 hay una mención a los hombres que estaban encargados de los proyectos de obras públicas. Cuando se tradujo el término del hebreo al griego, se utilizó la palabra que se aplicaba a los que eran enviados a establecer nuevas colonias. La palabra representa a un individuo que tiene la supervisión de alguna cosa. En el Nuevo Testamento se refiere a una persona que tiene la supervisión de una iglesia o de un grupo de iglesias.

Apartados

Antes de estudiar brevemente las principales cualidades de los líderes del Nuevo Testamento, es bueno observar que ellos eran formalmente apartados para su oficio. Eran ordenados (Tito 1:5). A los ancianos se les daba el honor y el debido reconocimiento. Tenían que someterse a un tiempo de prueba para conocerse a sí mismos (1 Timoteo 3:10). Se les pagaba su trabajo (1 Timoteo 5:18). Estaban expuestos a la censura (1 Timoteo 5:19-22). El tenor de estos pasajes revela que no eran novatos.

Pablo comprendió que el deber de ellos no tenía relación con la iglesia solamente, sino también con otros aspectos. Si fallaban en esos aspectos, decía Pablo, era muy probable que también fracasaran en la iglesia. Lo primero era lo relacionado con las obligaciones del anciano en su hogar: un hombre que no podía instruir adecuadamente su propia casa, razonaba Pablo, no podría educar a la iglesia. La segunda preocupación era la responsabilidad que tenía el obispo en el mundo. Tenía que tener "buen testimonio de los de afuera" (1 Timoteo 3:7). Tenía que ser respetado en la vida diaria fuera de las paredes de la iglesia. Esa es la prueba verdadera. Pocas cosas han lesionado más a la iglesia a través de los siglos que los líderes que han fracasado en sus obligaciones sociales.

Pablo presentó otras cualidades fundamentales en 1 Timoteo 3:1 y siguientes. En primer lugar, dijo, el líder cristiano tiene que ser un hombre "irreprensible", es decir un hombre "contra el cual no se puede hacer ninguna crítica" (el término griego es *anepileptos*). Este vocablo se usa con respecto a una posición que no está abierta al ataque. Esta es una norma extremadamente elevada, porque la persona no sólo tiene que estar libre de cargos civiles definidos, sino que también tiene que estar fuera del alcance de la crítica. En esta vida, por supuesto, ningún hombre puede lograr plenamente tal posición, pero es un ideal que tenemos que esperar que sea más satisfecho por el verdadero líder.

En segundo lugar, el líder tiene que ser "marido de una sola mujer". Se han levantado varias interpretaciones de este texto. Pero según el contexto podemos estar bastante seguros de que significa que el líder es un marido leal, que preserva sus votos matrimoniales y la santidad del hogar cristiano. Tiene que poder gobernar bien su casa. Es obvio según el resto del Nuevo Testamento, que esto no se refiere a lo bien que pueda dictar las cosas y controlar a su familia, sino más bien a lo bien que haya desarrollado las relaciones dentro de la familia de tal manera que honren a Cristo y a la gente.

Luego, el líder cristiano tiene que ser "sobrio" *(nēphalios)*, y unos pocos versículos después se nos dice que no debe ser dado al vino. La palabra que se usa, *paroinos*, significa ser adicto al vino. *Nēphalios* también significa "atento" y "vigilante"; *paroinos* también significa "pendenciero" y "violento". Así que la fuerza de este pasaje significa que el líder no debe permitirse ninguna indulgencia que manche su testimonio cristiano.

Luego Pablo usó dos palabras para describir otras cualidades esenciales más en el líder cristiano: *sōphron*, que se tradujo "prudente", y *kosmios*, que se tradujo "decoroso".

La palabra que se tradujo *prudente* se puede traducir de varias maneras, que incluyen la posesión de una mente sólida, discreta, disciplinada y que tiene control sobre los deseos sensuales. En los tiempos bíblicos se consideraba que la persona que tenía esta cualidad tenía dominio de sí misma. Espiritualmente, en esta clase de persona se manifiesta la supremacía del reino de Cristo.

El líder decoroso lo es en razón de que es *sōphron* en su vida interna. *Kosmios* significa que es ordenado externamente y honesto. De modo que las pasiones del líder tienen que estar controladas, y externamente tiene que tener una reconocida belleza.

El líder también tiene que ser hospitalario. Sobre este tema se hace mucho hincapié en el Nuevo Testamento. La palabra *philoxenos* contiene la idea de uno que mantiene el corazón y la casa abiertos, y esto lo hace sin quejarse. En la iglesia primitiva había maestros y predicadores viajeros que necesitaban hogares donde hospedarse. El verdadero líder es sensible hacia los que están en necesidad.

Luego, el líder cristiano tiene que tener aptitud para enseñar *(didaktikos)*, según lo dice Pablo. La enseñanza es una parte vital en cualquier empresa significativa que tenga éxito.

El líder cristiano no debe ser "pendenciero" (*plēktēs*). El individuo no debe asaltar a otros cuando cometen errores, sino tratar de reconciliarse con aquellos con los cuales no está de acuerdo.

La amabilidad es otra característica importante. En griego esta palabra es *epieikēs*. Es difícil traducirla literalmente. En el griego clásico se refería a la cualidad de saber corregir la ley cuando ésta parecía injusta. El verdadero líder, entonces, es el que sabe cuándo retirarse de la letra rígida e injusta de la ley, y cuándo puede aplicarla con un espíritu recto. También puede incluir la idea de que el líder debe recordar lo bueno y no lo malo.

Hay dos pensamientos finales que quedan en este pasaje. Primero, el líder cristiano tiene que ser "apacible" *(amachos)*. Sabe lograr los fines por medio tranquilos, sin necesidad de amedrentar a la gente. También tiene que estar libre del amor al dinero (aphilarguros). Debe medir sus logros y los de sus subordinados sin estar continuamente apegado al dinero o al mejoramiento personal. Percibe más el valor intrínseco de la gente y de su trabajo.

Estas cualidades que esbozó Pablo eran reconocidas aun en el mundo pagano. William Barclay cita a un antiguo escritor que una vez describió a un comandante ideal: "Tiene que ser prudente, tener dominio de sí mismo, ser sobrio, frugal, paciente en el trabajo, inteligente, desprovisto de amor al dinero, ni muy joven ni muy viejo, si es posible que sea padre de familia, que sea capaz de hablar competentemente, y que tenga buena reputación".[2] ¡Cuánto más espera Dios de sus hijos que son líderes!

Habla Pedro

El apóstol Pedro se refiere al asunto del liderato cristiano en su primera epístola (1 Pedro 5:1-7). Cuando escribió esta epístola, él era un personaje prominente en la iglesia primitiva. Además de haber estado muy cerca a Jesús, llegó a ser honrado y respetado a causa del papel importante que desempeñó en la formación de la primera iglesia de Jerusalén. El fue el que predicó el poderoso sermón el mismo día en que el Espíritu Santo fue derramado sobre los creyentes en Cristo el día de Pentecostés (Hechos 2).

Así que es importante oir su consejo. Son pocos los pasajes que muestran la significación del liderato cristiano de una manera más clara que 1 Pedro 5. El escritor comienza dirigiendo sus palabras a sus colegas ancianos; él estableció los peligros y los privilegios del liderato. En primer lugar, Pedro dijo que los líderes tienen que cuidar el rebaño. Deben estar propiamente motivados; no por la coerción, sino por la disposición. El líder no aceptará su responsabilidad sólo por cumplir un deber, sino por real compasión hacia los demás.

En segundo lugar, Pedro señala que el liderato exige una suprema vocación. El hombre tiene que estar interesado en algo más que en su propio provecho para que no sea afectado por ninguna ganancia personal en su tarea ni en sus decisiones. Por otro lado, el líder no debe tener características dictatoriales, ni ser un pequeño tirano; sobre todo debe preocuparse por ser un ejemplo digno de la grey. No debe estar inclinado hacia el poder o hacia la autoridad.

La humildad, dijo Pedro, debe manifestarse en sus relaciones con los demás, pero también debe sentirse estimulado a reaccionar humildemente ante las pruebas que Dios permita en su vida. "Permitid ser humillados", sería una traducción cercana al texto del versículo 5.

Finalmente, el verdadero líder cristiano no se resistirá ni se rebelará contra las experiencias de la vida, sino que aceptará la mano de Dios sobre su vida. Estará consciente de que Dios lo está moldeando más a la semejanza de su Hijo, por medio de la prueba. Por medio del sufrimiento Dios puede forjar a un hombre, y también restaurar a otro que haya estado confiando en su propia carne.

Estas cualidades son esenciales para que el líder sirva con eficacia.

Notas

[1]Old Tappan, Nueva Jersey: Fleming H. Revell, 1975.
[2]William Barclay, *The Letters to Timothy, Titus, Philemon* (Las cartas a Timoteo, Tito y Filemón), Edinburgo: Saint Andrew Press, 1962, págs. 86, 87.

CAPITULO 5
La administración es un don

 Donde no hay dirección sabia, caerá el pueblo (Proverbios 11:14).

En el Cuerpo de Cristo hoy, a través del mundo, hay un renovado hincapié, que es muy necesario, en el estudio de los dones espirituales, a menudo hasta el punto de excluir otras doctrinas sumamente importantes. Sin embargo, es un tema que no debemos descuidar, a causa de que el llamamiento que Dios hace a los hombres es uno de los temas principales de la Biblia. El es un Dios viviente que dirige su Palabra al hombre. No habla a todos los hombres sólo en generalidades, sino que a menudo los llama por nombre para su servicio. El apóstol Pablo reconoció sus propios dones al insistir en que no se gloriaría desmedidamente (2 Corintios 10:13). El no trataría de entrar en una esfera de servicio para la cual no hubiera sido capacitado mediante los dones que constituían su propio llamamiento. Por otra parte, los dones que recibió lo constituyeron en deudor en lo que respecta al cumplimiento de ellos (1 Corintios 9:16, 17; Romanos 1:14).

Está claro que uno de los dones que Dios da a los hombres es la capacidad especial de administrar o dirigir. El mismo Pablo, por ejemplo, habla acerca de los que tienen la capacidad especial para administrar en los asuntos del gobierno.

En la lista de dones del Espíritu que hallamos en Romanos 12, Pablo mencionó los dones de la enseñanza y la exhortación, pero también mencionó el don de la diligencia como cualidad del hombre que gobierna. El concepto de ejercicio administrativo del gobierno por parte de los líderes, de ningún modo contradice la forma orgánica establecida por los dones del Espíritu. Sólo es el reconocimiento de que entre los diferentes dones tiene que haber aquellos que ayudan a las personas a trabajar juntas, al ofrecerles adecuada organización y dirección.

63

En el Antiguo Testamento hay una notable ilustración relacionada con un hombre que tenía el don de la administración. Fue Salomón, quien diseñó magníficos planes para la construcción del templo y para convertir a Israel en un sólido poder económico. Los planos del templo se hallan explicados detalladamente en 1 Reyes 5-7.

Como parte del plan total, Salomón inventó un método para dividir la tierra en distritos, a fin de facilitar el cobro de los impuestos que sostendrían los esfuerzos del gobierno para fortalecer la economía de la nación. El no siguió el patrón establecido cuando la tierra fue dividida entre las doce tribus, después que los israelitas entraron por primera vez en Canaán. El plan de Salomón fue tan eficiente que el templo indescriptiblemente bello se terminó de construir en tiempo récord, y permaneció como centro espiritual del pueblo durante siglos. Salomón dio pruebas de que tenía un don real para administrar el plan y hacerlo efectivo con el objeto de obtener un resultado positivo.

Por el hecho de que sus sucesores no pudieron seguir el plan de Salomón, sin mantener la unidad de la nación, el reino se fragmentó en rivalidades parciales y con el tiempo se dividió en el Reino del Sur (Judá) y el Reino del Norte (Israel). Los reyes que gobernaron después de él no tuvieron el don de administrar u organizar al pueblo constantemente.

Cuando algunos cristianos piensan en Salomón y en otros que estuvieron en el gobierno o en los negocios de la administración, en forma declarada o implicada, consideran que esto es de mal gusto o que es un don secundario, que parece menos importante que las demás funciones de servicio. Frecuentemente uno oye que los pastores consideran que estas áreas no son esenciales, ni interesantes, y que son menos espirituales que, digamos, la predicación, la enseñanza y el consejo. La iglesia, durante siglos, comenzando con el surgimiento del monasticismo, ha establecido una aguda distinción entre lo sagrado y lo secular. Esto no es conveniente. Las personas que razonan de esta manera entienden mal un concepto bíblico significativo que establece que la función administrativa es un don espiritual muy apreciado.

La palabra griega que comúnmente se tradujo "ministro" o "ministración" es *hupēretēs*. En forma de sustantivo sólo aparece unas pocas veces. Como verbo, que traduce "ministrar", aparece numerosas veces. También se traduce "servir". En griego, la palabra está compuesta de *hupo*, que significa "debajo", y *eretẽs*, que significa "remero". Así que el concepto básico literal de la palabra es una persona que "timonea o rema un bote". Esta palabra también aparece en la Versión Griega de los Setenta, que es la traducción del Antiguo Testamento del hebreo al griego.

Examinemos algunos de los pasajes principales en que se utiliza dicho término:

En Lucas 4:20, la palabra se refiere al que sirve en los oficios de la sinagoga. En Hechos 13:5, el apóstol Marcos es llamado "ayudante". Pablo es considerado "ministro" en Hechos 26:16, y "servidor" en 1 Corintios 4:1 En este último pasaje está asociado con Apolos y Cefas: "siervos de Cristo".

Otra palabra que se usa intercambiablemente en el Nuevo Testamento es *kubernẽsis*, que también se refiere a la persona que guía un barco. Esta palabra sólo se halla tres veces. El "piloto" que se menciona por primera vez en Hechos 27:11, tenía la gran responsabilidad de guiar la nave en medio de una inminente tormenta que Pablo, un prisionero, había predicho. En esos días, el administrador de un barco tenía que saber todo lo relacionado con la navegación y tener información significativa para poder llevar el barco a su destino.

El segundo ejemplo, que se halla en Apocalipsis 18:17, se parece mucho en significado al pasaje de Hechos. En este caso, el escritor, que es el apóstol Juan, dio un repaso a la gran riqueza de Babilonia tal como era considerada por los comerciantes y los "pilotos". Debe hacerse una distinción importante. El piloto de la nave no era un marino ordinario que obedecía órdenes, sino uno que era contratado por el propietario de la embarcación, junto con el resto de la tripulación, todos los cuales estaban subordinados al piloto de la nave.[1] Por tanto, él era la persona responsable a bordo, el líder, el capitán del barco.

La tercera referencia es la más importante para nuestros estudios sobre el liderato cristiano, por cuanto aparece en el pasaje que se refiere a los dones espirituales (1 Corintios 12). En el versículo 28, Pablo indicó claramente que la administración es un don específico. En la Versión Autorizada (inglés), el término se tradujo mediante la expresión "los que gobiernan", pero el término "los que administran" (de nuestra Versión Reina-Valera), cuadra mejor con el concepto y tiene perfecta garantía sin ninguna violación del texto original. Kittel discute esta palabra en relación con otros dones:

> Sólo puede referirse a los dones específicos que capacitan a un cristiano para que sea piloto de su congregación, es decir, un verdadero director de su congregación y, con ella, de su vida. No sabemos hasta donde llegaba el alcance de esta actividad directriz en el tiempo de Pablo. Fue un período de gran desarrollo. La importancia del timonel aumenta en el tiempo de tormenta. El ministerio de dirigir la congregación bien pudo haberse desarrollado especialmente en las emergencias, tanto las procedentes de adentro como las de afuera. La proclamación de la Palabra no era originalmente una de sus tareas. Los apóstoles, los profetas y los maestros se encargaban de esto . . . No puede existir ninguna sociedad sin alguna clase de orden y dirección. La gracia de Dios es la que da los dones que capacitan para el gobierno. Lo sorprendente es que cuando Pablo pregunta en el versículo 29, si todos son apóstoles, o todos profetas, o todos tienen dones de sanidad, no hace preguntas con respecto a los términos *antilenpseis* y *kubernesis*. Hay una razón natural que explica esto. Si fuese necesario, cualquier miembro de la congregación pudiese entrar en el servicio como diácono o dirigente. Por tanto, estos oficios, a distinción de los que se mencionan en el versículo 29, pudieran ser electivos. Pero esto no altera el hecho de que para poderlos desempeñar en forma adecuada sea indispensable el *charisma*.[2]

La palabra *kubernēsis* también se halla en el Antiguo Testamento, principalmente en la literatura sapiencial. Basta mencionar tres pasajes del libro de Proverbios. El primero se halla en Proverbios 1:5: "Oirá el sabio, y aumentará el saber, y el entendido adquirirá consejo". En este versículo, el autor declara que un líder o administrador que tenga correcto entendimiento dirigirá a los demás por el camino correcto. En Proverbios 11:14, el escritor profetiza que donde no hay administración, el pueblo caerá. "Donde no hay dirección sabia, caerá el pueblo; mas en la multitud de consejeros hay seguridad". Y en Proverbios 24:6, el escritor utiliza el término con un sentido militar. Sólo los estrategas y administradores sabios ganarán la batalla. "Porque con ingenio harás la guerra, y en la multitud de consejeros está la victoria".

El hincapié práctico de estas palabras griegas que denotan responsabilidad en el liderato es importante. Debemos tenerlo en cuenta. Sacamos las siguientes deducciones:

En primer lugar, el don de la administración lleva consigo la capacidad administrativa que se adquiere mediante el desarrollo del liderato. Cualquier líder cristiano que sea colocado en responsabilidades de dirección, y no trate de desarrollar su capacidad administrativa, sería tan insensato como el pastor que tiene el don de predicar, pero no abre un libro para preparar el sermón.

En segundo lugar, en la iglesia primitiva era esencial que los predicadores y pastores escogieran a las personas que habían de llevar adelante la obra de Dios en las congregaciones locales. Por ejemplo, se escogieron diáconos para llevar la ofrenda de amor a la iglesia de Jerusalén. Si los pastores de hoy no tienen el don de la administración, deben buscar a otras personas que les alivianen la carga, personas que tal vez tengan mejor discernimiento en asuntos de administración.

En tercer lugar, el estilo del dirigente cristiano estará determinado por el concepto que tenga sobre la administración. Si la considera como un mal necesario, no pondrá su corazón y su alma en ella. En este caso, la organización sufrirá, y a él le parecerá que la administración no es espiritual ni esencial. Si cree que es esencial, entonces su organización tendrá un crecimiento dinámico.

En cuarto lugar, para que el capitán de un barco pueda hacer su trabajo a bordo, tiene que contar con la colaboración completa de toda la tripulación. ¿No hay en esto una lección fundamental que debemos aprender? El administrador tiene que poder trabajar con la gente y llevarse bien con las personas. Puede hacer esto de una manera mejor ayudando a desarrollar las capacidades de sus asociados y subordinados y, luego, interesándose continuamente y de una manera activa y personal en los asuntos de ellos. Esta es la administración bíblica en su mejor forma.

En la iglesia primitiva, como resultado del celo ardiente de la iglesia apostólica, hubo muchos convertidos, y la expansión fue tan grande que no se podía colocar los asuntos administrativos en manos de una o dos personas. Se les hacían tantísimas demandas a los apóstoles que se hizo necesario crear un nivel intermedio de dirigentes que se encargaran de atender a las personas. Estos hombres fueron escogidos cuidadosamente: "Buscad, pues, hermanos, de entre vosotros a siete varones de buen testimonio, llenos del Espíritu Santo y de sabiduría, a quienes encarguemos de este trabajo" (Hechos 6:3).

Dios dirigió a los apóstoles para que seleccionaran a hombres que tuvieran dones especiales para hacer frente a los problemas. Hubo una disensión en la primera iglesia de Jerusalén relacionada con la distribución caritativa que hacía. La tradición judía nos ayuda a entender esta situación. Nunca existió una nación con mayor conciencia social y sentido de responsabilidad hacia los necesitados que los judíos. En la sinagoga era una costumbre rutinaria cuidar a los necesitados. Había dos clases de colectas para satisfacer esta necesidad: un fondo llamado el *kuppah*, que significa cesta; las cestas las utilizaban para recoger donativos en las plazas de mercado. La otra costumbre se llamaba *tamhui*, término que significa bandeja. Consistía en hacer colectas de casa en casa.

En el tiempo en que se escribió el libro de los Hechos, en Palestina vivían esencialmente dos clases de judíos: los que habían nacido en su Patria y hablaban arameo, y los judíos extranjeros. Estos habían olvidado el idioma hebreo, y hablaban griego o la lengua del país en que habían nacido. Muchos habían llegado en peregrinación a la fiesta del Pentecostés y se habían quedado en Jerusalén por algún tiempo. Aparentemente se desarrolló un resentimiento entre los dos grupos, y se manifestó en la distribución diaria de las limosnas.

La controversia se esparció a la iglesia por cuanto estaba compuesta principalmente de judíos. Se levantó la queja de que las viudas judías que hablaban griego eran intencionalmente descuidadas. Los apóstoles pensaron que ellos no podían mezclarse en el asunto, así que nombraron a siete hombres para que lo arreglaran. Estos eran hombres laicos cuyo primer interés era el de poner el cristianismo en práctica. Los apóstoles, por tanto, bajo la dirección del Espíritu Santo, arreglaron el problema, basados en un plan administrativo bien diseñado. Estos diáconos primitivos pusieron en práctica la estrategia, y la discordia se apaciguó.

Funciones especiales

Es evidente que Dios llama a personas para funciones y ministerios específicos a fin de fortalecer el crecimiento de la iglesia. Hay varios pasajes adicionales que apoyan lo que estamos afirmando.

Efesios 4:11-16 nos presenta una de las listas de esas funciones especiales alaborada por el apóstol Pablo. En este pasaje vemos que, para que la iglesia se mentenga en armonía con su principal tarea que es la presentación de Cristo al mundo, se escoge a ciertas personas, a las cuales se les da cualidades de líderes.

Parece que los apóstoles y los profetas ocupaban el primer lugar entre los líderes de la iglesia primitiva. Como ya se anotó, éstos tenían que administrar la expansión de la iglesia. Los apóstoles eran aquellos que habían estado con Jesús en su ministerio terrenal o habían sido testigos de su resurrección. Por supuesto, cuando murieron, nadie podía tomar el lugar de ellos, por cuanto ellos tenían credenciales extraordinarias. Así que fueron seleccionadas otras personas por cuanto manifestaron prácticamente que tenían el don de líderes. Estos fueron ordenados para confirmar la necesaria autenticación y el testimonio que ellos daban de la real existencia de Cristo y de su obra de redención para la humanidad pecadora.

Los profetas tenían dones que consistían en guiar a las comunidades cristianas y declararles la voluntad de Dios. Por ejemplo, en Hechos 13:1-4, hablaron con respecto al primer viaje de evangelización. Los evangelistas predicaban las buenas nuevas con respecto al Cristo resucitado. Estas dos últimas funciones tenían el propósito de predicar y proclamar la salvación que Cristo ofrecía.

Los pastores-maestros (Efesios 4) eran los pastores que estaban más íntimamente relacionados con la administración. Probablemente eran los mismos que se indican con las palabras "los obispos" en Filipenses 1:1, y "los ancianos" en Hechos 20:17. En nuestro estudio previo vimos que las comunidades judías locales tenían ancianos que se ocupaban de sus asuntos. Estos hombres constituían un tribunal que administraba justicia y también arreglaban lo relacionado con el culto en las sinagogas. Desde los más primitivos tiempos de la historia de Israel se consideró a los ancianos como los líderes indiscutibles de la comunidad.

Como la iglesia primitiva era esencialmente judía, era de lo más natural que siguiera la estructura y la forma de gobierno de la sinagoga. Por tanto, los ancianos eran escogidos para que dirigieran al pueblo. Se nos dice en Hechos 14:23 que Pablo y Bernabé constituían ancianos en cada congregación que fundaban. Además de guiar a la iglesia, éstos instruían a los creyentes sobre la manera de practicar la mejor vida cristiana.

La obra de los que tenían el don administrativo está sintetizada en Efesios 4:12. A través de los esfuerzos de los líderes, los creyentes debían ser perfeccionados, o preparados para el crecimiento, a fin de que con capacidad pudieran llevar hacia adelante la obra del ministerio. ¡Los líderes eran llamados "a fin de perfeccionar a los santos para la obra del ministerio"! Eran escogidos aquellos que ponían de manifiesto capacidades especiales de líderes.

En 2 Timoteo , Pablo le recordó a su joven amigo el momento en que éste fue ordenado para el ministerio mediante la imposición de las manos. Hay una referencia a esto también en 1 Timoteo 4:14. La iglesia primitiva practicaba esta costumbre como una forma de reconocimiento para la persona que tenía dones especiales para ser líder de ella.

Este rito de la consagración fue heredado de la práctica judía de consagrar a los ancianos en la sinagoga. En el judaísmo tal rito significaba la ordenación de un hombre como rabino.

La práctica de imponer las manos se inició durante la vida errante de los israelitas en el desierto (Deuteronomio 34:9). Esta referencia registra el momento en que Moisés entregó el liderato de la nación a Josué. Al imponerle las manos, Moisés reconoció que Josué tenía el mismo espíritu y los mismos dones de líder que él mismo había poseído, y que estaba capacitado para ser su sucesor. El mandamiento inicial por parte de Dios para que Moisés hiciera esto lo encontramos en Números 27:18.

En el Nuevo Testamento, esta práctica tenía el propósito de ordenar hombres para el ministerio, como en el caso de Timoteo. La iglesia también ordenaba a personas para tareas específicas, como cuando Bernabé y Saulo salieron en su primer viaje de evangelización (Hechos 13:2, 3). En ambos casos, el acto simbolizó la aprobación de la iglesia y el reconocimiento de que la persona que era ordenada había sido escogida por Dios de una manera especial para dirigir.

Al recordar a Timoteo su fe y su consagración, Pablo tenía el propósito de inspirarlo hacia un mayor crecimiento. Para el recién convertido siempre es un estímulo recibir la animación de parte de otros, particularmente de aquellos que son mayores y que tienen posiciones de liderato. El hecho de estimular las ambiciones y la potencialidad de una persona, crea un deseo positivo de usar de una manera más efectiva los dones que posee para dirigir.

Timoteo fue exhortado a despertar el don de liderato que le había sido confirmado al ser ordenado para el ministerio (2 Timoteo 1:6). Se le recordaron las cualidades que deben caracterizar al líder cristiano. Cada uno de nosotros puede pensar en alguna persona, o en algunas personas, a quienes Dios ha usado para modelar el liderato en nosotros, cuya influencia, que no se expresa con palabras, ha significado mucho. En este mismo momento pasan por mi mente una media docena de hombres que han influido en mi vida y en mi condición de líder, mucho más de lo que pudiera decir con palabras.

En conclusión, es bueno que tengamos en mente la importancia de escoger a aquellas personas que demuestran capacidades administrativas y de liderato, bien sea que estén practicando esos dones dentro o fuera de la iglesia institucional, y hacer cuanto podamos para mejorar y estimular su desarrollo. De esa manera serán bendecidas y colmadas las vidas de muchos hombres, los cristianos serán más útiles que nunca, y su influencia en este mundo que crece en maldad será más efectiva.

Notas

[1]Gerhard Kittel, *Theological Dictionary of the New Testament* (Diccionario teológico del Nuevo Testamento), Vol. III. Grand Rapids: Wm. B. Eerdmans, 1965, s.v. *"Kubernesis"*, págs. 1035 y siguientes.
[2]*Ibid.*

CAPITULO 6
Los límites del liderato

 No vale la pena copiarse uno de otro hombre. La combinación ideal consiste en utilizar los propios dones naturales, y sobre esa base desarrollar otros rasgos de líder por medio del trabajo diligente.

En el capítulo anterior vimos cómo la historia de la Iglesia de Cristo nos revela que en ciertos momentos de crisis, el Espíritu Santo habló directamente al pueblo. En el momento del rendimiento pleno, El permitió que se manifestaran dones y cualidades que a menudo permanecen latentes durante algún tiempo. Esto hace que surjan algunas preguntas legítimas: Si Dios provee los dones, entonces ¿hay algunas personas que nacen para ser líderes? ¿Qué diremos acerca de las capacidades naturales? Si una persona tiene el don de líder, ¿excluye ese hecho la necesidad de una preparación especial?

Cuando echamos una mirada a las vidas de hombres como Martín Lutero, Juan Hus, Bernardo de Clairvaux y Juan Wesley, llegamos a la conclusión de que las cualidades del líder no pueden explicarse únicamente como capacidades naturales. Martín Lutero, por ejemplo, salió un día a caminar, y estando en eso cayó un rayo que casi lo mata. Con un aturdido estupor gritó aterrado: "¡Santa Ana, sálvame, y me iré a un monasterio!" Esta no fue su conversión, pero Dios utilizó esa experiencia para motivarlo a realizar un servicio más tarde de una manera notable.

¿Fueron líderes natos estos hombres por cuanto Dios tocó sus vidas de una manera extraordinaria? No lo creemos. Parece que en el mundo secular, tanto en lo político como en el mundo difícil y complejo del comercio y la industria, los hombres llegan a la cima porque manifiestan un vigoroso ego y una personalidad subyugante. Esta tendencia pudiera hacernos creer que son líderes naturales.

¿Qué decir de los "líderes natos"?

Históricamente, con respecto al tipo de líder que acabamos de mencionar, generalmente se piensa que es un "líder nato". Sin embargo, sólo lo es porque las circunstancias así lo exigen. Llegó a la escena precisamente en que la situación particular exigía un líder. Se puede decir que no funciona fuera de las exigencias o de la confluencia de las circunstancias que están fuera de él mismo.

En este molde solemos colocar a los Napoleones, a los Hitlers y a los Stalins; a los conquistadores, dictadores y déspotas; a los egotistas que han demostrado características de líderes. Generalmente esta clase de individuo se ha impulsado a sí mismo hacia el poder a través de la fuerza, de la agresión militar y el asalto al poder político.

Pero esta clase de dirigente es a menudo muy débil, pues sólo puede imponer su autoridad sobre los demás por medio de una afán neurótico de dominio desordenado e insaciable. Indudablemente hay ocasiones y lugares en que tales personalidades proporcionan la unidad de propósito y la claridad de intención que el pueblo anhela. Pero con el tiempo se debilitan su popularidad y su habilidad.

Probablemente Adolfo Hitler nunca hubiera llevado acabo sus metas si los alemanes no hubieran estado "listos" a causa de la inseguridad política y económica que hubo en la década que comenzó en 1920 y se prolongó hasta la primera parte de la que comenzó en 1930. Muchos estaban persuadidos de que el nazismo era una buena causa a la cual se podía servir por amor a Alemania. Infortunadamente, como lo descubrieron cuando ya no podían cambiar la situación, comprendieron que no habían seguido a un líder, sino a un tirano.

Esta clase de dirigente no sólo se halla en el mundo político, sino en la mayoría de las demás esferas de la vida. Son dirigentes paternalistas y autócratas que todo lo controlan decidiendo lo que es bueno para el pueblo. A menudo están bien intencionados y dan la apariencia de ser de aquella clase de personas que siempre quiere dar a los demás un trato justo. Parecen estar accesibles todo el tiempo. No queremos menospreciar al tipo de líder que es individualista, pero es importante que reconozcamos sus limitaciones, pues no produce en los demás el pensamiento creador o independiente, ni ayuda a que se produzcan cambios para el bien dentro de la estructura del grupo.

Otro problema para el líder autócrata es que el apoyo de sus seguidores no es permanente. La lealtad sacrificada sólo dura un poco de tiempo. El gobierno de uno solo sirve sólo al ego del gobernante. No puede ser un líder sólido y eficaz, por cuanto no considera los deseos ni las aspiraciones de sus seguidores.

Conocí a un joven que quería ser un líder natural y vigoroso. Decidió que esa sería la forma de predicar, por tanto se marchó a un seminario. Un amigo suyo sabía que él tenía esta elevada ambición. Un día estaban los dos hablando acerca de las cualidades necesarias en un líder. El amigo le dijo:

—Permíteme echar una mirada en tu biblioteca.

Luego de examinar la biblioteca de un lado a otro, volvió a mirar a su amigo y le dijo:

—Mira, lo único que tienes es griego, hebreo, apologética y filosofía. ¿Dónde están las biografías?

—¿Para qué las necesito? Me voy a dedicar a predicar —fue la respuesta.

—Necesitas leer biografías para ser un líder —le contestó el amigo.

Así que el joven salió y compró un número de biografías, que trataban acerca de líderes vigorosos y naturales.

Luego de leer cierto número de ellas, se dio cuenta de que le servían de obstáculo. Había leído con respecto a Wesley, Taylor, Studd, Whitefield, Edwards, Spurgeon. En su vida y ministerio, quería seguir el modelo de ellos, pero llegó a la conclusión de que estaba más atado que nunca y se sentía de lo más frustrado. Oró, toda la noche, pidiéndole a Dios que lo hiciera un líder natural. Poco después, una mañana despertó con el descubrimiento de que Dios realmente lo quería a él tal como lo había hecho.

Como ves, la persona tiene que aceptarse tal como es, no en el sentido moral, sino en el sentido de la personalidad y de la competencia para manejar los dones que Dios le concedió. No tenemos más, pero tampoco tenemos menos. Podemos desarrollar los dones que Él nos dio, pero es inútil imitar a otra persona. Eso trae invariablemente desilusión, desesperación y desánimo.

¿Podemos preparar a los líderes?

El genuino líder cristiano siempre tiene que tener la humildad de no sentirse amenazado por los que están cerca de él. A menudo sufren las congregaciones por el hecho de que hay hombres en el personal del ministerio a los cuales les parece difícil trabajar en equipo. Así se fomenta la rivalidad y se hace costumbre el despreciar a los demás. Esto significa que es necesaria la preparación. El verdadero líder cristiano siempre querrá estar preparado, enseñando y animando a otros para que lo ayuden y sigan con la obra. Esto no significa que abandona su posición de dirección, o que su condición de líder se halla amenazada.

¿Puede prepararse a los individuos para que sean líderes? Como ya se dijo, durante siglos se pensó que el liderato se heredaba, o que pasaba de generación en generación. Los líderes nacían, no se hacían.

Cuando fue superado el sistema feudal por un nuevo estallido de libertad en Europa, debido al Renacimiento, apareció un nuevo concepto de liderato. Se podía preparar y desarrollar a los dirigentes, y el foco de atención se cambió hacia la personalidad y las capacidades del individuo que pudieran estar latentes esperando la oportunidad para desarrollarse.

Hoy, la iglesia y las organizaciones misioneras se enfrentan al mismo problema, debido a la gran necesidad de desarrollar la iglesia nativa en el Tercer Mundo, donde están cumpliendo su ministerio las iglesias más jóvenes. Se necesita mucha preparación para producir una iglesia nacional fuerte y mantenerla saludable.

Sólo por estas necesidades, los cristianos tenemos que creer en la urgencia de preparar a los líderes.

Consideremos que numerosas personas de la Biblia fueron preparadas para desempeñar el liderato, aunque habían recibido el llamamiento de Dios. El mejor ejemplo probablemente es el que nos ofrecen los discípulos, quienes recibieron su preparación a los pies de Jesús durante tres años. En la oración intercesora que Jesús hizo al Padre antes de su muerte, aludió a las cosas que les había enseñado a los doce para perpetuar su obra sobre la tierra. ". . . porque las palabras que me diste, les he dado; y ellos las recibieron, y han conocido verdaderamente que salí de ti, y han creído que tú me enviaste" (Juan 17:8).

Centros de preparación

El profeta de Dios en el período del Antiguo Testamento era llamado para que específicamente pronunciase las verdades de Dios al mundo. Sin embargo, bajo la dirección de Samuel se estableció una verdadera escuela (la "Escuela de los Profetas"), que tenía por objetivo preparar a los profetas (1 Samuel 19:18-20). Indudablemente fue allí donde David halló refugio en el tiempo en que Saúl quiso destruirlo. En el tiempo de Elías y Eliseo, hubo escuelas de preparación que estuvieron ubicadas en Gilgal, Betel y otras partes (2 Reyes 2:1; 4:38; 6:1). Según la tradición judía, estas escuelas prepararon a los estudiantes a través de largos períodos de la historia de Judá para que ocuparan el oficio de profetas. Hubo muchos de estos videntes o escribas, pues el Antiguo Testamento frecuentemente utiliza el término profetas en plural.

Tales escuelas fueron las precursoras de los centros rabínicos judíos que se establecieron luego del regreso de los cautivos de Babilonia bajo la dirección de Esdras, Nehemías y Zorobabel. Las escuelas teológicas de la iglesia primitiva fueron un desarrollo directo de este concepto, y el seminario moderno es la extensión de esas escuelas a nuestro tiempo.

El propósito de estas escuelas fue siempre triple: desarrollar, preparar y educar en las funciones del liderato necesarias para perpetuar la obra de Dios. Con seguridad podemos llegar a la conclusión de que los dones espirituales pueden desarrollarse.

Otras referencias bíblicas demuestran la necesidad y la justificación de desarrollar los dones que hay en las personas para colocarlas en posiciones de liderato. Moisés preparó a su sucesor Josué. Moisés descubrió a Josué en la batalla contra los amalecitas: inmediatamente comprendió el potencial que había en él y lo preparó para que llegara a ser el indiscutible líder del pueblo. En Números 27:18 se declara que Dios guiaría a su pueblo a través de un hombre que había escogido. Pero la vocación de este hombre exigía preparación y supervisión. Durante muchos años Moisés compartió las responsabilidades de su liderato con Josué.

La preparación constituyó una parte importante en la formación de la iglesia primitiva y en la obra del apóstol Pablo. Recordemos que la preparación del pueblo fue la clave para la rápida expansión de la iglesia del primer siglo. Pablo preparó a Timoteo, Bernabé, Silas y Juan Marcos. También se hizo responsable del crecimiento de Sopater, Aristarco, Segundo, Gayo, Tíquico, Trófimo y otros a quienes menciona en sus epístolas.

Pablo hubiera podido concentrarse simplemente en su don especial de apostolado, y dejar las cosas así, tratando de hacer todo el trabajo por su propia cuenta. Pero sabiamente siguió la práctica de preparar a otros y ayudar a establecer a aquellos a los cuales había proclamado el Evangelio.

Si nuestros dirigentes, tanto en el mundo occidental como en los países que están en vías de desarrollo, no hacen progresar el liderato entre los líderes cristianos de los diversos países, nuestras empresas misioneras y evangelizadoras están condenadas al fracaso en el día de hoy. Gracias a Dios, parece que se está haciendo un creciente hincapié sobre este aspecto en las iglesias más jóvenes del Tercer Mundo. Personas como John Haggai y mi colega de Visión Mundial, doctor Sam Kamaleson, están produciendo un tremendo impacto en este tipo de ministerio.

Un enfoque al problema de la preparación

Richard Wolfe, en su obra *Man at the Top* (El hombre en la cúspide) establece un enfoque básico relacionado con un efectivo programa de preparación para líderes cristianos. Dice que son necesarios tres pasos decisivos: (1) un plan consciente para desarrollar líderes; (2) un inventario de las posiciones de liderato; y (3) un inventario de los líderes potenciales.

Wolfe dice, en primer lugar, que toda organización tiene que pensar continuamente en la preparación de personas para que ocupen posiciones de autoridad. De otro modo, la organización se estancará cada vez más. La preparación ofrece constante innovación e infunde dinamismo a la organización, un espíritu de éxito y la orientación que necesitan los empleados. Esto ayuda a destruir lo negativo y estimula la iniciativa privada.

En segundo lugar, Wolfe sugiere que periódicamente se haga un "reajuste" en la organización, para colocar a las mejores personas en las diversas áreas de responsabilidad. Para esto se requiere una estrategia basada en un organigrama. Así puede la organización conocer mejor su propia función, hallar al personal adecuado y prepararlo para satisfacer necesidades específicas. Continuamente se formula la siguiente pregunta: ¿debe crearse el cargo para el hombre o buscar al hombre para el cargo? Generalmente es mejor establecer los parámetros de un trabajo, y luego, buscar o preparar al hombre que sea capaz de satisfacer esa necesidad. Una de las tareas importantes en la administración y el liderato consiste en preparar las descripciones de los trabajos para que todos los participantes entiendan cuáles son sus respectivos papeles y deberes.

En tercer lugar, debe haber una continua búsqueda de líderes potenciales dentro de cualquier organización. Esto se hace mediante contactos y entrevistas personales. Algunas de las características principales que hay que tener en consideración cuando se están buscando los líderes son las siguientes: aptitudes, capacidades, personalidad, inteligencia, motivación, valores, criterio y carácter.

Según Wolfe, el diálogo en una entrevista debe cubrir lo siguiente:

Sensibilidad, es decir, la capacidad para ver algo para lo cual la persona promedio es ciega;

Capacidad para ampliar los poderes de percepción;

Flexibilidad, es decir, la capacidad para ajustarse rápidamente a nuevos desarrollos;

Apertura, esto es, una disposición a abandonar los antiguos métodos e ir más allá de los límites obvios del problema;

Valor para establecer normas;

Capacidad de abstracción: mediante el desmembramiento de los problemas en sus partes componentes y la combinación de diversos elementos para formar un todo nuevo.[1]

El liderato espiritual exige más

Con frecuencia y equivocadamente se considera que el liderato es un producto de las capacidades naturales y de los rasgos personales de uno, incluso de su capacidad mental, de su entusiasmo y del poder que tenga para persuadir. En los dirigentes, estas fuerzas, cuando están en acción pueden andar un largo trecho, pero tienen sus limitaciones. Estos no son los únicos ingredientes del liderato espiritual, ni siquiera los principales.

La principal cualidad del líder es aquella que tuvo Jesús y que ya mencionamos: la disposición a sacrificarse a favor de determinados objetivos. Esta cualidad se expresa mejor en la persona que está dispuesta a servir a los demás. La elección, el nombramiento, o simplemente el hecho de considerar importante a una persona no la convierte en líder. Puede poseer muchas cualidades admirables y aun así fallar como líder.

El liderato espiritual es un servicio para los demás. Constantemente Dios busca a hombres que tengan esta característica (2 Crónicas 16:9). No todos los que aspiran al liderato espiritual están dispuestos a pagar el precio del servicio. Hoy se necesita urgentemente que más cristianos se conviertan en servidores públicos, que se preocupen más por los intereses de su comunidad que por los propios.

La combinación ideal

En el líder cristiano se combinan las cualidades naturales con las espirituales. Inlcuso los dones naturales no los logra por sí mismo, sino que le son concedidos por Dios. Por tanto, el líder cristiano influye en otros, no sólo mediante el poder de su personalidad, sino mediante su personalidad energizada por el Espíritu Santo.

Dicho esto en otros términos equivalentes, no existe el líder espiritual que se hace a sí mismo. Como el liderato espiritual es un asunto de cualidades superiores, nunca puede hacerse por sí solo.

J. Oswald Sanders, ex director de la Confraternidad de Misiones Extranjeras, en su obra clásica *Spiritual Leadership* (El liderato espiritual), respeta el criterio según el cual el liderato natural y el espiritual pueden tener muchos puntos en común, pero indica que entre ellos hay importantes disicilitudes:

Liderato Natural	*Liderato Espiritual*
Confía en sí mismo. Conoce a los hombres. Hace sus propias decisiones.	Confía en Dios. Conoce también a Dios. Trata de conocer la voluntad de Dios.
Es ambicioso.	Es modesto.
Origina métodos propios.	Busca los métodos de Dios y los sigue.
Le agrada dar órdenes.	Se deleita en obedecer a Dios.
Está motivado por consideraciones personales.	Está motivado por el amor a Dios y al hombre.
Es independiente.	Depende de Dios.

Sanders agrega: "Aunque la conversión no convierte normalmente en líderes a las personas que nunca llegarían a serlo de otro modo, la historia de la Iglesia de Cristo nos enseña que en el momento en que la persona se rinde completamente, el Espíritu Santo algunas veces libera en ella dones y cualidades que habían estado latentes y dormidos durante mucho tiempo. Es prerrogativa del Espíritu Santo otorgar dones espirituales que fortalezcan grandemente el liderato potencial del que los recibe".[2]

Observemos que los objetivos espirituales sólo pueden lograrse por medio de hombres espirituales que utilicen medios dirigidos por el Espíritu. Esa es la razón por la cual las personas no regeneradas, aunque estén maravillosamente dotadas con talentos naturales, no pueden funcionar eficazmente en el liderato de las actividades cristianas.

La distinción entre un llamamiento y un don

Al considerar los límites del liderato en el cristiano, tenemos que reconocer la tensión dinámica que hay entre un *llamamiento* y un *don*. La Biblia afirma claramente que soberanamente se les dan dones a los hombres para que ocupen cargos de liderato en la comunidad cristiana. Aparentemente algunos líderes reciben múltiples dones para cumplir funciones en iglesias, en literatura, en comunicaciones, en educación y en la obra misionera a nivel mundial.

Un escritor contemporáneo hace la distinción entre el *llamamiento* y el *don* de la siguiente manera: Un llamamiento es como "el timón que guía el buque". Ninguno de los dones espirituales que se describen en el Nuevo Testamento tiene alguna connotación geográfica. Nadie, por ejemplo, tiene el don de 'trabajar en la obra misionera en el Africa', o de cumplir 'un ministerio con los jóvenes de la ciudad'. Los dones se refieren más bien al *qué* (el tipo) del ministerio; y el llamamiento, entonces, designa *el lugar* donde se ha de cumplir el ministerio. Por ese motivo, no debemos disgustarnos cuando vemos que un misionero que ha estado trabajando, digamos, en Alemania, en cierto momento decide que dentro de la voluntad de Dios para él hay un cambio para que vaya a la Argentina a trabajar con las personas que hablan alemán".[3]

No todos los que aspiran a ser líderes pueden serlo, debido a que ya tienen algunas limitaciones. Algunos de los aparentes límites para el ejercicio del liderato parecen ser los siguientes: los dones espirituales de la persona, sus capacidades técnicas, la situación que se está encarando, la experiencia personal y la amplitud de dicha experiencia personal.

Notas

[1]Richard Wolfe, *Man at the Top* (El hombre en la cúspide), Wheaton, Illinois: Tyndale House Publishers, 1969, pág. 125.

[2]Oswald Sanders, *Spiritual Leadership* (El liderato espiritual), Chicago: Moody Press, 1967, págs. 21, 22.

[3]Kenneth O. Gangel, *Competent to Lead* (Competentes para dirigir), Chicago: Moody Press, 1974, pág. 40.

CAPITULO 7
Estilos de liderato

 El estilo apropiado depende mucho de la tarea y de la fase en que se halle la organización, así como también de la necesidad del momento.

Los teóricos de la administración, desesperados por su incapacidad para definir adecuadamente el liderato, frecuentemente intentan describirlo en función del estilo. Al hacer esto, lo que hacen es decir cómo funciona un líder, y no describir lo que es. Si reflexionas un poco en esto, probablemente salgas con algunas ideas propias sobre el estilo del líder: "El es de los que a la vez repican y andan en la procesión"; "Ella es una cantante de primera"; "El es un hombre espectáculo". Así que según nuestras propias percepciones, tendemos a caracterizar el modo como actúa el líder.

En épocas pasadas se consideraba como importante el hincapié en las capacidades humanas; pero hoy es de primordial importancia. El gran empresario norteamericano John D. Rockefeller declaró: "Pagaría más por la capacidad para tratar a las personas que por cualquiera otra facultad que exista sobre la tierra". Según un informe de la Asociación Norteamericana de Gerentes, una abrumadora mayoría de los 200 gerentes que participaron en una encuesta estuvieron de acuerdo en que la capacidad más importante de un ejecutivo es la de entenderse con la gente. En la encuesta se catalogó esta habilidad como más fundamental que la inteligencia, la firmeza de decisión, el conocimiento y las habilidades para el trabajo.

El estilo, por definición, es la forma en que un líder realiza sus funciones, y la manera cómo es aceptado por aquellos a quienes intenta dirigir.

Mientras más adapte el líder la conducta de su estilo particular de liderato a la solución de la situación particular y las necesidades de sus seguidores, más efectivo llega a ser en el logro de las metas personales y de la organización.

El concepto de una conducta de líder pone en tela de juicio la existencia de un estilo "mejor" de liderato. No es asunto de un mejor estilo, sino de un estilo más eficaz para determinada situación. Hay unas cuantas formas de conducta del líder que pueden ser eficaces o ineficaces. Como lo hacemos notar en este capítulo, depende de los elementos importantes de la situación.

Los estudios empíricos tienden a demostrar que no hay un estilo normativo (mejor) para los líderes. Los líderes de éxito adaptan su conducta de líderes a la satisfacción de las necesidades del grupo y de la situación en particular.

El liderato se puede ejercer de numerosas maneras, bien sea en la esfera académica, o en la política, o en la militar, o en la artística, o en la religiosa, o en la económica o en la social.

Indudablemente has oído la siguiente pregunta: "¿Los eventos que han ocurrido a través de la historia formaron a los grandes hombres, o fueron los grandes hombres los que hicieron que ocurrieran los eventos?" La respuesta probablemente está en la combinación de los dos casos, pero el estilo o cualidad de liderato que se ha manifestado en determinado punto del tiempo ha producido efectos positivos o negativos.

Desde el presidente del cuerpo estudiantil hasta el presidente de la nación; desde el maestro de pre-escolar hasta el profesor universitario, el liderato se relaciona con todos los aspectos de la conducta humana. Todos están interesados tanto en el estilo de la persona como en su filosofía, o en el propósito de su liderato. Así que el asunto, más que teórico, es intensamente práctico.

La condición existente

El estilo del líder depende de varios factores: la personalidad, el carácter o las necesidades del grupo que ha de supervisar, y la situación inmediata (que los alemanes nacionalistas llamaron *Sitz im Leben*, "el asiento de la vida", es decir, el escenario vital).

Bien sea que hablemos acerca del gobierno, de negocios o de la iglesia, las maneras o las condiciones del momento imponen la clase de líder que emerge para hacer frente a las demandas de la situación. En la historia de la iglesia abundan las ilustraciones de personas que llegaron a ser líderes a causa de alguna condición existente.

Si la iglesia se encontró en una franca decadencia espiritual o moral, Dios levantó hombres como Atanasio, Tertuliano, Agustín, Bernardo de Clairvaux, Anselmo, Lutero, Calvino, Knox, o Wesley. En nuestro día, el éxito de Billy Graham se debe por lo menos en parte a las presiones de la vida moderna, a la secularización de la iglesia y a la filosofía impersonal del colectivismo. Se considera que el hombre es una máquina que puede ser controlada o manipulada. Fiel a la autoridad de la Escritura, el mensaje de Graham destaca el continuo interés de Dios en el individuo, con lo cual trae significado y propósito al alma hambrienta y anhelante que busca significado y una adecuada filosofía de la vida. Los tiempos han determinado su estilo.

La Biblia es también una ilustración gráfica de los estilos, que despliega la aparición de hombres preparados de una manera especial para las funciones de liderato. El líder eficaz siempre tiene que tener en cuenta el actual momento existencial. Esto no significa que la persona tiene que acumular capital o ser oportunista para sacar provecho de los demás, pero sí significa que tiene que estar alerta ante las necesitades que tengan las personas, ante sus actitudes frente a la crisis y la decisión y para adoptar la mejor metodología con el fin de obtener los resultados más positivos para el mayor número posible de personas. Tiene que saber cuál es el punto crucial, el momento decisivo para la acción. En este punto, Salomón sirve de ejemplo, cuando construyó el templo: aprovechó la oportunidad y la necesidad del momento para unificar a los israelitas con un propósito nacional.

La condición existente generalmente no puede ser manufacturada; no emerge del vacío. El líder no puede crear una condición; tiene que mantenerse a tono con los tiempos y sacar el mejor provecho de la situación.

El líder cristiano también tiene que reconocer su personalidad y sus dones, las necesidades del pueblo y la condición dada. No puede dejarse llevar por la sed del poder.

El líder que discierne los tiempos puede clarificar y sugerir el mejor curso de acción. Tiene flexibilidad, pues si cambiaran las condiciones existentes, puede ajustarse y ser igualmente eficaz. Muchas organizaciones pierden terreno o eficacia por el hecho de que sus líderes no son imaginativos o suficientemente creadores para mantenerse a tono con los tiempos. "Siempre lo hemos hecho así, ¿por qué cambiar ahora? Esta es la opinión predominante. Mantener el *status quo* es mortal.

La situación no sólo tiene que determinar el mejor estilo, sino también el desafío de la tarea. Esto significa que el líder tiene que estar a tono consigo mismo: con la estructura de su carácter y su personalidad y con su nivel de motivación. Tiene que saber cuál es el estilo más cómodo para él mismo, y analizar al grupo del cual es responsable. ¿Son los miembros del grupo capaces de cumplir responsabilidades y de hacer decisiones? ¿Conocen las metas, y saben cómo han actuado? ¿Los hemos preparado para delegar en ellos responsabilidad y autoridad?

Es importante hacer la distinción entre la administración y el liderato. En esencia, el liderato es un concepto más amplio que la administración. De la administración se piensa que es una clase especial de liderato en la cual lo principal es el logro de las metas de la organización. Aunque el liderato también envuelve el trabajo con personas y a través de las personas para lograr metas, éstas no son necesariamente metas de una organización.

El estilo es crítico

No hace mucho tiempo las Iglesias de los Amigos del Noroeste (de los Estados Unidos) presentaron un informe de un estudio que habían hecho sobre los patrones de crecimiento de las iglesias.[1] Se estudiaron 60 iglesias, comparando estadísticas de asistencia, edad y promedio de ingresos en cada una de ellas. También se formularon preguntas para descubrir las actitudes y el pensamiento de los diversos líderes.

Sin que esto causara sorpresa, los hallazgos demostraron que los diferentes estilos eran los que determinaban si la iglesia estaba estática o iba en crecimiento. Los líderes que se hallaban en situaciones dinámicas fueron caracterizados como positivos, confiados, alegres y orientados por metas. Siempre trataban de abarcar en sus congregaciones a tantas personas como les fuera posible.

Las iglesias estáticas, por otra parte, tenían dirigentes que poseían poca visión y una pequeña imaginación creadora. El establecimiento de metas, según el informe, es indiscutiblemente el ingrediente más necesario para el crecimiento. Los líderes que no tienen suficiente visión ahogan el crecimiento de la iglesia. Generalmente son también inflexibles; no tienen la capacidad para delegar trabajo porque no confían en los demás.

Este estudio puede servir de modelo para las iglesias en todas partes. El estilo es algo crítico.

¿Cuáles son los estilos de liderato que existen?

Como el estilo de liderato incluye la manera como una persona funciona u opera dentro del contexto de su grupo u organización, tal vez sea más fácil estudiar el tema describiendo la clase de situación que resulta de un estilo en particular o que es apropiada para dicho estilo. Ahora estoy concentrado en aquellos que ya están en posiciones de liderato, y no en aquellos que aspiran a ser líderes. Por tanto, es esencial que ellos examinen sus propios métodos de dirigir o guiar a la gente.

Puede haber tantos estilos diferentes de liderato como tipos de personas, pero se pueden clasificar en varias categorías principales. También se podría pensar en los estilos como métodos de dirección. Se ha escrito mucho sobre esta materia. Las contribuciones van desde el agrupamiento en "autócratas—burócratas—demócratas" hasta la "red administrativa", que se basa en una coordinada vertical de interés hacia la gente y una coordinada horizontal de interés por la producción.

Varios puntos de vista modernos rechazan la idea de que los estilos de liderato firme y rígidamente estructurados son efectivos. Más bien, lo que hay son combinaciones de estilos que los líderes utilizan según lo requieran las demandas de la posición, la composición del personal que está siendo dirigido, la personalidad individual del líder y las expectativas de la empresa.

En mi obra *Managing Your Time* (El manejo de tu tiempo) hablo brevemente sobre cinco categorías básicas de las cuales emanan todas las demás combinaciones: "(1) *La política de no interferencia:* No se da estructura ni supervisión; los miembros establecen sus propias metas y normas de ejecución; el líder es 'el primero entre iguales', sin autoridad, simplemente un árbitro. (2) *La democracia participativa:* proporciona algo de estructura y de sistema dentro de los cuales los miembros aún sostienen ampliamente sus propias metas y normas; el líder es consejero con un mínimo de autoridad. (3) *Dirección manipulada y de inspiración:* tiene algo de estructura, generalmente confusa y ambigua; las metas son establecidas por la dirección con poca participación, a los empleados se les exige que acepten. (4) *Dirección autócrata benévola:* las actividades del grupo son ampliamente estructuradas; hay supervisión relativamente estricta; sin embargo, se estimula a los empleados para que hagan sugerencias relacionadas con las metas, condiciones de trabajo, etc. (5) *Administración autócrata burócrata:* las actividades del grupo están total y arbitrariamente estructuradas; se desestimula totalmente la participación del grupo en cualquier contexto; la supervisión es autoritaria y autocrática; el hecho de discutir las órdenes se considera insubordinación".[2]

Utilizando esta lista como guía, describamos varios tipos en forma más detallada y considerémoslos en función de la manera como opera el líder dentro de la organización.

La política de no interferencia

El líder que pone en práctica este sistema otorga un mínimo de dirección y provee un máximo de libertad para que el grupo haga decisiones. En circunstancias particulares, cede para que otros se expresen. Establece la armonía y permanece callado hasta que se le pida dirección o alguna opinión específica. Su papel es similar al enfoque no dirigido en la terapia sicológica. Este concepto se basa en la suposición de que el mismo hombre y la sociedad contienen fuerzas reparadoras que permiten una fuerte y saludable relación entre el líder y el grupo. Esto permite el crecimiento a través de la decisión del grupo.

Realmente pudiéramos decir que este estilo prácticamente no es liderato en absoluto, y permite que todo siga su propio curso. El líder simplemente desempeña la función de mantenimiento. Por ejemplo, un pastor puede actuar como una figura decorativa, e interesarse sólo en el púlpito, mientras deja que otros trabajen en la planificación de los detalles sobre cómo ha de funcionar la iglesia.

Este estilo se presta mejor para aquellos líderes que están ausentes durante mucho tiempo, o que han asumido el cargo en forma temporal.

La democracia participativa

El concepto democrático es relativamente una idea nueva en la historia del mundo. Anteriormente el control estaba en manos de una persona o de una clase distinguida. Pero la democracia es una forma de gobierno o liderato en que las decisiones son tomadas por el pueblo a través de una representación. Por consiguiente, el líder se ocupa de las necesidades del grupo y ayuda a definir más claramente sus aspiraciones.

En este caso, el hincapié está en el grupo a través de la participación de la colectividad. Las decisiones del grupo se convierten en los planes de acción. El líder en esta clase de estructura está para ayudar, sugerir y permitir que en el grupo fluya una adecuada comunicación, a fin de que esté alerta ante los problemas y pueda resolverlos.

Este estilo es usado por aquellos que creen que el medio para motivar a los demás consiste en comprometerlos en la decisión que se toma. Se espera que se cree así un sentido de propiedad de las metas y un sentimiento de que se comparte el propósito.

Diversos estudios que se han realizado con millares de supervisores de todos los niveles han demostrado que el estilo de liderato en cualquier organización es una determinante fundamental en la productividad del empleado. Por ejemplo, los mejores informes sobre rendimiento se hallan donde la atención del líder se centra primariamente en el aspecto humano de los problemas de sus subordinados, y donde se les permite tomar parte en la toma de decisiones.

Ciertamente, una de las maneras para lograr un alto nivel de producción consiste en permitir que las personas hagan el trabajo por el medio que quieran, siempre y cuando logren el objetivo. Esto puede significar que hay que permitirles que se tomen su tiempo para salir de la monotonía. También hay que hacerles sentir que son algo especial y no sólo un número más. Si se logra que los empleados no se sientan forzados a hacer las cosas, estarán mucho más dispuestos a hacer el esfuerzo necesario para lograr que el trabajo se cumpla a tiempo.

En contraste, el líder que tiene menos éxito es el que probablemente tiene interés en las personas, pero considera que ese interés es cierta clase de lujo. Tal actitud se expresa de la siguiente manera: "Estoy obligado a mantener la presión para lograr la producción, y cuando la logre, entonces podré apartar tiempo para manifestar interés en mi gente".

Los estudios que se han hecho en numerosas corporaciones grandes llevan a la conclusión de que la motivación está estrechamente relacionada con el estilo de supervisión del jefe inmediato. Esto sería igualmente cierto en las organizaciones cristianas. Las personas son personas, no importa donde se hallen. Los supervisores vigorosos estimulan la motivación; los débiles la impiden. Las entrevistas que se han realizado con toda clase de personas demuestran que prácticamente todos prefieren a un supervisor que ayude al desarrollo y esté orientado hacia la gente, sea cuales fueren los propios valores de ellos o el estilo que ellos mismos pratiquen.

Hace algún tiempo, un excelente artículo estableció las cualidades necesarias en los grupos, si han de ser dirigidos por un líder o administrador democrático:

> Que los subordinados tengan una necesidad de independencia relativamente alta.
> Que los subordinados estén dispuestos a asumir la responsabilidad de las decisiones que se tomen.
> Que toleren relativamente bien la ambigüedad.
> Que estén interesados en el problema y sientan que es importante.
> Que tengan el conocimiento y la experiencia necesarios para tratar el problema.
> Que hayan aprendido a esperar que tendrán parte en las decisiones.[3]

Debe reconocerse que todo estilo tiene sus propios problemas y limitaciones. El enfoque democrático no puede solucionar toda situación. Por ejemplo, cuando se llega a un impase y persiste en estancamiento, posiblemente la única salida sea nombrar un comité o entregar a una persona responsable la autoridad para actuar y hacer la decisión. Esto puede crear a menudo la ilusión de que se tomó la acción, sin tener en cuenta los posibles resultados, debido al progreso lento o a la falta de adecuada comunicación o educación por parte del grupo.

Otra de las debilidades de este estilo está en que puede hundirse hasta el nivel de la mediocridad, por cuanto es fácil echar la culpa a otro y eludir la responsabilidad. Es fácil ser uno presa de la actitud que se expresa de la siguiente manera: "Es mejor ser popular que tener la razón". Este estilo o hincapié sólo puede ser efectivo cuando hay un equilibro entre la disposición para permitir que el grupo participe y la capacidad para hacer decisiones personales cuando sea necesario ahorrar tiempo.

Tal vez la mayor debilidad del estilo democrático está en que en tiempos de crisis generalmente hay una muy costosa demora en la acción.

Dirección autócrata benévola

Este estilo se caracteriza por el interés paternal que el líder tiene en su gente. A este método también pudiéramos llamarlo estilo paternalista. Los líderes autócratas no se pueden acercar mucho, pero el líder paternal se identifica estrechamente con su grupo.

En este caso, el deseo es el de mantener a cada uno de los miembros del grupo satisfecho y feliz. Se supone que si la gente se siente bien por causa de un líder paternal, la organización funcionará bien.

La identificación, sin embargo, tiende a hacer que las personas del grupo sean demasiado dependientes y débiles. Pudiera degenerar en mera admiración y seudoadoración. También sucede que cuando esta clase de líder es quitado del escenario, la organización tropieza y cae.

Este enfoque familiar llama la atención porque crea la ilusión de seguridad y compañerismo, pero esto sucede a expensas de la eficiencia y la eficacia. Pero con este estilo es difícil mantener la disciplina, y a veces sufre la coordinación.

Administración autócrata burócrata

El extremo contrario del estilo democrático es el tipo de gobierno "de un solo hombre". Este se halla a menudo en los grupos y organizaciones cristianos, por el hecho de que la gente tiende a considerar que hay algunos que están siendo guiados hacia esta dirección por la voluntad de Dios. Muchos de nuestros "cristianos de empuje" caen en este grupo, y en años recientes hemos sido testigos de que vigorosos y efectivos ministerios han sido dañados irreparablemente por cuanto este tipo de líder no supo reconocer esto como una debilidad de su liderato y, por tanto, no delegó responsabilidades ni las compartió con sus colegas.

En el mundo de los negocios, este estilo se distingue por la continua referencia a las normas y reglamentos de la organización, pues se inclina hacia la autoridad de una persona o sistema. Este estilo supone que las personas no harán nada a menos que se les diga que lo hagan, y el líder se considera indispensable por cuanto es "el único que realmente sabe lo que está pasando", y el único que puede hacer decisiones rápidamente.

El líder burócrata supone que las dificultades de algún modo pueden arreglarse si todos se atienen a las reglas. Como un diplomático aprende a utilizar el gobierno de las mayorías como medio para hacer que la gente actúe.

Supongo que la concentración del poder en las manos de un hombre, en los ejemplos históricos, surgió de la emergencia crítica de las campañas militares. Cuando se lograba la victoria, el pueblo se quedaba deslumbrado por el esplendor de la hazaña, y esto fácilmente condujo al despotismo y al totalitarismo.

El estilo autocrático puede ser engañoso algunas veces, especialmente cuando se le hace creer a la gente que tiene algo que decir en la planificación, o participación en lo futuro de una organización o gobierno. Esto se halla mejor ilustrado en el moderno movimiento marxista-leninista, que falsamente sostiene el criterio de que "el poder es del pueblo". Muchos de los estados comunistas son conocidos con el nombre de "Repúblicas Populares". Luego de la Segunda Guerra Mundial, Alemania quedó dividida; la Alemania Oriental llegó a conocerse como la República Democrática Alemana. Un oficial de Alemania Occidental observó que la nueva nación no era alemana, ni democrática, ni república, sino una colonia soviética, regida por los déspotas de Moscú. En nuestro día millones de personas conocen la mentira de la propaganda comunista y el terror del régimen autocrático. Mao Tse-tung describe de la manera más apta tal régimen en su "Pequeño Libro Rojo": "El poder sólo sale del cañón de un fusil".

El líder que utiliza este estilo, bien sea en el gobierno, o en la industria, o en una organización cristiana, no es responsable ante nadie. Raras veces vacila, y marcha adelante independientemente del sentimiento humano. Utiliza a las personas y dirige sus aspiraciones para incrementar su autoridad. A menudo consigue el consentimiento de las personas para las decisiones, pero esto es sólo una manipulación que esconde los verdaderos hechos mediante el control y la amenaza.

Hay veces, tal vez, cuando este estilo ofrece fortaleza y unidad, pero al fin de cuentas, sus debilidades son más notorias.

Se afirma que uno de los generales de Napoleón dijo: "Se puede hacer todo con las espadas, excepto sentarse sobre ellas". El estilo autocrático es 99 por ciento inflexible. No hay un sistema de freno y equilibrio para probar las debilidades. El líder puede señalar hacia la meta final como positiva y beneficiosa para todos. Sin embargo, si el medio para llegar a ella es cruel, rudo, tiránico y destructivo, entonces la meta no es mayor que el medio.

El escritor de los Proverbios nos recuerda que las personas son importantes, y que atropellarlas es algo perjudicial. "En la multitud de pueblo está la gloria del rey; y en la falta de pueblo la debilidad del príncipe" (Proverbios 14:28). A menudo hemos oído la declaración que se hizo famosa el siglo pasado: "El poder tiende a corromper; el poder absoluto corrompe absolutamente". Eso sucede así porque se convierte a las personas en esclavos que son peones de ajedrez en manos de líderes débiles que sólo pueden gobernar por la fuerza. La malicia, la intolerancia y la desconfianza son los frutos de este estilo, porque el resentimiento surge de los sentimientos de injusticia y de la corrupción del poder.

Sólo hay que leer el libro de Nehemías para descubrir la importancia de la gente en el trabajo. En la reconstrucción del templo y de los muros de la ciudad, los dirigentes nunca perdieron de vista su meta final y la situación general, y comprendieron que no podían hacerlo todo. Pudieron tener esto siempre en mente utilizando a todo el pueblo, así como a expertos que estaban preparados para hacer trabajos específicos (2 Crónicas 2:14 y siguientes).

El líder burócrata es estrecho, extremista. Frecuentemente es fanático por cuanto piensa provincialmente, excluyendo a otros grupos. A menudo es intolerante en el sentido étnico. Esta clase de individuo tiene vigorosas convicciones, pero muy a menudo no puede aceptar a personas de otros grupos, porque tiene un "espíritu partidista" y los ve inferiores a él o a su grupo.

Su intensa dedicación tiende a hacer a esta clase de líder glorioso en la adversidad y a darle un complejo de mártir. Pero esta lealtad a un solo grupo no puede fortalecer la eficiencia del grupo durante mucho tiempo.

El estilo del líder autócrata burócrata está cargado de debilidad. El historiador Arnold Toynbee declaró que el surgimiento y la caída de las sociedades tiene correlación punto por punto con el tipo de liderato que se ejerce. El razona que donde los líderes controlan por la fuerza, esa sociedad deja de crecer.

Por el hecho de que estamos en una era de especialización, en nuestra sociedad tenemos la tendencia errónea a equiparar a los expertos con las autoridades. Pero tenemos que tener cuidado. Uno puede llegar a ser líder en su propio campo y tener éxito; sin embargo, puesto que somos adoradores de los héroes, hay un peligro inherente. Con frecuencia se consulta a una persona que tenga el título de Doctor en Filosofía, sobre asuntos que corresponden a campos extraños a su preparación o experiencia; ¡a este individuo se lo considera como experto en todos los campos! La verdad de este asunto es que cuanto más elevada sea la educación de una persona, tanto mayores son a menudo sus limitaciones. El "experto" no está más capacitado en asuntos que no correspondan a su especialidad que una persona cualquiera. En estos campos extraños al suyo pudiera tener la tendencia de considerar todas las cosas desde su propia perspectiva limitada con frecuencia, y estar tan equivocado como cualquiera otra persona, a pesar de su nivel de cultura.

Algunos de los que han escrito sobre el liderato han pensado que el interés por la tarea, el trabajo o el ministerio tiende a ser representado por una conducta autoritaria del líder, en tanto que el interés por las relaciones humanas está representado por el líder de conducta democrática. Este pensamiento ha sido popular porque generalmente se conviene en que el líder influye en sus seguidores en cualquiera de las dos maneras siguientes: (1) puede decir a sus seguidores lo que deben hacer y cómo hacerlo; o (2) puede compartir con sus seguidores las responsabilidades del liderato, incluyéndolos en la planificación y en la ejecución de la tarea. El primero es el estilo autoritario tradicional que destaca la preocupación por la tarea; el último es el estilo menos dominante, más democrático que hace hincapié en el interés por las relaciones humanas.

Las diferencias entre los dos estilos se basan en las suposiciones que hace el líder con respecto a su autoridad y con respecto a la naturaleza humana. El estilo autoritario supone a menudo que el poder del líder se deriva de la posición que ocupa y que el hombre es innatamente perezoso y no digno de confianza (Teoría X). El estilo democrático supone que el poder del líder está garantizado por el grupo que ha de dirigir, y que los hombres básicamente pueden dirigirse por sí mismos y ser creadores en el trabajo, si se los motiva en forma apropiada (Teoría Y). (El concepto de Teoría X y Teoría Y fue propuesto primeramente por Douglas MacGregor, en su libro *The Human Side of Enterprise* (El lado humano de la empresa), Nueva York: McGraw-Hill, 1960.) En consecuencia, en el estilo autoritario, prácticamente todos los planes de trabajo están determinados por el líder, en tanto que en el estilo democrático, los planes están abiertos para la discusión y la decisión del grupo.

Los dirigentes cuya conducta parece relativamente autoritaria tienden a interesarse sobre todo en el trabajo, y utilizan su poder para influir en sus seguidores. En cambio aquellos líderes cuya conducta parece ser relativamente democrática tienden a interesarse en el grupo y, por tanto, dan a sus seguidores considerable libertad en su trabajo. Con frecuencia esta continuidad se extiende más allá de la conducta del líder democrático hasta incluir el estilo en que se practica la no interferencia. Este estilo, como se indica, es muy permisivo. Hay pocos planes de trabajo o procedimientos establecidos; cada uno queda por su propia cuenta; nadie intenta influir en los demás. ¡Es un estado verdaderamente desastroso!

El buen líder estará constantemente alerta para conseguir expertos con los cuales pueda consultar y a los cuales pueda pedir consejo sobre asuntos específicos. Se dedicará a lo esencial para obtener mejores resultados. Es bueno recordar el principio económico de la división del trabajo; el líder que trata de hacerlo todo está condenado al fracaso.

Otro gran inconveniente del estilo del autócrata burócrata es que impide la acción creadora y desanima la innovación y cualquier inclinación vigorosa hacia el cambio. Esta clase de líder se siente amenazado por el cambio que sea iniciado por otras personas. Así que por lo general apoya lo convencional. Ni siquiera puede tolerar lo que es de posición intermedia, porque en casi todas las cosas sólo puede aceptar los extremos como bueno y malo, negro y blanco. Para él es difícil ser tolerante.

Esta persona tiene a menudo un defecto de personalidad. Su ego es tan débil que tiene que identificarse con el fuerte o vigoroso. Como realmente no puede aceptarse a sí mismo, tiene poca delicadeza para con los demás. Es como el pendenciero en el patio de recreo, que tiene que levantarse una fachada para defenderse de su debilidad, la cual no se atreve a revelar.

A menudo se sabe que el autoritario ha crecido en un hogar o en circunstancias en que era reprimido constantemente por una persona autoritaria y rígida. No se le concedió el derecho de expresarse, ni de expresar sus sentimientos. Se le daba poca importancia. Sin la apropiada guía paternal en cuanto a delicadeza, bondad, palabras de aliento y felicitaciones por los triunfos, nunca aprendió a pensar bien con respecto a sí mismo. En la vida adulta, expresa esta privación a otras generalmente sin darse cuenta de ella.

Finalmente, hay una inmensa diferencia entre guiar y mandar. Esto último raras veces obtiene resultados de las personas que trabajan en asociación. Contrastemos las dos actitudes según las siguientes ilustraciones de la vida real.

Un supervisor de una firma de agrimensores dijo una vez que nunca oye los problemas personales ni las quejas de sus hombres. Si no obedecen, simplemente son despedidos—sin hacer preguntas—, y se contrata a otra persona. Obviamente esa firma no tiene mucho éxito.

El gerente de una gran compañía envasadora de alimentos sigue una conducta completamente diferente. "Cuando contratamos personal, buscamos individuos que quieran una relación permanente. Queremos personas que estén buscando un trabajo permanente, que sean felices con nosotros, y nosotros lo seamos con ellos. Y gastamos mucho dinero y tiempo estableciéndoles una buena base, con la esperanza de asegurar un vigoroso interés común. Especialmente queremos que los jefes expresen la buena voluntad de la compañía para que cada cual se sienta como una parte de ella". Esta actitud caracteriza adecuadamente al líder real.

Las personas que tienen la tendencia de mandar hacen suposiciones insostenibles, especialmente la de que se puede "ordenar" que sobreviva la organización. El problema está en que los jefes dirigen las organizaciones, pero desorientan al personal por cuanto no atienden a la persona integral. Se olvidan de la gente, porque también tienden a creer que su firma existe sólo para cumplir el propósito para el cual fue específicamente organizada. Esta es una garantía mortal, pues no permite las respuestas personales, aunque el objetivo general de la firma sea aceptable. La actitud que se expresa con las palabras: "Sólo estamos en este negocio para hacer dinero", es muy probable que produzca muchas decisiones malas, por cuanto no está orientada hacia la gente.

En el plano espiritual, el paralelo sería una iglesia que no tuviera nada más que un servicio de adoración el domingo por la mañana. Tal iglesia carece de discernimiento para comprender que su función principal, además de la adoración a Dios, es la de ayudar a que los cristianos se relacionen entre sí. La mayoría de las personas piensan que no deben hacerse miembros de una iglesia de esta clase, pues la consideran demasiado austera.

El jefe, pues, coloca el bienestar de la oraganización por encima del de la gente. El verdadero líder se esfuerza por hacer que los dos aspectos sean una misma cosa. Así que los jefes mandan, y los líderes guían y desarrollan a los individuos para que a través del grupo participen más en la formación de su propio destino.

El verdadero líder organiza el esfuerzo y hace que su gente se sienta bien con respecto a lo que están haciendo. No hay intimidación para hacer que la gente trabaje; sabe mantener la moral alta. Sin él, hay poco celo o entusiasmo por parte de la gente para hacer algo que pueda ser importante. Pero el buen líder despierta y sostiene el entusiasmo y la efectiva movilización de los esfuerzos del grupo. Sin él, rara vez aparecen estos elementos.

La organización Visión Mundial Internacional publica mensualmente un boletín de cuatro páginas llamado "Christian Leadership Letter" (Carta al liderato cristiano). (Esta carta se envía gratuitamente a quien la solicite.) El siguiente material, tomado de una de nuestras cartas, enfoca más agudamente el asunto del estilo.

¿Cuál es el estilo mejor?

Los líderes son diferentes. Pero también lo son sus seguidores. Esta es otra manera de decir que algunas situaciones demandan cierto estilo de líder, mientras otras demandan un líder diferente. Los líderes son diferentes. Las organizaciones son diferentes. En cualquier tiempo, las necesidades de liderato de una organización pueden variar de vez en cuando. Puesto que las organizaciones tienen continuamente dificultad para cambiar sus líderes, se deduce que esos líderes deberán utilizar *diferentes estilos en épocas diferentes*. El estilo adecuado depende en gran parte *de la tarea de la organización, la fase de vida en que se halla dicha organización y las necesidades del momento.*

¿Cómo afecta *la tarea de la organización* al estilo de liderato? Un cuerpo de bomberos, por ejemplo, no puede actuar sin tener por lo menos algo de liderato autocrático. Cuando a la organización le llega el momento de actuar, para hacer lo que de ella se espera, la dirección autocrática es una obligación. No hay tiempo para discutir cómo atacar el fuego. Una persona preparada tiene que hacer la decisión y el grupo debe sujetarse a ella. Más tarde puede haber una libre discusión sobre el mejor procedimiento para la próxima vez.

Por otra parte, un grupo médico podría operar mejor con un estilo permisivo.

Aun en una organización cristiana pudiera ser necesario un estilo autocrático. En tiempos de crisis, como cuando se produce la evacuación del personal de una misión, o cuando hay la necesidad de reducir costos radicalmente, a menudo el líder debe actuar unilateralmente.

Las organizaciones pasan por *diferentes fases*. Durante los períodos de rápido crecimiento y expansión, el liderato autocrático puede funcionar muy bien. Por ejemplo, el fundador de una nueva organización cristiana, o el pastor fundador de una iglesia es la persona que tiene carisma y a menudo sabe intuitivamente lo que debe hacerse. Puesto que esta es la visión que se tiene, él es la persona mejor capacitada para impartirla a otros sin discusión. Pero durante los períodos de lento crecimiento o de consolidación, la organización necesita ser mucho más eficaz para llegar a ser más eficiente. Es entonces cuando el tipo de liderato que concede la participación de los demás resultaría más adecuado. Las dos maneras deben considerarse a la luz de las necesidades del momento. El liderato autocrático puede resultar muy eficaz en la lucha contra el fuego (bien sea éste real o figurado), pero probablemente tenga menos éxito al tratar un problema personal. Una emergencia en el grupo médico puede exigir que alguien asuma el liderato (autocrático).

Adecuación del estilo a la organización

De lo anterior se deduce que el líder debe tener diferentes estilos.

Tiene que ser un hombre que se adapte a todas las épocas: que sepa cambiar de la permisividad del verano a las exigencias del invierno.

Por otra parte, la organización necesita adoptar *una estrategia para la eficacia,* teniendo en cuenta sus necesidades y su "producto". La mayoría de los grupos voluntarios y de las organizaciones que no persiguen fines de lucro, están fundados en una visión común y en metas compartidas. Tienen la estrategia de *buscar el éxito* (lograr las metas). Cuando la organización es joven, el fundador puede depender de la fortaleza de su visión para atraer a otros que quieran compartir sus metas. Sin embargo, cuando la organización tiene éxito, se necesitarán otros medios para mantener una visión común.

Si el estilo del liderato no se modifica para incluir la participación en las metas, muy a menudo la organización adoptará la estrategia de *evitar el fracaso.* Cuando la organización llega a un tamaño en el cual el estilo autocrático no sería ya eficaz, el líder que no puede cambiar hacia el estilo participativo pudiera verse forzado (tal vez inconscientemente) a adoptar el procedimiento de la no intervención. Entretanto, es muy posible que el segundo nivel de liderato (que ahora está obligado a llevar adelante la organización), adopte un estilo burocrático.

¿Dónde estás tú?

¿Cuál es tu estilo de liderato? Un examen rápido de cierta literatura sobre administración te ayudará a descubrirlo. Es de esperar que descubras que has utilizado diferentes estilos de liderato en diferentes épocas. ¿Tienes evidencias de que puedes cambiar tu estilo cuando sea necesario? O, cuando piensas en las decisiones hechas en los últimos seis meses, ¿descubres que siempre fueron hechas de la misma manera (por ti, por otros, por ti y por otros conjuntamente, o por la burocracia)?

¿Dónde está tu organización?

¿Qué clase de liderato necesita tu organización en este momento? ¿Cuál es la tarea de ella? ¿En qué fase del crecimiento de la organización te hallas? ¿Cuáles son las diversas necesidades de este momento? Analiza esto con la ayuda de tu comité ejecutivo, de tu directorio y de los miembros. ¿Son necesarios diferentes estilos de liderato para diferentes aspectos de la vida de la organización?

¿Hacia dónde te diriges ahora?

Repasa tu calendario de reuniones de las últimas dos semanas. ¿Qué sucedió en esas reuniones? ¿Fuiste a las reuniones sólo para anunciar tu propia decisión (estilo autocrático)? ¿Fuiste a la reunión con una agenda oculta esperando sólo lograr la concurrencia del grupo (estilo autocrático)? ¿Fuiste a la reunión esperando trabajar con el grupo para llegar a una decisión (estilo participativo)? ¿Fuiste esperando sentarte tranquilo y dejar que los demás se preocuparan por el problema (estilo permisivo)? ¿O fuiste con la intención de usar los procedimientos parlamentarios a fin de asegurar que las cosas quedaran equilibradas (estilo burocrático)? ¡Tal vez ni siquiera fuiste (procedimiento de no intervención)!

Si descubriste que manejaste cada reunión de la misma manera, probablemente estás encerrado en un solo estilo, y debes considerar conscientemente la necesidad de hacer un intento para modificarlo para que llegue a ser una función de la situación en que te encuentras. Al decidir antes de la reunión la clase de estilo que adoptarás, lograrás la ventaja de poder observar las reacciones de los demás miembros en la reunión.

Si has estado limitándote a un solo estilo, los cambios repentinos a menudo provocarán confusión en los demás. Tal vez sea necesario que expreses con claridad las reglas del juego con respecto a la manera en que esperas que se tomen las decisiones.

La clave está en la flexibilidad

Cada estilo tiene sus ventajas y sus debilidades, y tiene que ser evaluado en comparación con las situaciones de la vida real, pues no hay límites inflexibles ni definidos entre los diversos estilos. Con frecuencia, el líder democrático tendrá que ser paternalista o autocrático, lo cual depende de la situación.

El líder maduro y bien ajustado, tiene una ventaja, porque no necesita estar atado a un sólo método. Puede ser flexible sin sentirse amenazado. El líder que tenga esta sabiduría pensará cuidadosamente en la clase de estilo más conveniente para cada situación. Primero querrá pensar en sus subordinados y en cómo relacionarse mejor con ellos. Luego podrá determinar más exactamente el mejor estilo.

En conclusión, tal vez sea útil indicar cuáles son los niveles de prioridad que yo considero fundamentalmente importantes en el liderato cristiano.

El orden es importantísimo.

En primer lugar, obviamente, se encuentra nuestro compromiso con la persona de Dios en Cristo. Este nos viene a través de un encuentro personal que hemos tenido con el Hijo de Dios, el Señor Jesucristo.

En segundo lugar, está nuestro compromiso, muy a menudo confundido con el tercero, con el cuerpo de Cristo. Como dijo el apóstol Pablo, "en un cuerpo tenemos muchos miembros", y realmente nos pertenecemos unos a otros. La medida de nuestra actuación cristiana es nuestro amor mutuo. El apóstol Juan exclamó: ¡"Mirad cómo se amaban"! Esta es la marca distintiva del cristiano. Pablo dijo muy poco acerca de la evangelización en sus epístolas, pero habló mucho acerca de la relación de amor que debe haber entre los miembros del cuerpo.

El tercero es un compromiso con la obra de Cristo, o sea la tarea que Dios nos ha dado. El Nuevo Testamento nos llama a que estemos dispuestos a sacrificar casas, familias y tierras para seguir a Cristo. Pero la *obra* de Cristo surgirá de las relaciones que tengamos. Muy a menudo he oído a líderes cristianos que dicen: "Lo que hago como líder es tan importante que tengo que sacrificar a mi familia". Si con esto se quiere decir que la obra de Cristo es más importante que el cuerpo de Cristo, tenemos que protestar que este no es el concepto del Nuevo Testamento. La Biblia considera que nuestra relación es más importante que nuestras realizaciones. ¡Dios logrará que su obra se haga! El no exige que hagamos grandes cosas; exige que nos esforcemos para lograr la excelencia en nuestras relaciones.

A nuestro juicio, el liderato cristiano eficaz surge del reconocimiento adecuado de estas prioridades.

Notas

[1]"Friends in the Soaring '70's: A Church Growth Era. Oregon Yearly Meeting of Friends Churches" (Los Amigos se remontan en la década de 1970: Una era de crecimiento de la Iglesia. Reunión anual de las iglesias de los Amigos realizada en Oregón), Newberg, Oregón, agosto de 1969. pág. 121.

[2]Ted Engstrom y R. Alec Mackenzie, *Managing Your Time* (El manejo de tu tiempo) Gran Rapids: Zondervan Publishing House, 1974, págs. 96, 97.

[3]Robert Tannenbaum y Warren Schmidt, "Choosing a Leadership Pattern" (Escogiendo un modelo de liderato), *Harvard Business Review 36* (marzo y abril de 1958).

CAPITULO 8
La personalidad del líder

 Los mejores líderes no sólo tienen fe en Dios y en otras personas, sino que tienen que creer en ellos mismos.

Para realizar muchas tareas adecuadamente y para dirigir en forma apropiada, el que dirige tiene que poder inspirar a los dirigidos. Como ya se dijo, el líder es el que determina en gran medida el éxito o el fracaso de cualquier grupo u organización. La forma como él se vea a sí mismo tiene mucho que ver en uno o en otro sentido.

Peter Drucker, notable autoridad en administración, destaca en sus libros el hecho de que no hay una sola "personalidad eficiente". Observa que los líderes destacados difieren ampliamente en temperamentos y capacidades. Sin embargo, para lograr las metas, el líder tiene que poder sostener la acción. Para hacer esto, hay que mantener la lealtad, y es necesario comunicar el criterio de que, en útlimo análisis, el modo duro y sacrificado es el que da más recompensas y perdura.

Una mirada hacia adentro

Para que se comprenda la necesidad de la constancia, el líder tiene que luchar consigo mismo. La gente del grupo rápidamente detecta cualquier falta de constancia, o de entusiasmo, o de convicción que venga de parte de sus superiores. Si el dirigente es deficiente en estas cualidades, no podrá ayudar a su grupo para que salga de la duda, ni de la confusión, ni de la falta de confianza. Si no puede ofrecer un apoyo adecuado, hay una pérdida real en la calidad del liderato y en la inspiración que debe impartir.

Así como el entusiasmo es contagioso, lo contrario también lo es. Cuando un líder carece de confianza en sí mismo, esto también tiende a ser contagioso. Invade todos sus esfuerzos.

Si el líder tiene un concepto débil de sí mismo que efecte sus convicciones, el grupo comenzará a poner en tela de juicio los beneficios del esfuerzo, y a preguntarse si cualquier lucha o negación tiene alguna medida de valor en favor de cualquier causa.

El líder tiene que tener fe en sí mismo y en las metas que se han definido. Tiene que tener una filosofía del trabajo y del esfuerzo que lo motivará y motivará a los demás. En resumen, parece necesario que el líder realmente vigoroso crea en que la vida humana tiene algún significado, que el esfuerzo humano tiene algún resultado fructífero, que hay algún sentido en que la humanidad no lucha contra las fuerzas vivificantes del universo, sino que esencialmente esté en armonía con ellas. El mejor líder tiene fe en que el mundo es un lugar donde hay cosas realmente mejores y cosas realmente peores, donde se pueden distinguir de algún modo, y donde el esfuerzo hacia lo bueno puede dar resultados apreciables.

Sólo cuando el líder tiene tal fe posee la esencia de la más profunda inspiración que la gente anhela obtener de él.

La fe es un concepto vital, no sólo en el ámbito de la salvación personal, sino para el bien de cualquier organización que funcione. La Biblia la define en Hebreos 11:1 como "la sustancia de las cosas que se esperan, la demostración de las cosas que no se ven".

El lenguaje original y el contexto de este pasaje no comunican la idea de que la fe es sólo una confianza fatua, un pensamiento esperanzado o un profundo anhelo.

La fe no es una esperanza que se refugia en la persona, sino la corroboración de que tal cosa realmente ocurrirá. La palabra "sustancia" tiene la connotación de un título de propiedad que se halla en poder de la persona. No espera llegar a poseer una propiedad en el cielo, sino que ya la tiene. Este es el hincapié de la Biblia. Tal conocimiento domina las acciones del cristiano, cuando comprende plenamente los derechos que le corresponden por medio de Jesucristo.

De igual manera, el líder tiene que tener fe para pasar del punto A al punto B de su vida. Para lograr esto necesita, ante todo, fe en la gente. Tiene que poder confiar en las personas y creer que ellas desean ser guiadas. Cuando cree esto, estará mejor capacitado para llegar a las fuentes del deseo humano. De esto brotará la esperanza, el significado y el crecimiento. Sin fe en la gente, abundan la futilidad y el pesimismo.

Los más grandes líderes siempre han tenido una vigorosa fe en la capacidad de ellos mismos para dirigir. La mayoría de ellos pensaron de algún modo que eran instrumentos del destino bajo la dirección de Dios. Billy Graham dice frecuentemente que él es simplemente una voz de Dios, en cambio, ¡qué autoridad la que demuestra cuando constantemente declara: "La Biblia dice"!

Es fundamental que a las personas se les desarrolle un concepto más amplio de sí mismas a fin de que tengan un sentido más satisfactorio de los valores y de la realidad cuando traten de motivar a otros. Cuando aparecen los fracasos y los obstáculos aparentemente insuperables, el negarse uno a admitir la derrota podría con frecuencia salvar la situación. Se necesita que la persona tenga un ego vigoroso y santificado para vencer las limitaciones. Tiene que confiar en sí mismo, en su conocimiento, en sus facultades de discernimiento y en su motivación. Pero el líder también tiene que sacar apoyo de los recursos espirituales que están fuera de él, ya que habrá muchos períodos de soledad. ¡El liderato es algo solitario! Personas en las cuales el líder pensaba que podía confiar pueden dejar de tenerlo en cuenta o traicionarlo. La fe espiritual es una demanda, aun cuando los objetivos sean de naturaleza material o secular.

El fruto de una fe fuerte es una serenidad que se levanta por encima del torbellino y ofrece equilibrio cuando el líder tiene que permanecer firme en contra de muchas adversidades. Estas adversidades son esenciales para que el dirigente tenga éxito. Sin ellas, fácilmente pueden meterse el desaliento y la desesperación.

El individuo que se tenga en poca estima a sí mismo se enfrenta a muchas dificultades. Esto sucede especialmente cuando el líder, por causa de las opiniones que tiene de los demás, refleja cómo se ve él a sí mismo. Si no piensa bien acerca de sí mismo como ser humano, no se orientará mediante sus propios criterios, sino que constantemente tendrá que ser apoyado y motivado por las personas que lo rodean.

La historia demuestra claramente que las personas que más éxito han logrado en todo el mundo tienen algo básico en común: fueron personas que se orientaron por sus propios criterios. Sin criterio propio, la persona tiene problemas para hacer decisiones. Lucha para ser decisiva y convincente. Tales luchas no pueden afectar positivamente las vidas ni los destinos de los demás.

Has oído decir que es mejor tratar de hacer algo y fracasar, que no intentar nunca hacer nada. Los individuos que tienen un concepto débil de sí mismos generalmente constituyen un riesgo para la organización, pues raras veces corren el riesgo necesario para lograr altas metas.

Pero la persona emocionalmente madura puede hacer frente al posible fracaso y a la debilidad, pues no la destruyen hasta el punto de llegar a compadecerse de sí misma. Puede utilizar el fracaso como experiencia de aprendizaje y hacer de nuevo la prueba. El ensayista Carlyle dijo esto muy bien: "El bloque de granito que era un obstáculo en el sendero del débil, llega a ser un escalón pétreo en el sendero del fuerte".

Reconoce tu identidad

La unicidad y la individualidad son cualidades importantes en el líder. Contribuyen al mejor conocimiento de uno mismo. La individualidad no debe confundirse con la rebelión, ni con el aislamiento, ni con el repudio a la interacción; más bien es el proceso de interacción. También se puede describir como la condición de un ser humano dentro de un grupo, que hace que la persona se perciba a sí misma y se distinga dentro del grupo.

El líder tiene que reconocer que sólo puede conocerse a sí mismo en la forma como es visto y experimentado por los demás. No puede ser autónomo, sino una parte inseparable del grupo al que pertenece. Por el hecho de que Dios nos ha hecho criaturas sociales, somos individuos incompletos sin la interacción con el grupo. Si se quiere, llamemos este hecho *compañerismo*.

Con esto no le estamos negando a la persona su libertad o herencia democrática, ni le estamos dando ninguna prioridad al grupo. El líder tiene que sentir su unicidad y ser capaz de ese sentimiento. Hoy esto está llegando a ser cada vez más difícil por causa de que muchísimas cosas se hacen en serie. El estado secular y colectivizado va contra la originalidad, porque quiere destacar las similitudes y no las diferencias. En este día podemos estar agradecidos por el vigoroso hincapié que en el mundo cristiano se está haciendo en la doctrina de los dones espirituales. Esta noción bíblica es un aire fresco para esta era que trata de reducir a todos los hombres a engranajes reemplazables en la maquinaria de la producción.

Por causa de la presión, el líder puede confundir su identidad en forma temporal. Por ejemplo, debe reconocer que la conducta aceptable en una fiesta que se haga en la oficina no sería la adecuada para el trabajo el día siguiente: pudiera confundir la cordial amistad de su superior en la fiesta, y tratar de responder del mismo modo el día siguiente en el trabajo. Así como hay un tiempo y un lugar para cada cosa, hay también una sensibilidad individual para cada lugar y para cada tiempo. La unicidad y la individualidad, cuando son reconocidas por el líder, le permitan muchas satisfacciones y ajustarse a las respectivas situaciones y a los grupos. El líder tiene que conocerse y ser un ser humano maduro.

Una señal de madurez

Para ser un líder de lo más eficaz, uno tiene que poseer estabilidad emocional. Tal estabilidad sólo puede medirse por la manera como una persona se enfrenta a la ansiedad o al conflicto y por la manera como se relaciona con los demás o como los trata.

Todo ser humano experimenta tensión, frustración y conflictos con otras personas. Si no ocurre así, el individuo es un sicótico o vive separado de la corriente principal de la vida. Una señal de madurez es la capacidad para manejar los conflictos. En esto se incluye la capacidad para tratar las realidades en lo que se refiere a lo que puede cambiar y a lo que no puede. Un ejecutivo completamente desarrollado me dijo: "He aprendido a no preocuparme nunca por algo que no puedo cambiar". Tal enfoque de la vida es una evidencia de estabilidad. La capacidad para hacer aquellos compromisos necesarios con lo que no puede cambiar determina en gran parte si hemos de tener éxito como seres sociales.

La ansiedad es la clave para el desarrollo de la personalidad porque sirve de prueba para el ego. Hay un proverbio que dice: "Cuanto más fuerte sea el viento tanto más vigoroso se hace el roble". La manera como una persona se enfrenta a los conflictos denota si es fuerte, saludable y emotiva, o si se le están desarrollando síntomas neuróticos. La manera como un individuo piense de sí mismo y de los demás determina en gran manera cómo ha de enfrentarse a la tensión. Si tiene un carácter débil, continuamente se apoyará en los mecanismos de defensa para que sustenten su neurosis y eviten el crecimiento emocional. Esto bloquea y complica la comunicación con los demás y hace que las relaciones entre las personas se desintegren.

El líder debe detenerse pensar que su estabilidad emocional se manifiesta cuando trata con la gente. Características tales como la comprensión, la confianza, la seguridad, la tolerancia, la lealtad y la simpatía son los ingredientes que revelan la madurez emocional.

La inmadurez también puede caracterizarse en diversas formas. Los líderes que evidencian inmadurez generalmente fracasan. La inmadurez se manifiesta en las personas a través de su comportamiento con los demás en alguna de las siguientes formas:

1. Tienen poco tacto para tratar a la gente.

2. Interfieren en los asuntos particulares de los demás.

3. Constantemente se resisten al cambio debido a las inseguridades subyacentes.

4. Cuando las cosas marchan mal echan la culpa sobre los demás.

5. No pueden desarrollar en su organización un sólido compañerismo, pues les es difícil formar parte de un equipo.

6. No saben qué hacer con las críticas y las diferencias que manifiestan los demás.

7. Critican exageradamente a los demás, y los métodos que emplean para hacer las cosas.

8. No pueden salir de lo trivial para ayudar al grupo a lograr las metas y los objetivos superiores.

Maxwell Maltz escribió una obra destacada que trata sobre el concepto que uno tiene de sí mismo. En ella afirma:

> La persona que piensa que la gente no es muy importante no se puede considerar a sí misma con un profundo respeto, porque ella misma es "gente" y con el criterio con que considera a los demás, inconscientemente en su propia mente se está juzgando a sí misma . . .
>
> Uno de los métodos mejor conocidos para superar un sentimiento de culpa consiste en dejar de condenar a los demás en la propia mente, dejar de juzgarlas, dejar de echarles la culpa y de odiarlas por sus errores. Se te desarrollará una imagen mejor y más adecuada de ti mismo cuando comiences a pensar que otras personas son valiosas. Practica

el tratar a otras personas como si tuvieran algún valor, y te sorprenderás al ver que también se eleva la estima que tienes de ti mismo.[1]

Es cierto que los líderes que carecen de un buen concepto de sí mismos pueden alardear mucho, pero finalmente tendrán que pagar el precio cuando les sobrevenga la frustración.

Conoce tus cualidades

Los líderes necesitan ser pensadores de tipo creador e innovadores que tengan la capacidad de extenderse, pero no la de apagar la acción. Para hacer esto necesitan desarrollar vigorosos rasgos de personalidad. Se puede definir un rasgo como un acto, un pensamiento o un sentimiento característico de una persona, que ha heredado o adquirido. Es una cualidad o capacidad que posee la persona. Un rasgo de liderato es una cualidad personal distintiva que capacita a la persona para ejercer ciertas actividades. Un buen líder no sólo estará consciente de su propia imagen, sino que también conocerá sus fortalezas peculiares e intentará aumentar el efectivo uso de ellas para el bien del grupo. Entre las más importantes cualidades que necesita un líder están la inteligencia, la confiabilidad, la sociabilidad, la lealtad, la amistad y la fidelidad.

El buen líder tiene que tener, además, la capacidad para mirar más allá de sí mismo, y percibir los rasgos de los demás que son más esenciales para el bien de la organización.

Algunos rasgos son comunes a todos los que son líderes espirituales eficaces.

El primero es el *entusiasmo*. Esta cualidad incluye tanto el optimismo como la esperanza. Ningún pesimista fue jamás un gran líder. En todo oportunidad el pesimista ve una dificultad; en cambio el optimista ve una oportunidad en toda dificultad. "El optimista ríe para olvidar; el pesimista olvida para reír". El líder piensa positivamente.

El segundo rasgo es la *integridad*. El líder cristiano es honesto y transparente en todos sus tratos y relaciones. El líder tiene que ser digno de la confianza de aquellos que lo siguen; tiene que ser un hombre de integridad, un hombre de palabra.

La tercera cualidad del líder espiritual es la *disciplina*. Puede dirigir a los demás por cuanto se ha superado a sí mismo y ha sido conquistado por Cristo. El hombre que tiene calibre de líder trabajará mientras otros malgastan el tiempo, estudiará mientras otros duermen. Orará mientras otros juegan.

La cuarta característica es la *confianza*. Si el líder no cree en sí mismo, nadie creerá en él.

El quinto rasgo es la *decisión*. Cuando se cuenta con todos los datos, la rápida y clara decisión es la señal del verdadero líder. Se resistirá a la tentación de diferir la decisión, y no vacilará después de haberla tomado. La indecisión en momentos de emergencia destruye la capacidad del líder.

La sexta cualidad es el *valor*. De un líder espiritual se exige que tenga valor del más alto grado. El mayor grado de valor se ve en la persona que tiene más temor, pero que se niega a capitular ante él. Aunque hayan tenido gran temor, a los líderes de Dios se les ha ordenado en todas las generaciones: "Tened buen ánimo". ¡El valor es la capacidad para permanecer en el peligro cinco minutos más!

El *humor* es otro rasgo fundamental del líder. Este se expresa en la capacidad para ver el lado gracioso o extraño de la vida. El buen líder conoce el valor que tiene una contagiosa sonrisa.

Otro rasgo del liderato, y muy importante, es la *lealtad*, que se expresa por medio de la constancia, la resolución y la fidelidad. La falta de lealtad al liderato destruirá la organización. Así como los miembros del grupo tienen que ser leales al líder, él tiene que serlo a ellos.

Una cualidad final (aunque se pudieran agregar muchas más) es la *generosidad*. Esta la demuestra el líder que puede olvidarse de sus propias necesidades por el interés de los demás. Se reconoce que la autopreservación es la primera ley de la naturaleza, pero la abnegación continúa siendo la mayor norma de gracia, dice Kenneth Wishart.

Como ya se dijo, el liderato generalmente no es algo con lo cual nace la persona; mayormente no nos viene por naturaleza. Por tanto, es fundamental que las personas que se esfuerzan por dirigir a otros tomen las medidas necesarias para aprender las técnicas y desarrollar los rasgos que fortalecerán su eficacia. El solo hecho de imitar a alguien no producirá los fines deseados. Y el liderato tampoco viene expresado en diez pasos fáciles. Sólo puede lograrse aprendiendo las debilidades de uno, evaluando las dificultades que hay que cambiar y luego, utilizando este conocimiento, poniéndolo a trabajar para el desarrollo de las fuerzas al máximo.

¿Hay alguna diferencia para los cristianos?

Lo que es cierto con respecto al hombre secular, en lo que respecta a estas cualidades, es igualmente cierto con respecto al cristiano. Su personalidad y lo que él piense de sí mismo puede constituir un éxito o un fracaso. Contrario a lo que muchos cristianos piensan, el concepto cristiano del liderato no presiona automáticamente a la persona hacia un molde prescrito. Su compromiso cristiano y su dedicación deben afectar directamente sus motivos y sus metas, pero no necesariamente le prescribirán un estilo ni métodos que pueda emplear para realizar la tarea de moldear a las personas a fin de que cumplan determinada tarea. Esto es así por causa de las diferencias individuales que hay en las personas. Cada líder tiene ciertas cualidades únicas, cierta estructura de carácter y cierta capacidad.

Esto lo indica la Biblia claramente en Hebreos 11. Los líderes que allí se mencionan son de variadas características, según lo exigieron las situaciones. Un cuidadoso estudio sobre la personalidad de cada una de estas personas descubrirá la múltiple diversidad y la capacidad de cada una, y demostrará que cada una tuvo una alta estima de sí misma, hasta el punto de creer que Dios la había escogido de una manera única para alguna misión.

Así que un tipo de personalidad en comparación con otra no garantiza el éxito. En último análisis, esto se reduce al hecho de si está uno dispuesto a pagar el precio y echarse encima la responsabilidad de cumplir las tareas que se le encomendaron.

Por tanto, es imposible hallar un modelo constante de rasgos de personalidad, por cuanto la conducta humana es muy dinámica y compleja. Los instrumentos de medición no pueden determinar precisamente cuáles son las cualidades que se requieren en todos los tiempos y en determinados momentos.

Habiendo dicho esto, queda demostrado que es cierto que la personalidad del líder juega un papel importante en el comienzo del cambio. Tan pronto como el escenario está arreglado se hace indispensable la presencia de un líder notable. Sin él no habrá movimiento. La madurez de los tiempos no produce automáticamente un movimiento de masas, ni tampoco lo pueden producir las elecciones, ni las leyes, ni los administradores burócratas. Se necesita la voluntad de hierro, la osadía y la visión de un líder excepcional para concertar y movilizar las actitudes y los impulsos existentes hacia un movimiento de masas.

Es entonces cuando la personalidad del líder es más a menudo la que enciende la visión y el entusiasmo y convierte la diversidad en unidad. De su propio ser tiene que salir la llama que encienda el deseo en los demás. Esa es la razón por la cual es muy importante que tenga un carácter bueno y sano.

El líder cristiano siempre debe estar consciente de que está responsablemente comprometido a proveer la dirección espiritual. Esto significa que su personalidad emitirá una cualidad de él que atraerá a los demás hacia él. Esta atractividad se manifestará en lo razonable, la consideración, el amor genuino y en un espíritu indulgente, en vez de manifestarse en una disposición pendenciera.

Tratará de emular al espíritu de Cristo a través de su personalidad. Practicará un espíritu congenial y una bondad que lo haga hospitalario y abierto hacia las necesidades de los demás.

El líder cristiano debe tener el mejor sentimiento con respecto a sí mismo, por cuanto Cristo lo redimió y lo introdujo en su familia eterna. El creyente en Cristo es hechura de Dios (Efesios 2:8-10), precioso ante los ojos de El. Ningún cristiano debe arrastrarse en el polvo con sentimientos débiles de méritos propios. Dios pensó tan bien de nosotros que envió a su Hijo a morir en nuestro lugar. ¡Eso hace que seamos muy importantes!

¿Puede cambiar la personalidad?

Las personas que verdaderamente están en contacto consigo mismas son las que constituyen los mejores líderes. Si un líder siente que es inmaduro o inestable, debe tratar de mejorarse. El cultivo de la personalidad ayuda para que un individuo sea más agradable, que sea más placentero estar cerca de él; pero él sólo puede llegar a esta altura estando consciente y respondiendo a las situaciones de la vida. Aquí cabe una legítima pregunta: ¿Puede cambiar la personalidad, o puede lograrse? La mayoría de los sicólogos están de acuerdo hasta cierto punto en que la personalidad de uno puede cambiar por medio del crecimiento emocional. Por tanto, el cultivo de la personalidad puede realizarse por medio de la preparación, de la terapia y enfrentándose uno en forma realista a sus deficiencias en las relaciones con los demás.

A medida que uno cambia y amplía su capacidad para apreciar a otras personas y relacionarse con ellas, su personalidad se enriquece. Cuando esto ocurre, el intelecto y las emociones se agudizan y se hacen más perceptivos. El resultado es un ser humano más cordial, que responde más y más consciente, que está a tono con otras personas en sus sentimientos.

La lectura de la excelente literatura relacionada con el crecimiento emocional es uno de los modos de cultivar el enriquecimiento de la personalidad. Otro modo consiste en tomar cursos de mejoramiento personal que ayuden al individuo a desarrollar el equilibrio y la confianza. Hoy se oye hablar mucho acerca de la actualización de uno mismo mediante cursos seculares; el líder cristiano también tiene que hacer frente a la necesidad del desarrollo de su propia personalidad. Tiene que aprender la manera de relacionarse con otras personas obteniendo la información precisamente de otros individuos. Nada, sin embargo, puede realmente ocupar el lugar de una profunda terapia que ayude a darle a la persona comprensión de sus propias represiones, regresiones y reacciones emocionales negativas.

Si la persona tiene la voluntad, puede fortalecer y enriquecer su personalidad aprendiendo o volviendo a aprender las respuestas de la conducta. Puede aprender a abandonar su actitud defensiva. El individuo puede aprender a ser él mismo, sin tener que complacer a la gente todo el tiempo, aprender a soportar la crítica y lograr una estructura que se enfrente mejor a la ansiedad y al conflicto.

Esta clase de perspectiva amplía grandemente el campo de los intereses personales y proporciona más sensibilidad hacia las necesidades de la gente. Es infinitamente satisfactoria y recompensadora, y fortalece el liderato.

La necesidad de una clara comprensión de los líderes como personas es más que una simple idea de las que aparecen en los libros de sicología social. La historia revela que las personas de todos los niveles de la vida que tuvieron éxito, reconocieron su propia importancia en función de las tareas que realizaron. Por la misma razón, los líderes tienen que tener esa facultad inherente de realización personal que los motivó a lograr un nivel superior al nivel promedio.

Hoy oímos hablar mucho acerca de la sicocibernética. Muchos cristianos que están en posiciones de liderato obtendrían mucho provecho si se dieran a sí mismos una mirada más de cerca para emprender la marcha hacia las metas personales. La verdadera comprensión de uno mismo no es nunca una situación estática; los recursos internos de poder y propulsión siempre tienen que empujarlo hacia adelante en un servicio efectivo para Cristo. El concepto que uno tenga de sí mismo como un líder vigoroso, por tanto, siempre tiene que evolucionar. Ese es un proceso que le ayuda a uno a establecer metas y objetivos, y esta expectativa propia le permite al líder buscar el poder no comprendido y hallarlo.

Kenneth Gangel dice que muchos hombres ambiciosos no llegan a ninguna parte a causa de la debilidad del concepto que tienen de sí mismos. Esto envuelve preguntas claves como las siguientes: "¿Cómo considero mi vida?" "¿Qué es lo que yo creo que Dios quiere hacer conmigo?" "¿Cuáles son mis valores?" "¿Cuáles son mis dones espirituales?" "¿Cuáles son las metas de mi vida?" "¿Qué es lo que Dios tiene que cambiar en mi vida a fin de que yo comprenda esas metas?" Así afirma este autor:

> No tengo la intención de hacer que esto suene como mucho humanismo religioso. Pero la actualización de uno mismo puede ser, en realidad, un análisis de la comprensión de los dones que Dios le ha dado y de las capacidades que ha ejercido a través del poder del Espíritu Santo y por medio de la gracia del Padre celestial. Los logros no tienen que ser para fines egoístas ni tienen que obtenerse mediante esfuerzos carnales.
>
> Me parece que el apóstol Pablo es un ejemplo brillante del poder de la comprensión de sí mismo. Era un hombre que había logrado muchísimo más que sus iguales, sin embargo se sentía permanentemente insatisfecho con esas hazañas, y se apresuraba a lograr mayores niveles de crecimiento espiritual, un alcance más amplio para la causa del Evangelio, y un impacto más significativo y duradero en las vidas de los demás hombres (Filipenses 3:10-14).[2]

La mayoría de las personas tienen rasgos latentes y no desarrollados, que a causa de la falta de conocimiento de ellos mismos pueden permanecer por mucho tiempo ocultos. J. Oswald Sanders nos provee algunas normas que sugiere para medirnos a nosotros mismos las cuales pueden ayudar a detectar la debilidad que lo haría a uno inadecuado para el liderato.

¿Te has despojado alguna vez de un mal hábito? Para guiar a otros, uno tiene que dominarse a sí mismo.

¿Retienes el control de ti mismo cuando las cosas andan mal? El líder que pierde el control de sí mismo en circunstancias de prueba, pierde el respeto y la influencia. Tiene que estar calmado en las crisis, y animado en medio de la adversidad y la decepción . . .

¿Puedes aceptar objetivamente la crítica y permanecer inconmovible bajo ella? ¿La conviertes en una buena oportunidad? El hombre humilde puede sacar provecho de la crítica mezquina y aun malintencionada.

¿Puedes utilizar creadoramente las desilusiones? . . .

¿Posees la capacidad de asegurar la disciplina sin tener que recurrir a un despliegue de autoridad? El verdadero liderato es una cualidad interna del espíritu, y no requiere una manifestación externa de fuerza.

¿Estás capacitado para la bienaventuranza pronunciada a favor de los pacificadores? Es mucho más fácil *mantener el paso* que *hacer la paz* cuando ésta se ha hecho añicos. Una función importante del liderato es la conciliación: la capacidad para descubrir cosas comunes entre puntos de vista que se oponen, y luego inducir a los dos partidos para que las acepten . . .

¿Puedes tú inducir a las personas para que hagan felizmente algo legítimo que normalmente no les gustaría hacer?

¿Puedes aceptar la oposición a tu punto de vista o decisión, sin considerar que eso es una afrenta personal, ni reaccionar en consecuencia? Los líderes tienen que esperar la oposición y no deben ofenderse por ella.

¿Te parece fácil hacer amigos y mantenerlos? Tu círculo de leales amigos es un indicativo de la cualidad y amplitud de tu liderato.

¿Dependes indebidamente de la alabanza o de la aprobación de los demás? ¿Puedes mantener una marcha firme a pesar de la desaprobación y aun de la pérdida temporal de confianza?

¿Te sientes bien en presencia de tus superiores o de extraños?

¿Te parece que tus subordinados se sienten bien en tu presencia? El líder debe dar la impresión de una comprensión de simpatía y amistad que haga que otros se sientan tranquilos.

¿Estás realmente interesado en la gente? ¿En gente de todos los tipos y todas las razas? ¿O haces acepción de personas? . . . No es probable que una persona antisocial sea un buen líder.

¿Posees tacto? ¿Puedes prever el posible efecto de una declaración antes de hacerla? . . .

¿Cultivas los resentimientos, o de inmediato perdonas las ofensas que te hacen? . . . [3]

El individuo puede estar bastante enterado de sus deficiencias en estos asuntos y en otros, pero a menos que haga algo con respecto a eso, nada se logra fácilmente. La concentración en el fortalecimiento de los puntos buenos y en la corrección de los malos es esencial. La cooperación con la obra y con el ministerio del Espíritu Santo dentro de nuestras vidas, así como el análisis de uno mismo, traerán muchos resultados positivos y galardonadores.

La clave verdadera de la personalidad

Los científicos del moderno conductismo y los sicólogos cristianos confirman el hecho de que la "imagen propia"—en cuadro mental y espiritual que una persona tenga de sí misma—es la clave real de la personalidad y de la conducta. Todos estarían de acuerdo en que uno nunca es demasiado joven ni demasiado viejo para cambiar su imagen y de esa manera comenzar una nueva vida. Millares de casos demuestran que la gente puede cambiar, algunas veces en forma muy dramática, pero no existe una fórmula garantizada que sirva para todos, pues la gente responde a varios enfoques. Una cosa es cierta: el análisis que la persona se haga a sí misma es esencial para el desarrollo de sus capacidades sicológicas, pues en la medida en que uno conozca más sus propias necesidades, aprenderá a comprender también las de los demás.

En conclusión, entonces, el desarrollo personal—el enfrentamiento con las actitudes, el estilo y la personalidad—es una de las claves para llegar a un liderato notable y respetado. El desarrollo de las cualidades personales es la manera más prometedora para incrementar la eficacia en general.

Notas

[1]Maxwell Maltz, *Psycho-Cybernetics* (Sicocibernética), Hollywood, Wilshire Publishing Co., 1960, 1964, págs. 110, 112.

[2]Kenneth Gangel, *Competent to Lead* (Competentes para dirigir), Chicago, Moody Press, 1974, págs. 122, 123.

[3]J. Oswald Sanders, *Spiritual Leadership* (Liderato espiritual), Chicago: Moody Press, 1967, págs. 26-28.

CAPITULO 9
El precio del liderato

 Toda realización meritoria tiene una etiqueta de precio que indica trabajo intenso, paciencia, fe y constancia.

El verdadero liderato, aun cuando sea practicado por la persona más madura y emocionalmente estable, siempre impone un precio al individuo. En nuestro mundo parece axiomático que cuanto mayor sea la realización tanto más alto es el precio que hay que pagar. Lo mismo es cierto con respecto al liderato. El mismo Jesús pareció haber tenido este pensamiento en mente cuando dijo: "Porque todo el que quiera salvar su vida, la perderá" (Lucas 9:24).

Es esto tan cierto que cualquier realización meritoria tiene sobre ella una etiqueta de precio. Este asunto se reduce a una pregunta básica: ¿Cuánto estás dispuesto a pagar realmente en trabajo intenso y sudor, en paciencia, en fe y en constancia para obtenerla?

Ted Williams, famoso jugador de béisbol entre 1940 y 1960, quien logró un sitial en la Galería de la Fama, y fue considerado como uno de los más grandes bateadores de todos los tiempos, era conocido como el bateador "natural". Una vez se le hizo una pregunta acerca de su capacidad natural, e inmediatamente respondió: "No existe nadie que haya nacido bateador. Llegué a ser un buen bateador porque pagué el precio de la práctica constante". Para el observador circunstancial, la manera como él movía el bate hacía que pareciera muy fácil hacerlo. De igual modo, la excelencia profesional en el liderato no se logra por casualidad; sólo se obtiene a través del esfuerzo persistente.

Consideremos algunos aspectos en los cuales el costo es elevado para cualquier persona que esté en el liderato o que aspire llegar a él.

La crítica

La crítica es un gran precio que pagan los líderes. Si uno no puede aceptar la crítica, eso significa que básicamente es emocionalmente inmaturo. Este defecto se manifestará al fin e impedirá el progreso del líder y de su grupo hacia la meta común. Todo líder tiene que esperar algo de crítica. Pero si el líder puede aceptarla, al final pudiera obrar para bien de él.

Puedo comprender que a menudo aquellas personas que me han criticado son las que más me han ayudado. ¡Cuán difícil fue aceptar eso en determinado tiempo, pero cómo se volvieron maravillosamente redentoras esas situaciones! ¡El único modo como realmente podemos conocernos consiste en oír lo que otras personas dicen de nosotros! No sabemos realmente cómo comunicarnos con las personas, a menos que ellas nos lo digan; así que necesitamos las reacciones de ellas.

Las personas excesivamente efusivas nos ayudan a sentirnos mejor, pero realmente no podemos beneficiarnos de ellas. El cambio real y el crecimiento emocional nos vienen al enfrentarnos a nuestras debilidades y a los defectos de nuestra personalidad tal como nos ven los demás. Este es un precio que hay que pagar por el liderato, porque el líder está en una posición en que queda más ampliamente expuesto. El hecho de que esté más visible lo hace más susceptible a la crítica. Pero el líder maduro puede manejar esto y hacer los ajustes personales necesarios y las correcciones. Esencialmente, él puede decir: "Gracias por la crítica que me has hecho. Me ha guiado a un examen más profundo de mí mismo, que era lo que necesitaba".

La fatiga

Alguien ha dicho que el mundo está dominado por hombres cansados. Probablemente hay sustancia real en esta declaración, porque los líderes genuinos tienen que estar dispuestos a levantarse temprano y a estudiar más tiempo que sus contemporáneos. Algunos hombres tienen un vigor tremendo, pero la fatiga se meterá frecuentemente, si quieren llegar a alguna parte con su organización y con sus responsabilidades de liderato.

Un líder sabio tratará de hallar un equilibrio, y buscará un pasatiempo, una marcha más lenta, para reducir la tensión. Tiene que buscar alguna recreación agradable, pues de lo contrario, al fin perderá su utilidad. Sin duda alguna, has oído el dicho gastado: "Prefiero consumirme para Dios que oxidarme para el diablo". Ese espíritu es noble y suena piadoso. La dedicación de una persona tiene que llegar cerca al tenor de ese pensamiento. Pero, por otra parte, si la persona puede aprender a relajarse, y a no llegar hasta el límite del agotamiento, su eficacia será magnificada.

Si una persona "se consume" completamente, su influencia y su contribución terminan. El cuidado adecuado de la salud, el descanso y el equilibrio ayudarán a que el líder mantenga su capacidad para persistir. Pero el líder tiene que estar preparado para reconocer el pago que se le impone, tanto emocional como físicamente.

Durante las semanas en que estuve escribiendo este capítulo fui víctima de un completo agotamiento mientras estaba en el cumplimiento de un trabajo en el extranjero. Tuve que cortar mi ministerio en el extranjero y regresar a mi hogar para descansar y para iniciar un completo cambio de marcha. Si yo hubiera practicado unos meses antes lo que ahora estoy predicando, esto nunca hubiera ocurrido. Ese cambio de marcha es absolutamente necesario para el líder dinámico.

Tiempo para pensar

Otro precio que pagan los líderes cristianos es el tiempo que tienen que tomarse para el pensamiento creador y la meditación. A menudo no pensamos que este es un precio que hay que pagar, pero lo es. La mayoría de las personas están tan ocupadas que no pueden apartar tiempo para pensar realmente.

Por el anhelo de llegar al objetivo, muchos líderes quieren salir disparados hacia adelante, sin pagar el precio de pensarlo muy bien para determinar el mejor método para llegar a la meta. Bien se dice que "la solución no está en trabajar más intensamente, sino en trabajar más hábilmente".

La mayoría de las aventuras que tienen éxito se logran sólo después de muchas horas de profunda meditación e investigación cuidadosa.

La soledad

Un tercer precio que el líder tiene que pagar, y que raras veces tenemos en cuenta, es la disposición a estar a solas por cuanto ha perdido su libertad al dedicar su vida al servicio de los demás. Un verdadero líder, como ya lo dijimos, promueve a los demás: sus intereses, sus valores y sus metas. Al mismo tiempo, el líder eficaz tiene que esforzarse para desarrollar su propio potencial y lograr sus propias metas, sin ser absorbido por el grupo. Con esto queda viviendo en un equilibrio solo, en alguna parte entre los dos lados, pues a la vez tiene que identificarse con la gente y aislarse de ella.

Todos los líderes enérgicos llegan a ser así porque pueden identificarse fácilmente con la gente, sin llegar a ser "uno de los muchachos". Un líder tiene que estar dispuesto a apartarse de la multitud y estar a solas. Jesús frecuentemente hizo esto durante su ministerio. Aunque el dirigente tiene que ser muy amistoso por naturaleza, a veces tiene que estar preparado para trillar el sendero de la soledad.

El líder tiene que ser capaz de aceptar la amistad, pero tiene que ser lo suficientemente maduro y tener suficiente fortaleza interior para estar solo, aun cuando haya mucha oposición mientras cumple sus tareas.

Un estudio detenido de los personajes bíblicos a quienes Dios bendijo y utilizó ricamente, nos revela que más frecuentemente de lo que pensamos fueron hombres de soledad. Los profetas, por ejemplo, fueron hombres extremadamente solitarios; a menudo fueron mal entendidos, y constituían una amenaza para la gente por causa de que reprendían directamente la conducta del pueblo. Hoy como ayer, el predicador solitario es el que dice: "Así dice el Señor", y llama al pueblo al arrepentimiento.

Una de las razones por las cuales la soledad es tan difícil es que los líderes pueden necesitar emocionalmente a la gente. Por esa razón no pueden llegar a ser personas privadas.

Otra razón por la cual la soledad es tan difícil es el hecho de que Dios nos hizo como criaturas sociales. Una de las necesidades básicas de la personalidad humana es la de sentirse en su medio y ser aceptada por sus semejantes. Es algo natural el querer estar cerca a las personas y compartir las cargas de responsabilidad con ellas.

Como líder, puede ser difícil tener que hacer decisiones que afecten grandemente las vidas de otras personas. Los líderes están a menudo separados: ese es un gran precio que tienen que pagar.

Identificación

El líder no sólo tiene que estar a solas y aislarse algunas veces, sino que, paradójicamente, tiene que a la vez identificarse con el grupo. Tiene que permanecer siempre delante del grupo, pero andar simultáneamente con la gente que dirige. Esta puede ser una línea excelente. Tiene que haber alguna distancia entre el líder y sus seguidores. Es fundamental que el líder reconozca este principio y, sin embargo, sea capaz de relacionarse con sus asociados.

Para ser eficaz, el líder no puede marchar demasiado adelante de los demás. La Biblia está llena de ejemplos que ilustran la identificación de los líderes con el pueblo. El ejemplo supremo fue nuestro Señor Jesús, quien frecuentemente compartió el gozo o la tristeza con el pueblo. Su sufrimiento de muerte en la cruz fue el epítome de su identificación con la humanidad. El apóstol Pablo dijo que él se haría judío o griego o esclavo con el fin de ganar a cada uno de estos tipos de personas para Cristo (1 Corintios 9:19-23).

De modo que, en cierto sentido, el verdadero líder tiene que pagar el precio de acercarse, de pertenecer a un grupo. Esto significa que tiene que estar dispuesto a ser un ser humano honesto y franco. Su humanidad tiene que ponerse de manifiesto. No puede ser como un robot, una persona fría y mecánica que tiene miedo de permitir que surja su verdadero yo.

Para identificarse con las personas, el líder tiene que pagar el precio de apartar tiempo para conocerlas: compartir sus emociones, victorias y dorrotas. Puesto que la mayoría de las metas no pueden lograrse aisladamente, tiene que apoyarse en el grupo. El líder tiene que estar consciente de lo que piensa el grupo, estar dispuesto a hacer concesiones y dirigir con gracia, sin perder de vista el objetivo que tiene a largo plazo.

Decisiones desagradables

Otro precio que el líder tiene que pagar cuando llega a conocer a las personas o a identificarse con ellas, es el de hacer las decisiones obligatorias que afectan el bien fundamental de la organización. Muchas veces le corresponde al líder eficaz quitar de su cargo a alguno que no se esté desempeñando en conformidad con la norma establecida. Las organizaciones cristianas a menudo tienen problemas en este punto porque los líderes son naturalmente reacios a herir a las personas.

Pero la persona que deje de desempeñarse con distinción, en forma constante o consecuente, es un obstáculo para la efectividad de la organización. El hecho de permitir que tal persona retenga su responsabilidad afecta negativamente a los demás e impide el progreso y la dinámica del grupo.

Todos los líderes tienen que estar dispuestos a pagar este precio por el bien de todo el grupo. No es fácil, especialmente cuando uno desea la aprobación de todos.

En la mayoría de los casos, cuando se releva a una persona de su cargo por causa de que no se desempeña satisfactoriamente, dicha persona es la que recibe el favor: cuando un individuo es inadecuado para un trabajo, la presión y la tensión lentamente lo van destruyendo internamente. ¡Secretamente pudiera estar pidiéndole a Dios que lo libere de esa carga!

La competencia

Un peligro más para el liderato es el efecto de la competencia. Para que no consideremos que este es un término malo, tenemos que recordar que la competencia es el genio que ha hecho grandes a las naciones. Sin ella, el hombre tendría muy poco estímulo para las hazañas. Con ella, especialmente en la esfera económica, se protege al consumidor, por cuanto ayuda a mantener a los ladrones fuera del mercado y garantiza la calidad a bajos precios.

Pero hay un precio que los líderes tienen que pagar, si sufren del "afán de competir", que a veces toma la forma de temor al fracaso, y otras veces, de temor al éxito.

El temor al fracaso ahoga la competencia, por cuanto el líder tendrá miedo de proceder o de meterse demasiado; es entonces cuando son cercenados los logros y la pérdida de identidad es sostenida. Para vencer esta ansiedad, el líder tiene que hacer algunas pruebas serias de la realidad con el objeto de saber qué es en realidad el mundo de la competencia, y no dejarse llevar por lo que le dicen las ilusiones. Tiene que cambiar el propio concepto que tiene de sí mismo en concordancia con normas racionales.

El temor al éxito puede ser igualmente debilitante. El líder puede tener la apariencia de ser muy ajustado, sociable y extrovertido, pero el precio que paga la organización con tal tipo de persona es muy alto. A un líder que tenga esta clase de neurosis crecientemente se le desarrollarán sentimientos de culpa con respecto a lo que él y su organización llevan a cabo. Esta clase de persona puede esforzarse mucho, pero generalmente falla antes de llegar a la realización verdadera. Este líder hallará a menudo alguna excusa (perfectamente lógica para él) para bloquear el logro de la meta final.

En una organización cristiana, a menos que esté dedicada a la venta de productos, la competencia debe ser suave, pues un espíritu rival es contrario al fortalecimiento del cuerpo de Cristo. Se nos dice que "en cuanto a honra" debemos preferirnos los unos a los otros (Romanos 12:10).

Con esta excepción, el líder tiene que mantener afilado su lado competitivo. Sólo de esta manera puede dirigir efectivamente a la organización hacia el logro de las metas.

El abuso del poder

En la larga historia de la humanidad, el poder ha llegado a aceptarse como característica básica del liderato. En cualquier organización, incluso en grupos cristianos, cuando a un individuo se le da autoridad, está en legítima posición para ejercer control e influencia. A algunas personas este hecho les hace subir el ego y las conduce a la autocracia. Es un peligro, y hay que pagar un precio para no ser presa de esta insidiosa tentación.

El falso orgullo y la envidia

El falso orgullo y la envidia son hermanos gemelos. La popularidad puede afectar el desempeño del líder. Los sentimientos de infalibilidad e indispensabilidad pueden disminuir su eficacia. Y no es nada raro que los líderes pasen por depresiones profundas.

Toda persona tiene que tener alguna clase de orgullo. Es bueno que uno esté orgulloso de alguna clase de hazaña; es bueno estar orgullosos de nuestros hijos por su buena conducta y actuación; es saludable que él esté orgulloso de su esposa, o ella de su marido. Pero el orgullo se convierte en egoísmo cuando nos magnificamos a nosotros mismos hasta el punto en que no dejamos lugar para la otra persona. Es un falso orgullo el hecho de que lleguemos a estar tan absortos en nosotros mismos que a las demás personas les concedemos poco valor. Debemos estar en guardia contra eso. Esta clase de orgullo o egotismo es muy diferente de tener uno un sano concepto de sí mismo. El individuo que está en este último caso es equilibrado en su evaluación de los demás y de sí mismo.

El líder que ha sido admirado durante mucho tiempo es especialmente susceptible a este peligro. Puede exagerarse en su papel cuando otros son promovidos, exonerados o seleccionados para ciertas asignaciones que esperaba para él. Es entonces cuando se produce como fruto la envidia. El líder llega a sospechar de sus rivales.

Una exagerada deferencia hacia los líderes puede conducir a un culto a la personalidad. Cuando un líder sucumbe ante la tentación de la popularidad, eso puede convertirse en un problema violento por cuanto su popularidad puede introducirse en el camino de su actuación. El líder es más eficaz si puede escoger a las personas que han de conformar el grupo u organización que dirige. La lealtad tiene que ser primero para el grupo. El líder cristiano tiene que guiar a la gente hacia Cristo, y no hacia sí mismo.

Todos deseamos ser populares, y no hay una gran virtud en ser antipopular. Pero tiene que haber un equilibrio. El líder debe ser respetado y tenido en estima para que haga mejor su trabajo, pero la popularidad sólo puede comprarse a un alto precio.

Las tentaciones de la infalibilidad y la indispensabilidad asedian cuando no se paga el precio de la humildad. Cuando las personas tienen un falso orgullo, es fácil aceptar la racionalización de que están menos expuestas a cometer errores que los demás. A menos que la persona perciba su verdadero valor y sea dirigida por el Espíritu Santo, fácilmente puede caer en esta trampa sutil. A pesar de la experiencia y de la madurez, los líderes frecuentemente no comprenden que todos nos inclinamos a cometer errores. "Al fin y al cabo, mi criterio generalmente ha demostrado ser exacto", es lo que muchos responden.

El líder tiene que tener convicciones y saber qué es lo que cree, pero eso es algo muy diferente de la ilusión de la infalibilidad. Los líderes que proyectan esta ilusión no pueden ser respetados durante mucho tiempo por sus seguidores.

Estrechamente aliado de la infalibilidad está el sentimiento de que uno es insustituible. Algunos dirigentes piensan que sus organizaciones no pueden sobrevivir sin ellos, y se aferran a la autoridad mientras pueden. Este es un peligro, pues el desarrollo y el progreso pueden sostenerse durante años, aunque la dirección se tenga que entregar a jóvenes o a personas mejor capacitadas.

El mito de la indispensabilidad a menudo es perpetuado por las personas mejor intencionadas. Las organizaciones frecuentemente se enfrentan a esto con sus líderes de más antigüedad, los cuales, a causa de la edad, llegan a ser menos capaces de valorar sus contribuciones objetivamente, y pueden atrastrar sus pies y, de una manera realmente inconsciente, estorbar, o por lo menos retardar, el crecimiento y el desarrollo.

La utilización del tiempo

De todas las cosas con las cuales tenemos que trabajar, lo más importante es el tiempo que Dios nos ha dado. Hay que pagar un precio en lo que se refiere al uso de nuestro tiempo, pues parece que los seres humanos tenemos una pereza congénita. De modo que tenemos que alterar este proceso.

En análisis final, manejar nuestro tiempo significa realmente manejarnos a nosotros mismos. Tenemos que hacer un presupuesto de nuestro tiempo en forma tan cuidadosa como presupuestamos nuestro dinero.

El hecho de que podemos utilizar el tiempo como herramienta para obtener ventajas es un pensamiento liberador. Si tomamos a dos líderes de igual capacidad, el que use mejor este instrumento de planificar más eficazmente su tiempo superará grandemente en ejecución al otro. Apartará tiempo para el pensamiento creador y para resolver problemas que son fundamentales en el trabajo. El otro simplemente los pondrá a un lado hasta que "tenga tiempo".

Muy a menudo oímos decir: "Me gustaría saber manejar mejor mi tiempo". Raras veces oímos decir: "Me gustaría saber manejarme mejor a mí mismo". Pero lo primero se reduce realmente a lo último. En el próximo capítulo estudiaremos esto más ampliamente.

El rechazamiento

El líder, especialmente el líder cristiano, tiene que estar dispuesto a pagar el precio del rechazamiento personal. Siempre hay la posibilidad cierta de que en alguna parte sea calumniado por su fe o por su perspectiva cristiana sobre las cosas. Jesús anduvo por este sendero: "A lo suyo vino, y los suyos no le recibieron" (Juan 1:11).

El líder tiene que poder hacer resistencia a la alabanza en todo tiempo. Tiene que tener el valor de oponerse al espíritu de la era. Coloca la alabanza a Dios por encima de la alabanza de los hombres. "El temor del hombre pondrá lazo" (Proverbios 29:25). Los veredictos o los criterios de los hombres no cambian su norma, si verdaderamente está dedicado a Dios y a la gente.

Se necesita que la persona tenga un vigoroso carácter a fin de que pueda hacer frente al rechazamiento. A las personas normales y bien ajustadas les encanta ser aceptadas; si el líder siente los vientos fríos de la indiferencia o del disgusto, eso pudiera convertirse en un camino difícil. A menudo a las personas que son rechazadas no se les reconoce su fortaleza hasta que se han ido o han fallecido. Entonces se les erigen monumentos con las mismas piedras que una vez se lanzaron contra sus vidas. No es fácil aceptar esto, pero el líder tiene que estar preparado emocional y espiritualmente para encarar esta posibilidad.

Para ayudarle a vencer el rechazamiento, tiene que enseñársele al líder, como a un discípulo, a confiar absolutamente en Cristo. En algunos momentos de soledad o aislamiento pudiera sentirse desanimado y rechazado. Pero podrá utilizar estos momentos de depresión como un desafío y para producir nuevos pensamientos creadores que lo estimulen a marchar hacia adelante con una comprensión tal vez más realista de la situación temporal.

Para enfrentarse a estos sentimientos, tiene que estar constreñido por el amor de Dios que lo motiva. El verdadero líder sabe que la fuerza que mueve su vida no es otra que la de Cristo, quien motivó al apóstol Juan para que dijera: "porque mayor es el que está en vosotros, que el que está en el mundo" (1 Juan 4:4). Como discípulo, entonces, el líder cristiano está motivado por el amor hacia los demás y, por tanto, está dispuesto a aceptar el rechazamiento por la causa de Cristo, el cual estuvo dispuesto a hacer "la voluntad del que me envió".

Tú pudieras pensar en otras formas en las cuales el verdadero líder tiene que estar dispuesto a pagar el precio si ha de retener una posición de responsabilidad. Cuando todo se haya dicho y hecho, cuando esté dispuesto a pagar los sacrificios necesarios para tener éxito, su campo de servicio se distinguirá por la alta calidad y por la excelencia.

CAPITULO 10
Las medidas del liderato

 La excelencia del liderato demanda una pasión por la eficiencia y un nivel alto de ejecución.

El presidente John F. Kennedy dijo en varios discursos que el éxito depende de una "pasión por la excelencia". En toda esfera de actividad humana, esta tiende a ser una cualidad ausente. Bien sea en lo secular, en el mundo de los negocios o en los aspectos relacionados con la iglesia, muchísimos son los que se contentan con la mediocridad en la eficacia y en los resultados. Esto crea toda clase de tensiones, disipación de la capacidad humana, pérdidas económicas y frecuentemente el fracaso total. Al enfocar este tema de la excelencia, hacemos bien en comprender la profundidad de discernimiento que hay en la siguiente declaración de Samuel Logan Brengle:

> Una de las ironías notables de la historia es el absoluto desconocimiento de rangos y títulos en los juicios finales que los hombres se hacen los unos a los otros. La estimación final de los hombres demuestra que a la historia no le importa un comino el rango o el título que un hombre haya tenido, ni el oficio que haya desempeñado, sino sólo la calidad de sus obras y el carácter de su mente y de su corazón.

Las organizaciones cristianas deben conceder especial atención al asunto de la excelencia. Casi todas ellas se adhieren a alguna clase nebulosa de aura espiritual para el desempeño, el trabajo y las actitudes. Como piensan más o menos que es un asunto de relación entre el obrero cristiano y el Señor, a menudo no exigen excelencia, ni desafían a sus empleados para que se esfuercen en lograrla.

Por esa razón no hallamos en un alto porcentaje de las agencias y organizaciones cristianas ninguna clase de control de calidad. En las iglesias, por ejemplo, se asume que la obra está siendo realizada por los laicos voluntarios, y por tanto, no deben hacerse muchas exigencias. "Algo de trabajo de calidad inferior es mejor que nada", es la racionalización que se hacen muchos. Así que la mayoría de los grupos no se atreven a esperar un alto nivel de desempeño. El líder tiene que estar dedicado a la alta eficiencia y a la calidad en sí mismo y en sus subordinados. No puede caracterizarse por la mediocridad.

No hay ninguna organización sobre la faz de la tierra que soporte más el trabajo de mala calidad que un servicio cristiano. He llegado a la conclusión de que la calidad no la hacen los buenos programas, sino la gente.

¿Cómo está tu actitud?

He descubierto que las actitudes, como cualquier otra cosa, corroen la calidad. Muchos de los problemas que tienen las personas son autoinducidos. La excelencia no puede lograrse en el liderato cuando la actitud presenta bloqueos. A continuación presento algunas sugerencias útiles para mejorar o cambiar tu actitud o la de tu personal:

1. Nuestra actitud al comienzo de una tarea afectará el éxito de su resultado más que cualquier otra cosa.
2. Nuestra actitud hacia la vida determina la actitud de la vida hacia nosotros.
3. Nuestra actitud hacia los demás determina la actitud de ellos hacia nosotros.
4. Para que una persona pueda lograr la clase de vida que quiere, tiene que pensar, actuar, caminar, hablar y conducirse en todos sus asuntos como lo haría la persona que desea llegar a ser.
5. Cuanto más elevado te manifiestes en cualquier organización de valor, tanto mejor será la actitud que hallarás.
6. Mantén pensamientos positivos y de éxito en tu mente.
7. Haz que siempre las personas se sientan necesarias, importantes y apreciadas; y ellas te devolverán lo mismo.
8. Parte de una buena actitud consiste en buscar lo mejor en las nuevas ideas y las buenas ideas en todas partes.
9. No publiques los problemas personales. Eso probablemente no te ayudará, ni puede ayudar a los demás.
10. No hables con respecto a tu salud, a menos que estés en buenas condiciones.
11. Irradia una actitud de bienestar, la confianza de una persona que sabe adónde va.
12. Considera suma y bellamente importante a todo aquel individuo con quien entres en contacto.

Notemos varios factores importantes que nos ayudan a definir la excelencia en el liderato. Estos son algunas medidas, principios y rasgos personales, todo lo cual se necesita para tener éxito en un magnífico desempeño.

El desempeño

El desempeño es el primer indicador, pues la competencia determina el nivel de operación para cualquier organización. La competencia es uno de los primeros elementos que separan a los hombres de los niños. Raras veces se coloca a las personas en posiciones de liderato, o en determinada condición de ocupación, sin que manifiesten primero su real capacidad en determinadas funciones. La competencia es lo que le da a la persona la primera oportunidad de surgir y ser promovida. Y la competencia es la que provee el ímpetu para avanzar escalera arriba.

Cuando el individuo demuestra esta competencia, su oportunidad para ser promovido a una posición de supervisión es mucho mayor. Si él demuestra que puede manejar hábilmente la autoridad que va aparejada con la posición, entonces sus superiores saben que él puede ascender ese escalón. Probablemente la competencia es el ingrediente que busca el grupo más que cualquier otro para determinar las posiciones de liderato.

Cuando una persona ha sido seleccionada para dirigir, tiene que continuar cultivando la amplitud y la profundidad de la excelencia en la competencia. Cuando esto ocurre, se manifestará la confianza, la cual les será retirada a otros. Si, por ejemplo, deseas que la organización adopte cierta proposición tuya, es mejor que dirijas a base de competencia. Si, después de analizar y unir toda la información pertinente, los hechos y los elementos, puedes desarrollar un argumento tan completo, sin puntos flacos e incontrovertible, que el puro peso de la confianza que hay en tus argumentos domina, aunque tus superiores tengan un ánimo crítico y escéptico, estarás dirigiendo a base de competencia.

La competencia también incluye la capacidad para ver los defectos y las debilidades de una proposición, y adelantarse a las objeciones antes que surjan. El hecho de estar plenamente consciente de ellas les da a los demás el sentimiento de que uno ha pensado muy bien el plan total. Cuando uno no está preparado destruye la confianza que la gente tiene en el líder, y eso socava la autoridad y la influencia.

Eso significa que no dirigirás basado en un componente para disfrazar la debilidad que hay en otro. Eso sería algo parecido a lo que oí acerca de un predicador que había escrito al margen del manuscrito de su sermón: "Argumento débil; gritar aquí".

Todos hemos tenido la experiencia de tratar a una persona que quiere que algo se haga, y que se haga ya. En la industria esto pudiera ser ilustrado por una persona que acude al líder en busca de una decisión que requiere mucha competencia técnica. Puesto que este individuo puede haber tenido mucha experiencia en el asunto, pudiera tratar de abrumar al líder. Ha trabajado mucho y con infinitos detalles sobre el proyecto en la casa. Cuando el líder comienza a oir, se pierde en tantos tecnicismos hasta que ve que el asunto está lejos de su entendimiento. Por supuesto, no quiere que el consultante sepa eso, así que cuando éste lo presiona para que haga una decisión, simplemente la difiere para otra oportunidad con el siguiente comentario: "Necesito más información o más tiempo para pensar en eso".

Cuando se le pregunta por qué, el líder contesta: "Bueno, porque es una decisión que yo tengo que hacer". La persona comienza ahora a reconocer que el líder ha colocado la autoridad de su posición en lugar de la competencia. En términos militares pudiera decirse: "Usted ha abusado de su rango".

Este punto también puede ser ilustrado por un grupo que en una conferencia debate cierto asunto. El líder puede descubrir que se halla aferrado a la posición de una minoría y que se bate en última instancia. Cuando se lo presiona para que dé una opinión al respecto, él puede contestar diciendo que por principio se opone a la proposición. Esta evasión sólo exaspera a las personas mucho más. Finalmente la comunicación y la confianza comienzan a caer, y la conferencia termina en un callejón sin salida. El líder se consuela a sí mismo con la racionalización de que los cristianos primitivos murieron por causa de sus convicciones y de sus principios; pero sin darse cuenta de ello, está defendiendo una deficiencia que hay en su personalidad.

Lo que es una terquedad en los niños se ve como una fortaleza en la vida adulta. La persona que no es capaz de enfrentarse al conflicto pierde mucha de la autoridad que su carácter le daría. El problema de esta persona es realmente que no puede sostener sus convicciones y manifestar su desacuerdo en un nivel de madurez.

No puede haber sustituto para el liderato competente. Bien lo ha dicho alguien: "En ningún grupo hay transmisión automática que lo haga andar . . . Tiene que haber alguien que sepa manejarlo y hacerlo marchar".

La eficiencia

Los altos niveles de rendimiento siempre se distinguen por la planificación para dirigir la organización. Los mejores líderes siempre tienen un curso planificado, metas determinadas, objetivos descritos. Tienen en mente la dirección que quieren seguir, y comprenden que para lograr el objetivo final se necesitan metas específicas. Esto significa que el líder tiene que tener la capacidad de establecer objetivos específicos. Esto requiere profundos conocimientos y discernimiento.

La sabiduría es la que provee la capacidad para utilizar el conocimiento con sano criterio y con discernimiento (Filipenses 1:9). Así que la sabiduría es algo más que simplemente la acumulación de hechos. Es la penetración al corazón de las cosas. Todo líder debe buscar esta cualidad, porque lo ayuda a librarse de sí mismo. Imparte el equilibrio necesario y lo libera de extravagancias y de idiosincrasias excéntricas.

La eficacia

Otra de las medidas de la excelencia es la eficacia. Esta mejorará en la medida en que el líder establezca sus prioridades en el tiempo oportuno. Como ya se indicó en el capítulo en que estudiamos la personalidad del líder, uno tiene que tomar medidas para desarrollarse a sí mismo. Sobresalir debe ser la expectación dominante de todos los que dirigen. Esto significa que constantemente tienen que esforzarse por lograr el equilibrio adecuado entre lo urgente y lo importante. El general Eisenhower indudablemente tenía razón cuando dijo: "Lo urgente raras veces es importante, y lo importante raras veces es urgente".

He conocido a ejecutivos que se acercan a jugar golf, o esquí o tenis con un esfuerzo más intenso que el que aplican a sus tareas como líderes. La excelencia exige más que simplemente leer un libro sobre los principios de la administración. La experiencia profesional demanda una acción continua para el mejoramiento. A continuación presento varios pasos sugeridos por mi amigo Frank Goble, en su útil libro *Excellence in Leadership* (La excelencia en el liderato).

Reservaré las siguientes fechas y oportunidades para mejorar el programa.

_____

_____

Programaré una reunión con mi personal para planificar un programa de mejoramiento para la organización. ¿Quién? ¿Cuándo? ¿Dónde?

_____

Comenzaré a tener reuniones regulares con mi personal como primer paso hacia la adopción de un enfoque coordinado de equipo en todos los niveles que corresponden a mi jurisdicción. ¿Quién? ¿Cuándo? ¿Dónde?

_____

_____

Asistiré a más seminarios. ¿Cuáles seminarios? ¿Cuándo?

_____

_____

Comenzaré a leer literatura relacionada con el liderato. ¿Cuál? ¿Cuándo?

_____

Comenzaré una biblioteca para el líder. ¿Cómo? ¿Cuándo? ¿Dónde?

_____

_____

Obtendré y exhibiré algunas señales que me recuerden y que recuerden a mis asociados que debemos hacer las cosas de un modo profesional.

_____

_____

Analizaré el uso que yo hago de mi propio **tiempo**. Lo haré de la siguiente manera:

_____

_____

Buscaré un consultor calificado que me **ayuda a mejorar la efica**cia personal y la de la organización. **¿Quién? ¿Cuándo?**

_____

_____

El área que demuestra la mayor posibilid**ad para el mejoramiento** es:

_____

_____

Ahí comenzaré. ¿Qué? ¿Cuándo? ¿Cómo?

_____

_____

Haré lo siguiente:

_____

_____

Esta lista de pasos sirve como herramient**a para identificar aque**llas áreas que necesitan mejorar. La lista **puede y debe ampliarse y** debe adaptarse a las necesidades individu**ales.**

Las prioridades nunca llegan a ser una realidad sin el uso adecuado del tiempo. La excelencia en cualquier campo se paraliza o se deforma sin su correcta utilización. Por tanto, **necesitamos poner más** atención a este tema vital.

Peter Drucker declara, en su obra *The Effective Executive* (El ejecutivo eficaz), que los líderes eficaces *saben* en qué utilizan su tiempo. Lo manejan sistemáticamente estableciendo prioridades, y se atienen a estas decisiones prioritarias.

El tiempo en sí no es el problema, sino la gente que lo utiliza. La persona que defiende su fracaso diciendo: "No tengo tiempo", realmente está admitiendo que maneja mal el tiempo.

Todo líder debe detenerse a pensar en la **manera como estima el** valor del tiempo. A manera de analogía, debemos tratarlo exactamente como si fuera dinero, pues requiere que invirtamos nuestras energías para producir resultados provechosos. No es necesario decir que el tiempo que se gasta en el mejoramiento de nuestros procederes personales producirá grandes dividendos.

Notas

[1]Frank Goble, *Excellence in Leadership* (La excelencia en el liderato), Nueva York: American Management Association, 1972, págs. 183, 184.

CAPITULO 11
Rasgos personales en el liderato

 La primera característica de los líderes de éxito es la integridad personal.

Para lograr la excelencia, creo que todos los rasgos citados en este capítulo son absolutamente esenciales. Se destacan en mi mente por cuanto han demostrado ofrecer el estímulo y servir de medio para lograr los más altos niveles del éxito.

Deseo de realización

A la ambición se le pueden dar muchos nombres: motivación, impulso, entusiasmo, o la esperanza de realización. Sin tomar en cuenta la definición que se escoja, es esencial si la persona ha de comenzar por su propia cuenta. De otro modo, tendrá que contentarse con ser un seguidor, y no un líder.

La ambición tiene que ser realista. Algunas personas establecen para ellas mismas metas imposibles. Por causa de una envidia exagerada, arremeten hasta quedar exhaustas o frustradas, lo cual puede conducir a una depresión neurótica.

El hombre que establece sus propósitos y metas sabe hacia dónde va. Logrará muchísimo más que la persona que no tiene metas claramente definidas. Los líderes logran su mayor satisfacción cuando cumplen sus metas; siempre están buscando nuevos mundos para conquistar. Generalmente tienen caracteres fuertes, y sus sentimientos de estima y respeto para sí mismos tienen que ser satisfechos por medio de su propia expresión y de la de su grupo. ¡Cuán importante es que el líder haya entregado estos impulsos al Salvador! Parece que los líderes tienen un común denominador: mentes inquietas, curiosas y exploradoras, unidas a la determinación de triunfar.

La ambición es sumamente importante, si no es fingida, por

cuanto sostiene al mismo líder y es contagiosa. El verdadero líder está emocionalmente equipado para despertar y elevar los deseos de otros por encima de un nivel meramente racional. Tales sentimientos, por supuesto, tienen que proceder de un sentido de la importancia del propósito. La más elevada ambición de un líder cristiano tiene que ser la de dar el honor y la gloria a Cristo, con los impulsos y ambiciones controlados por el Espíritu Santo.

Debe recordarse que nuestra influencia estará determinada en gran parte por nuestro celo. Si uno carece de entusiasmo, tal vez debe echar una mirada a la estructura de su personalidad como también a su fe básica o a la perspectiva de la vida. El individuo pesimista o cínico nunca puede ser entusiasta.

Alguien ha dicho que el entusiasmo, como el combustible del jet, puede servir para dispararlo a uno hacia realizaciones jamás alcanzadas.

La aceptación de la autoridad

La excelencia en el liderato exige una fuerte sensibilidad para usar la autoridad precisamente en el momento oportuno. Esto da como resultado la capacitación del líder para producir el cambio en un grupo o en una persona. Cuando puede hacer los ajustes apropiados, puede motivar o actuar de cierto modo en cierto tiempo. Esta es la capacidad que constituye la capacidad de uno para administrar.

Pero primero tenemos que comprender la autoridad. Una definición común pero bien razonada de autoridad es la siguiente: "Autoridad es aquello que tú tienes en determinado momento que hace que alguien haga lo que tú quieres que haga en ese momento". En otras palabras, cualquier líder que puede hacer que se haga lo que quiere tiene toda la autoridad que necesita en ese momento.

En un periódico publicado por el Instituto de Tecnología de California, en octubre de 1970, William Oncken, Hijo, dice que la autoridad comprende cuatro componentes.

1. La Autoridad de la Competencia: Cuanto más competente sepa la otra persona que eres tú, tanto más tendrá la confianza de que tú sabes de qué estás hablando, y cuánto más probable será que siga tus órdenes, peticiones o sugerencias. Pensará en ti como una autoridad

en el asunto que esté en consideración, y pensará que corre un riesgo si pasa por alto tus deseos. Si no tiene esta confianza, en el mejor de los casos, te ofrecerá un servicio de labios; y en el peor, no te tendrá en cuenta o te saboteará.

2. La Autoridad de la Posición: Este componente te da el derecho de decir a alguien: "Hazlo, de otro modo . . ." Tiene dientes. La declaración firme: "El jefe quiere que se haga así", es un llamado que puede mover a muchos en una oficina o en un taller hacia la acción. Su posición lleva consigo la autoridad que exige deferencia. Sólo el "aventurero" por capricho no tendrá en cuenta este llamado.

3. La Autoridad de la Personalidad: Cuanto más fácil sea para el otro individuo hablar contigo, oírte o trabajar contigo, tanto más fácil le será responder a tus deseos. Cuanto más difícil sea hacer negocio contigo, tanto más difícil le será al otro individuo hallar satisfacción en hacer lo que tú deseas que él haga. El ya tiene un problema a tiempo completo: tener éxito en su propio trabajo. Si, además, le parece difícil hablar contigo, oírte, trabajar contigo, entonces tiene dos problemas a tiempo completo. Si los dos problemas combinados constituyen algo gravoso para él, no resolverá bien ninguno de los dos. En el peor de los casos, tal vez no resuelva el primer problema por cuanto está demasiado preocupado con el segundo. En ese caso ciertamente no estará haciendo lo que quieres que haga. Si, por otra parta, no tiene "segundo problema", puede hacer más de lo que esperabas. Cuesta mucho decir "no" a una persona con la cual es fácil trabajar.

4. La Autoridad del Carácter: Este componente indica la cantidad de crédito que tienes para otras personas en cuanto a integridad, confiabilidad, honestidad, lealtad, sinceridad, moralidad personal y ética. Obviamente lograrás más y mejor acción de un hombre que respete tu carácter que de uno que no lo respete. El adquiere este respeto (o carece de él), según las huellas que vayas dejando de promesas cumplidas o quebrantadas, de expectaciones satisfechas u olvidadas, de declaraciones corroboradas o que resultaron falsas. No consigues el crédito por decir la verdad cuando no cuesta nada decirla, o por ser honesto cuando no cuesta nada serlo, o por ser responsable cuando no cuesta nada serlo.

La medida con que otras personas miden tu carácter consiste en considerar hasta dónde has estado dispuesto a negarte a ti mismo para mantener tu registro de honestidad y responsabilidad. Esto les dirá a ellos de inmediato hasta dónde estarán dispuestos a negarse a sí mismos por la causa tuya cuando la suerte esté echada. Cuanto más grande sea el respeto de ellos, tanto más lejos irán, y tanto mayor será el componente del carácter en tu autoridad general.[1]

Para lograr que tus subordinados actúen según tus deseos, necesitas demostrar las cuatro cualidades anotadas. Al líder que se queja de que tiene responsabilidad sin autoridad, hay que hacerle saber que puede fortalecer estos segmentos de su vida para lograr más autoridad. Es sospechoso el uso de la excusa siguiente: "Pudiera lograr que se hiciera más si tuviera más autoridad", por cuanto siempre puede hacer algo al respecto. La competencia se puede adquirir, la personalidad puede ser desarrollada y el carácter ciertamente puede cultivarse.

La excelencia sólo se halla en el liderato cuando la persona quiere hacer esos sacrificios para mejorar y fortalecerse. Entonces su autoridad será utilizada de un modo adecuado y habrá un resultado dinámico del esfuerzo del grupo en conjunto.

La autodisciplina

Como hemos dedicado un capítulo entero a la motivación, aquí sólo haremos una referencia de paso para decir que ella es un requisito previo para la excelencia en el liderato. Para controlar a otros individuos, la persona tiene que tener control de sí misma. Esta es una cualidad decisiva, pues sólo la persona bien disciplinada puede escalar las alturas. A través de la experiencia ha aprendido a manejar los necesarios rigores, sacrificios y exigencias.

Muchas personas tienen dones particulares que no han usado, tanto espirituales como naturales, pero resulta que desprecian la autoridad o eluden la disciplina, cosas que son necesarias para lograr eso. Así que en el camino abandonan la marcha. El líder eficaz es el que está dispuesto a trabajar mientras otros duermen, juegan o malgastan el tiempo. ¡También evalúa constantemente sus capacidades, y sus debilidades!

Facultad creadora

Los individuos que han influido de la manera más indeleble en su generación son los que han tenido la visión y facultades creadoras. En esto está involucrada la iniciativa. El pensamiento creador es simplemente la capacidad para pensar originalmente. Es tomar la imaginación y organizarla a través de planes iniciados por uno mismo. El líder que tiene facultades creadoras espiga ideas de muchas fuentes y las entrega hasta que se convierten en un producto terminado.

El pensamiento creador no es ilusión, sino un intento deliberado de hacer que la actividad mental se torne objetiva. Los sicólogos dicen que el arte creador puede llegar a ser un hábito si la persona se ejercita en él.

Hoy hay muchas firmas y organizaciones cristianas que estimulan el libre intercambio de ideas. A esto se lo llama "la búsqueda de la idea genial" o ir al "tanque del pensamiento". Los líderes tienen que encargarse de programar realmente esto en sus propias empresas.

Arnold Toynbee, al evaluar el devenir de la historia, llegó a la conclusión de que el surgimiento y la caída de las sociedades han dependido casi exclusivamente de la calidad del liderato. El creyó que las personas que tienen facultades creadoras son las que tienen éxito en ayudar al avance de la civilización.

El método de la delegación de autoridad

Discutiremos detalladamente lo que significa la delegación de autoridad. Notamos que el buen líder no necesita emplear medidas autoritarias para hacer que se hagan las cosas. El método opuesto es la delegación de responsabilidades. El líder permite a las personas que tiene bajo su dirección que funcionen responsablemente en determinada tarea. La excelencia en el liderato no puede sostenerse cuando el administrador piensa que tiene que hacerlo todo por su cuenta.

Esto se declara sucintamente en un folleto titulado "How to Delegate Effectively" (Cómo delegar eficazmente), publicado por la Corporación Dartnell. En él dice Clarence B. Randall:

> La capacidad para delegar autoridad y responsabilidad justamente con el toque preciso, es más bien una rara cualidad. Muchos hombres se enorgullecen de poseerla cuando en realidad actúan muy mal en este respecto.
>
> Conozco a un hombre que honestamente cree que este es uno de sus puntos fuertes, pero tengo la siguiente información que recibí de uno de sus asociados. El lunes él llama a uno de sus subordinados, le explica el problema y le dice que se meta en él de inmediato; el martes delega esta responsabilidad a otro; el miércoles él mismo hace el trabajo sin decir a ninguno de los otros que él ha actuado.
>
> Conozco a otro ejecutivo que delega bien las responsabilidades, que nunca hace por sí mismo algo que pueda evadir, pero nunca hace esto de delegar en concordancia con algún plan discernible; generalmente

entrega la orden escrita al primer hombre que encuentra al bajar el vestíbulo.

En mi opinión hay una prueba final para determinar si un ejecutivo es objetivo y constante en la práctica de delegar autoridad. Es la siguiente: si puede entregar el trabajo a uno más nuevo que él, y luego ayudarlo para que lo realice de una manera muy diferente de la que el mismo ejecutivo hubiera empleado, eso quiere decir que comprende este asunto de delegar responsabilidades.

El magnífico arte de delegar responsabilidades no es tan fácil como simplemente dibujar una gráfica con líneas verticales y horizontales que representan la vinculación que hay entre los trabajos o entre los trabajadores, ni siquiera como hacer un borrador con una descripción precisa y detallada de los deberes, pues no es raro que estos documentos sólo sirvan para limitar la iniciativa en vez de promoverla. Cuando se hace demasiado hincapié en la definición de las tareas, el nuevo empleado pudiera pensar más en las limitaciones que hay para su autoridad que en la oportunidad que tiene, y refrenarse por temor a transgredir, en vez de lanzarse hacia adelante con un osado plan de acción.

El arte de delegar responsabilidades implica control y del mismo modo exige verdadera habilidad. Hay que mantener el resplandor en la organización, y el esfuerzo de todos tiene que estar dirigido hacia un fin común. Sin embargo debe permitirse una verdadera amplitud para el juego de la desviación individual, siempre que no vaya en contra de dicho propósito, a fin de que pueda mantenerse el impulso que procede del entusiasmo. Algo importante que se debe promover en el trabajo de equipo es hacer lo que venga naturalmente, porque el hombre que hace las cosas a su propia manera puede hacerlas mejor y más rápido que el que las hace de la manera que agrada a su jefe. Son raras las ocasiones en que tiene que haber un control absoluto, y entonces el ejecutivo tiene que actuar con firmeza.

El buen administrador no sólo aprende a delegar autoridad, sino que también trata de compartir sus ideas con tantas otras personas como le sea posible. Sin embargo, para algunos hombres no es fácil adquirir este hábito. En particular, las personas de carácter fuerte tienden a considerar . . . que ellas solas tienen la prerrogativa de pensar. (págs. 12, 13).

Resolución

La persona que se equivoca y vacila, que es incapaz de aferrarse a una decisión, no es un buen líder. Para ayudar a dirigir a los demás, la persona tiene que saber qué es lo que quiere y cómo lograrlo. Si le es difícil hacer decisiones, los empleados perderán la fe y la confianza en ella y comenzarán a poner en tela de juicio su capacidad. Esto socava los objetivos y planes definidos de la organización.

Cuando el líder está seguro de la voluntad de Dios, y sabe que es correcto su curso de acción, puede hacer de inmediato la decisión, pese a las circunstancias. Los grandes líderes de la Biblia raras veces postergaron la toma de una decisión, ni vacilaron luego de haberla tomado.

Un líder auténtico recopilará tanta información como le sea necesaria, aceptando y respetando las opiniones de los demás. Sin embargo, siempre llega el momento en que tiene que demostrar firmeza, a pesar de los puntos de vista contradictorios. Esto significa que agarra las riendas cuando es necesario por cuanto tiene un vigoroso sentido de su propio destino y una certidumbre con respecto a la dirección en la cual debe marchar.

De las muchas tareas de mañana, ¿cuál merece la prioridad? El problema es este: ¿Quién decide? ¿Nosotros mismos o las presiones? Si son las presiones las que deciden, se puede predecir que las tareas importantes serán sacrificadas. No habrá tiempo para la parte de la tarea que más tiempo consume, esto es, para la conversión de la decisión en acción.

Alguien tiene que hacer que la nueva tarea sea suya. Eso de pasar simplemente la responsabilidad a otro no entra en la excelencia del liderato. Por tanto, el líder tiene que imponer, objetiva y arbitrariamente las prioridades. Recordemos que las presiones siempre van en favor del ayer, no del hoy ni del mañana. Las presiones siempre favorecen lo interno de la organización y no lo externo.

También debemos recordar que no es difícil establecer las prioridades. Lo difícil es establecer las que yo llamo "posterioridades", es decir, decidir cuáles son las tareas que *no* hay que someter a una decisión. Notemos que lo que uno pospone, generalmente lo abandona, o de otro modo lo resuelve cuando es inoportuno. Por supuesto, establecer una posterioridad es siempre difícil por cuanto es algo que está atado a la prioridad de otra persona. Así que lo que se necesita es el valor para hacer decisiones firmes.

Perseverancia

La firmeza de convicción es una cualidad fundamental para la excelencia en el liderato. Toda historia de éxito que describa la marcha de una persona hasta llegar a ocupar la silla presidencial de su país, también contiene el elemento del esfuerzo individual. Estos individuos no permitieron nunca que los desanimara la derrota, aunque se enfrentaron a severas pruebas y a obstáculos increíbles.

Napoleón Hill, quien estudió las vidas de muchos individuos que tuvieron éxito, declaró: "Tuve el privilegio de analizar tanto al señor Edison como el señor Ford, año por año, durante un largo período; y, por tanto, la oportunidad de estudiarlos de cerca. Así que me baso en un conocimiento real cuando digo que no hallé en ninguno de los dos ninguna cualidad, salvo la perseverancia, que aun remotamente sugiriera la principal causa de sus estupendas hazañas".[2]

La perseverancia tiene que estar equilibrada con una gran paciencia, pues los planes acariciado a menudos requieren más tiempo para llevarlos a ejecución y cumplirlos.

Para que un líder permanezca firme en sus convicciones y sea perseverante necesita valor. Los hombres y mujeres de la Biblia que tuvieron cualidades de dirigentes, siempre fueron individuos que demostraron valor.

Alguien ha hecho la siguiente distinción entre el valor y la perseverancia: "El valor es el deseo de comenzar, y la perseverancia es el deseo de continuar". Una de las principales razones por las cuales les falta el valor a las personas es su temor al fracaso. Esta es una actitud de la mente fomentada por ciertos sentimientos infantiles de inseguridad. Tal vez cuando estos individuos eran niños muchas veces se rieron de ellos o fueron despreciados cuando fracasaron en algo. Esto les destruyó el incentivo y el deseo de volver a probar. Tales traumas pueden afectar grandemente la conducta del adulto y destruir en los líderes el valor necesario para lograr el éxito. El valor es frecuentemente la simple capacidad para perseverar cinco minutos más.

Tal cualidad capacita a los hombres para hacer frente al peligro o a la dificultad con firmeza. Los ayuda a enfrentarse a tareas desagradables y aun a hechos y condiciones devastadores. Son capaces de hacer decisiones firmes aun cuando saben que no resultarán populares.

Ciertamente uno de las más grandes líderes de este siglo fue Sir Winston Churchill, quien nunca vaciló en decir al pueblo la verdad, aunque tal verdad fuera absolutamente desconcertante. Alguien dijo con respecto a él: "Dudo que algún hombre de la historia haya hecho jamás declaraciones tan sombrías; y que, sin embargo, le haya dado a su pueblo tal sentimiento de fortaleza y exuberancia, y hasta de alegría". Fue en realidad su gran valor y su persistencia en el liderato los que lograron para la Gran Bretaña el triunfo en un momento de suprema crisis de su historia.

Una vida equilibrada

Todo un libro podría escribirse sólo sobre el tema de la vida equilibrada. Para que un líder sobresalga tiene que hallar diversiones e intereses para su vida que estén fuera del trabajo. No sólo tiene que proveer lo necesario materialmente para su familia, sino también darle mucho de sí mismo. He descubierto que la excelencia en el liderato exige que el líder dé a su familia la prioridad a lo largo del trayecto. ¿Ha estado acaparando tu profesión la mayor parte de tu tiempo, robándote incluso los pocos momentos que querías destinar a la vida íntima con tus seres amados?

Conozco a un hombre cuyo jefe, casi cada vez que lo veía, le decía: "David, ¿logra tu familia verte a menudo? ¿Qué dices de tu familia?" Ese hombre tenía la perspectiva correcta, y con ella, un personal feliz.

Una persona puede llegar a estar "embriagada con el trabajo" al comprometerse económicamente con exceso, al hacer planes no realistas, o simplemente al no reconocer que tiene algún defecto en la personalidad. A menudo puede utilizar su trabajo como un mecanismo de escape. Así puede verse obligado a excluir las que debieran ser sus prioridades.

Muy infortunadamente deploramos que haya adictos a las drogas y al alcohol, pero de algún modo promovemos y admiramos a los adictos al trabajo. Admitimos su condición social y aceptamos la estima que tienen de sí mismos. Y en todo esto, la familia del que está esclavizado del trabajo tal vez esté obteniendo tan poco del tiempo y de la energía de él que a duras penas lo conoce.

El trabajo excesivo no es la enfermedad en sí. Es el síntoma de un problema más profundo: de tensión, de inadecuación, de una necesidad de realización que pueda tener implicaciones neuróticas. Infortunadamente, para el que está esclavizado del trabajo, no tiene hogar; su casa es una sucursal de la oficina. No toma vacaciones, no puede descansar, no le gustan los fines de semana, no puede esperar hasta el lunes, y continúa haciendo su carga cada vez más pesada al echarse más carga de trabajo encima. Tal persona también rehúye generalmente el estrecho contacto con la gente.

Todos hemos oído acerca de líderes de corporaciones y de hombres de negocios que han dado a sus respectivas esposas todo lo que es necesario materialmente, pero no les han dado nada de sí mismos. Y es así como se produce el divorcio, por cuanto el esposo y padre sólo está interesado en su trabajo. Pero difícilmente lo disuade ese hecho. El razona: "Siempre puede conseguir otra esposa, ¿pero dónde conseguiría otro trabajo como éste?" Tales tragedias abundan en todas partes.

Una persona de este estilo no puede seguir teniendo éxito, porque temprano o tarde la vida se quebrantará para él. El suyo es un problema de prioridades; es un asunto de valores básicos encontrados. Recuerda siempre que tu trabajo o tu ministerio o tu posición nunca deben atreverse a apartarte de tu familia. Si le fallas a tu familia, estás fallando en tu mayor responsabilidad, lo cual quiere decir que eres un fracaso en la vida.

La fe y la oración

Para el líder cristiano, la fe y la oración son su respiración vital porque tocan extremos infinitos que llegan hasta el mismo Dios. La oración purifica, y provee seguridad y estímulo para que el líder apresure su marcha. Este es un arte que no lo enseña ningún razonamiento filosófico; sólo se aprende y se desarrolla al ponerlo en práctica. Nuestro Señor Jesús y el apóstol Pablo son ejemplos suficientes que establecen el supremo valor de estos ejercicios espirituales. La eminencia de los grandes líderes de la Biblia se atribuye a su grandeza en la oración. Pablo nos amonesta, en Efesios 6:18, que nos entreguemos por completo a la oración.

Por el hecho de que el liderato es la capacidad para mover a la gente e influir en ella, el líder cristiano tiene que estar alerta a fin de descubrir el método más eficaz de hacer esto. A menudo los hombres se convierten en severos obstáculos para el progreso, y sólo Dios puede cambiar o quitar el problema. Por tanto, los dirigentes tienen que apoyarse en Dios por medio de la oración. Para mover a los hombres, el líder tiene que poder prevalecer con Dios. Y la oración que prevalece es el resultado de una correcta relación con El.

J. Donald Phillips, ex presidente del Hillsdale College de Míchigan, Estado Unidos de América, resume la excelencia en su "Credo del Administrador", impreso en la "Carta al Liderato" que envió dicho instituto en abril de 1964.

CREO que la integridad básica es la característica primaria para el éxito en la administración.

CREO que las personas, no los productos, constituyen la real diferencia competitiva entre las organizaciones o las compañías.

CREO que el manejo del personal tiene que comenzar con el manejo de uno mismo.

CREO que el derecho a la dignidad y al sentido del valor fue la herencia que se nos dejó a todos los ciudadanos del mundo.

CREO que a las personas libres se las debe persuadir, educar, preparar; pero no se les debe dar órdenes . . . que todos los hombres en todos los tiempos quieren estar subordinados, pero que a ninguno se le debe pedir que sea servil.

CREO que los problemas humanos envuelven las emociones y las actitudes más significativas y más persuasivas que la razón y la lógica; por tanto, creo que la comunicación comienza con la emoción, el sentimiento y la actitud, y no con palabras.

CREO que la toma de decisiones es mejor cuando se estimula a nivel de la operación que se realiza . . . que la alta gerencia a menudo está muy lejos para oir las insinuaciones que a menudo son tan importantes como los hechos.

CREO que la delegación de autoridad siempre tiene que venir después de la delegación de responsabilidad.

CREO que la mayor parte de los problemas tienen muchas soluciones adecuadas, y que algunas de ellas pudieran ser tan buenas como las mías, y posiblemente aun mejores.

CREO que las descripciones del trabajo y las entrevistas relacionadas con su ejecución son buenas cuando se utilizan con el propósito de dignificar; pero potencialmente son restrictivas, confinadoras y generalmente degradantes.

CREO que el peligro es inminente cuando la cautela, la regularidad y los procedimientos probados reemplazan al riesgo razonable, a la aventura y a la experimentación que constituyen la organización.

CREO que el motivo del beneficio y el incentivo son los privilegios que la administración debe ejercer y proclamar orgullosamente . . . que la verdad con respecto a los beneficios es mucho más favorable que el rumor corriente y que, por tanto, los programas de educación para el público y para los empleados, con respecto a la empresa competitiva, es una responsabilidad positiva de la administración.

CREO que tengo el privilegio y la responsabilidad de preocuparme de que cada miembro de mi grupo experimente un liderato democrático . . . que lo reconozca como tal . . . que lo halle emocionalmente satisfactorio . . . y que lo halle productivo.

CREO que la responsabilidad de mi administración se extiende más allá de mi negocio hacia la promoción de mi gente a fin de que crecientemente lleguen a ser ciudadanos más responsables y líderes en el hogar, en la comunidad y en la nación.

¡Estas cosas las creo para bien del personal de mi compañía, para el bien de mi compañía y para el bien de mi Patria!

Hace algún tiempo encontré un folleto en el cual no se declaraba a quién pertenecían los derechos de autor. En él estaba incluida la siguiente declaración:

El mundo necesita hombres . . .

que no puedan ser comprados;

cuya palabra sea su garantía;

que coloquen el carácter por encima de la riqueza;

que posean opiniones y voluntad;

que sean mayores que sus vocaciones;

que no vacilen en aprovechar las oportunidades;

que no pierdan su individualidad en medio de la multitud;

que sean tan honestos en las cosas pequeñas como en las grandes;

que no hagan compromiso con el mal;

cuyas ambiciones no estén confinadas a sus deseos egoístas;

que no digan que ellos lo hacen "porque todos los demás lo hacen";

que sean leales a sus amigos cuando reciben buenos informes de ellos o malos, tanto en la adversidad como en la prosperidad;

que no crean que la astucia, el disimulo y la terquedad son las mejores cualidades para lograr el éxito;

que no se avergüencen ni tengan temor de defender la verdad, aunque sea impopular; que puedan decir "no" con énfasis, aunque el resto del mundo diga "sí".

Notas

[1]Circular No. 36, "The Authority to Manage" (La autoridad para la administración), por William Oncken, Jr. (Dallas: The William Oncken Corp., octubre de 1970).
[2]Napoleón Hill, *Think and Grow Rich* (Piensa y crece ricamente), Greenwich, Conn.: Fawcett Publishers, Inc. 1958. pág. 164.

CAPITULO 12
El desarrollo de las habilidades para el liderato

 El golpe mortal para cualquier organización está en levantarse contra la necesidad de elevar el nivel de capacidad de su gente.

El desarrollo de las capacidades para el liderato es un proceso que nunca termina. Es una realización continua que fluye como un río crecido. El individuo que aparentemente ha logrado ser líder tiene que comprender que nunca "llegará" allí. El simple hecho de aprender algunas habilidades básicas a través de un curso de preparación no siempre, ni siquiera a menudo, produce los mejores resultados. Uno tiene que reconocer que algunas veces se requieran cambios básicos. El líder puede estar enfrentado con el hecho de que necesitará revisar su actitud o cambiar sus ambiciones.

Se necesita una norma

Está bien decir que los líderes *aprenden* a ser líderes. Esto significa que hay que conceder tiempo para que se desarrollen los que están aprendiendo. Antes que suceda esto, el grupo tiene que tener alguna clase de plan para buscar los mejores candidatos. La selección al azar raras veces produce buenos resultados, pues si realmente la persona no tiene capacidades potenciales, no debe tenerse en cuenta para el cargo. Los candidatos deben demostrar algunas actitudes positivas hacia el grupo y dar alguna evidencia vigorosa de que serán capaces de aprender una nueva tarea que requiere gran capacidad. Es vital el reconocimiento de la capacidad para el liderato.

Entre otras cosas, hay que buscar el carácter. La ética que ponga en práctica una persona es una buena medida de su carácter. En esto se incluye la capacidad para hacer decisiones adecuadas, para saber si un plan de acción es moralmente bueno o malo.

La personalidad es también importante. La persona que se está buscando para líder tiene que poder llevarse bien con la gente y estar dispuesta a cooperar en aventuras conjuntas.

Un estudio detenido pondrá al descubierto a aquellos individuos que parecen tener mayor capacidad natural que los demás. Cuando se hayan encontrado estos individuos, sería prudente asignarles responsabilidades que no sean tan críticas ni fundamentales. Al irse desarrollando, la medida de responsabilidad se les puede ampliar. Si parece que pueden seguir completamente el plan indicado, esto pudiera servir para medir la potencialidad y también la capacidad para iniciar la acción cuando haya que hacer la decisión. El individuo que comienza por iniciativa propia a menudo manifiesta potencialidad de líder porque esto revela motivación; significa que discierne la situación y luego selecciona el plan de acción.

La potencialidad para el liderato requiere alguna forma para medirla. Se sugiere la siguiente lista.[1]

1. ¿Puede el individuo cumplir asignaciones?
2. ¿Está en armonía con las metas del grupo?
3. ¿Es compatible con los demás del grupo?
4. ¿Puede "decir" a la gente qué es lo que hay que hacer y cómo?
5. ¿Recibe órdenes sin resentimiento ni resistencia?
6. ¿Es organizado?
7. ¿Siente la responsabilidad?

Tan pronto como se ha investigado el campo para el cual se busca líder, se debe hacer rápidamente la selección de los líderes potenciales.

El golpe mortal para cualquier organización, cristiana o secular, está en levantarse contra la necesidad de preparar a sus líderes potencialmente más calificados. Infortunadamente la mayor parte de la preparación se destina más a que el individuo logre capacidades y no a la habilidad para influir en los demás a través del liderato. Las dos cosas son necesarias en un enfoque sano y equilibrado para lograr los máximos resultados.

Tan pronto como se escoge a las personas que manifiestan evidente potencialidad, el primer paso en la preparación para el liderato consiste siempre, sin falta, en la necesidad de organizar la administración del liderato. Una persona competente, bien respetada y aceptada tiene que encargarse de este plan. Si es posible debe asignarse esta responsabilidad a uno de los ejecutivos de alto nivel, aunque no se haya creado una preparación formal.

Es necesario hacer pruebas

Al comienzo, se debe seleccionar a los líderes por medio de tests sicológicos y de inteligencia. Las organizaciones cristianas están utilizando cada vez más estas medidas con buenos resultados. Por ejemplo, muchas de las principales organizaciones eclesiásticas y sociedades misioneras de los Estados Unidos de América someten a sus candidatos a misioneros a una serie de tests sicológicos. Las cargas que se agregan a la mayoría de los norteamericanos cuando van a países extranjeros: normas de vida inferiores en comparación con aquellas a que estaban acostumbrados, situaciones más costosas, la separación de la familia y de los amigos, las dificultades económicas, el hecho de que tienen que aprender nuevas costumbres y lenguas; exigen que los individuos, además de tener buenas credenciales espirituales, sean sanos emocionalmente. Casi todos experimentan "choques culturales". Las estadísticas indican que ahora, cuando los materiales buenos y experimentados de prueba se aplican fielmente, son mucho menos los casos sicológicos en que los misioneros tienen que regresar a su hogar.

Hoy, como nunca antes, las pruebas sicológicas se aplican para descubrir las reacciones y los motivos normales y anormales de una persona. Tales pruebas enfocan directamente los aspectos problemáticos y reducen la pérdida de tiempo, las dificultades, el error y los procedimientos chapuceros. Por ejemplo, es mucho mejor ver cómo responden las personas y cómo se comportan en ciertas circunstancias o ante ciertos estímulos en situaciones simuladas que en los eventos reales. Tales procedimientos pueden ahorrarle a una organización centenares de dólares e infructíferos años en su carrera al que hace la solicitud.

Es necio pasar por alto ese cuerpo de conocimiento, pues no sólo pone de manifiesto factores de la personalidad, sino también actitudes. La actitud a menudo determinará la eficacia más que las capacidades. Esto es algo que no puede enseñarse, y hay muchas personas que están inconscientes de que sus problemas en la relación con un grupo pueden deberse en gran parte a la actitud. La aplicación de los tests puede indicar ese problema de inmediato.

Hay algunas pruebas sicológicas que sirven para descubrir ciertas debilidades en los rasgos personales y en los intereses vocacionales. Estas ayudan al individuo y al preparador a conocer precisamente cuáles son los aspectos en los cuales es necesario trabajar. Craig y Charters[2] han desarrollado una prueba sumamente útil. Inventaron una lista para aplicarla a los posibles candidatos a ejecutivos industriales. Esta puede adaptarse a la mayoría de las situaciones para buscar alguna indicación sobre los méritos respectivos o debilidades de un individuo. En Visión Mundial utilizamos lo que se conoce como las pruebas Worthington-Hurst para que nos ayuden a determinar las fortalezas y las debilidades del líder.

Hay una fuerte presunción de que cualquier persona que tenga una inteligencia comparativamente inferior no es la mejor clase de candidato para que asuma la responsabilidad del liderato. Esto no significa que tal persona no puede hacer compensaciones. Puede manifestar cualidades superiores en otros aspectos de tal manera que puede ser grandemente utilizado por determinada organización. Algunas veces tales personas tienen su fuerte en la perseverancia y poseen un temperamento tranquilo, que constituyen ventajas para cualquier grupo.

No sólo se beneficia el preparador de líderes con los programas de pruebas sicológicas, sino que también el individuo logra un discernimiento mucho más personal a través de la apreciación de sí mismo. Cuando el individuo se enfrenta conscientemente a las deficiencias, el preparador o alguna otra persona debe ayudarlo para que dé los pasos necesarios hacia la corrección del problema indicado.

El cultivo de la personalidad

La preparación debe incluir tanto las pruebas como el cultivo de la personalidad. Conozco a una iglesia que exige que todos sus ancianos tomen el curso Dale Carnegie. El mejor líder querrá que todos los aspectos de su vida se conjuguen para lograr su meta de influir en los demás. La preparación para el liderato bien pudiera incluir cursos de declamación para promover la confianza del individuo en sí mismo. Muchos líderes competentes debilitan su eficacia por cuanto hablan con vacilación y pobremente ante sus respectivos grupos. Esto mengua grandemente su capacidad de persuasión, que es un ingrediente obligatorio para mover a las personas hacia la acción.

Cómo ayudar a hacer que la preparación sea eficaz

Ordway Tead, en su utilísimo libro *The Art of Leadership* (El arte del liderato),[3] examina los diversos métodos de dar expresión a la preparación para el liderato. Ofrece cinco métodos de instrucción que se pueden adaptar en alguna forma.

1. Experimentación en alguna situación de liderato bajo cierta supervisión.
2. Avance a partir de pequeñas situaciones de liderato a situaciones mayores.
3. Cursos de aprendizaje que abarquen práctica y estudio.
4. Estudio de métodos mediante conferencias dadas por grupos de líderes.
5. Conferencias personales sistemáticas sobre el preparador y sobre el líder.

La experimentación en una situación de liderato es una oportunidad tan valiosa para la preparación que muchas organizaciones debieran adoptarla como un programa permanente. Cuando, por ejemplo, el jefe de un departamento está enfermo o de vacaciones, un asistente debe asumir la responsabilidad de su trabajo. Un nuevo maestro puede sustituir a un pastor que está de viaje para presentarse como candidato en otra parte, y así por el estilo pueden surgir otras situaciones que constituyen excelentes medios para lograr experiencia. No hay sustituto para esta clase de preparación.

El avance progresivo se planifica u ocurre de una manera rutinaria a medida que los asistentes y otros individuos se mueven hacia adelante cuando hay transferencias o retiros. Generalmente esto no es bien supervisado: si la persona es aceptable y razonablemente popular, tiene buenas oportunidades de éxito. Pero este método rutinario realmente no garantiza el buen liderato, por cuanto se deja demasiado en manos del azar. Con una preparación y con una evaluación estructuradas, los candidatos que continuamente manifiestan un vigoroso liderato avanzan mucho mejor.

Período de prueba

El aprendizaje práctico es un método que fácilmente puede surgir del avance del líder que acabamos de describir. Este método se utiliza frecuentemente en las grandes tiendas, en los bancos y en organizaciones industriales; las iglesias consideran que este es un método espléndido para ganar nuevos líderes a través de los internados. Este método generalmente exige alguna clase de estudio formal sobre la historia y los objetivos de la organización. Después del estudio hay un período de prueba. Si el individuo actúa bien, tan pronto como aparece una vacante, se le permite avanzar.

Este procedimiento requiere cuidadosa supervisión y contactos continuos con la persona. Tead cita algunas de las dificultades que pudieran encontrarse.

> Tiene que haber una cuidadosa selección inicial de los practicantes; tiene que haber verdaderas oportunidades que no se posterguen demasiado, para la promoción a puestos de responsabilidad; hay que evitar que los candidatos se envanezcan; no puede haber esfuerzos artificiales para retener a aquellos individuos preparados en la organización, si éstos han pasado de la edad requerida para las oportunidades que se pueden ofrecer; debe haber un gran cuidado para que el resto de la organización no llegue a pensar que estos practicantes son los favoritos especiales de la administración, y no sólo líderes potenciales que están avanzando por derecho propio.[4]

Las conferencias que se organizan para sostener discusiones específicas sobre necesidades inmediatas constituyen otro método que ha tenido mucho éxito en esto de hallar y preparar a los futuros líderes. Ninguna fase del liderato está exenta hoy de rápidos avances en conocimiento y técnicas. Esto es ciertamente verdadero en el caso de las organizaciones cristianas. Los cursos de repaso o "preparación en el servicio" pueden resultar sumamente eficaces.

Finalmente, cuando está en marcha la preparación para el liderato, es esencial tener muchas entrevistas personales con aquellos que tienen gran potencialidad. El entrenador tiene que estar en estrecho contacto con la conducta real del que se está preparando en el trabajo. Las impresiones y la guía se pueden ofrecer mejor en un contacto personal; tales encuentros deben planificarse en cuanto a tiempo y contenido. Cuanto más elevada sea la posición del liderato, tanto más decisivos son tales encuentros. Un elemento peligroso está en que las organizaciones que van en crecimiento no cuentan con nadie que esté dispuesto a ofrecer la crítica o el discernimiento necesarios para ayudar a que las personas se conviertan en mejores líderes.

La medición del desarrollo

El desarrollo es fundamental, y tiene que ser medido o cuantificado en alguna forma. Si los líderes potenciales no han aprendido a usar efectivamente el material que se les está enseñando, hay que revisar el programa de preparación. Hay varios criterios que sirven para medir este factor, aunque se admite que no es fácil. Ordway Tead nos ofrece cinco sugerencias que tienen posible aplicación a ciertas clases de situaciones de liderato.

1. El volumen de trabajo realizado por el grupo del cual el individuo es líder. Posiblemente esto pudiera medirse en función del volumen o del costo en horas-hombre por unidad.
2. La calidad del trabajo realizado por el grupo. Algunas veces esto puede hacerse por inspección, otras veces, mediante un estudio de las actitudes de los clientes (el texto dice *colegas*), es decir, los compradores o el público.
3. La estabilidad de los miembros del grupo. Si en la gente hay una tendencia marcada a entrar en el grupo y luego retirarse rápidamente, esa es una mala señal. Los números que indican el cambio de personal en el trabajo son utilizados por muchas organizaciones para descubrir esta tendencia. Y los números que indican que cierto número de individuos han permanecido en su grupo durante determinado número de años pueden servir para demostrar la estabilidad del grupo.
4. El número de quejas u ofensas que se presente ante los directores responsables del grupo.
5. La opinión de los miembros del grupo en cuanto a su propio estado mental en relación con el trato que les dan los líderes.[5]

En último análisis, el desarrollo de las capacidades para el liderato se juzga con éxito según la ejecución. Esto no sólo se relaciona con lo que el líder logra realizar, sino también con la satisfacción que ofrece, el entusiasmo que mantiene, y el esfuerzo que hacen sus seguidores, la profunda lealtad y las actitudes que manifiestan los subordinados.

Notas

[1]J. Kenneth Wishart, *Techniques of Leadership* (Técnicas de liderato), Nueva York: Vantage Press, 1965, pág. 66.

[2]W.W. Charters, "The Discovery of Executive Talent" (El descubrimiento del talento ejecutivo), publicado en *Handbook of Business Administration* (Manual de administración comercial), editado por W. J. Donald, págs. 1604-1613.

[3]Ordway, Tead, *The Art of Leadership* (El arte del liderato), Nueva York: McGraw-Hill Book Co., Inc., 1963, págs. 289-299.

[4]*Ibid.*, pág. 293.

[5]*Ibid.*, págs. 297, 298.

CAPITULO 13
La motivación y el liderato

 El éxito de un líder como motivador está directamente relacionado con su sinceridad al mostrar interés en sus subordinados.

El líder utiliza frecuentemente un estilo en particular, tal vez sin siquiera comprenderlo, a causa de la manera como ve a las personas y sus motivaciones. Puesto que la función del liderato consiste en dirigir, lograr que la gente siga es algo de primordial importancia. Por ejemplo, el líder burocrático por alguna razón cree que todos pueden ponerse de acuerdo con respecto a la mejor manera de hacer las cosas y que hay algún sistema fuera de las relaciones humanas que puede servir de guía. De ahí nacen sus normas y reglamentos.

Los individuos difieren, no sólo en su capacidad para hacer y actuar, sino también en su "voluntad de hacer", o motivación. A los motivos se los define algunas veces como necesidades, deseos, tendencias o impulsos que están dentro del individuo. Los motivos van dirigidos hacia las metas, conscientes o inconscientes. Las motivaciones apropiadas son esenciales para un liderato fuerte y eficaz.

El líder paternal quiere que todos (aun él mismo) se sientan bien. Cree que la presión o tensión dentro del grupo hace mal a la organización (tal vez aun en las organizaciones no cristianas).

El líder que pone en práctica la no intervención generalmente hace una de las siguientes dos suposiciones: bien supone que la organización está marchando tan bien que no puede agregarle nada, o que la organización realmente no necesita un punto central de liderato.

El líder democrático que cree en la participación generalmente se halla satisfecho cuando tiene que resolver problemas y trabajar con otras personas. Supone que los demás también disfrutan de la misma relación. Y llega a la conclusión de que se logra más de esta manera. Piensa que esta es la mejor manera de mantener alta la motivación para lograr las metas.

El líder autocrático supone que la gente sólo hace lo que se le ordena, como ovejas dóciles. El es el único que sabe qué es lo mejor para todos. Esto reprime la motivación, aunque él pueda ser un dictador benevolente.

Motivar o no motivar

El aspecto relacionado con la manera de motivar a los empleados o al personal es importante, y algunas veces obtenemos beneficio cuando comprendemos qué es lo que no se debe hacer. M. M. Feinberg, citado en la obra *Managing Your Time* (El manejo de tu tiempo), da un magnífico resumen sobre cómo motivar a las personas. Este sicólogo industrial y consultor de personal dice:

1. Nunca menosprecies a un subordinado. (Eso destruye su sentido del valor propio y su iniciativa.)
2. Nunca critiques a un subordinado frente a otros. (Esta tentación aparece cuando uno está bajo presión. Destruye la armonía.)
3. Nunca dejes de dar a tus subordinados una atención no dividida. (Es imperativo concederles de vez en cuando una atención no dividida. El respeto del individuo a sí mismo desaparece cuando comprende que el jefe nunca le presta una atención no dividida.)
4. Nunca te muestres preocupado por tus propios intereses. (Eso da la impresión de que eres egoísta y de que manipulas a los demás para lograr tus propios propósitos.)
5. Nunca juegues a los favoritos. (Eso destruye rápidamente la moral del grupo.)
6. Nunca dejes de ayudar a crecer a tus subordinados. (El sentimiento de que el jefe es uno que pelea a favor de sus hombres es un gran motivador. Infórmales sobre los puestos vacantes, las oportunidades, y nunca los retengas por tu propio interés.)
7. Nunca seas insensible a las cosas pequeñas. (Lo que te parezca insignificante, puede ser supremamente importante desde el punto de vista de los empleados.)
8. Nunca hagas avergonzar a los empleados débiles. (Aunque la tolerancia de la debilidad en una posición clave a menudo destruye la iniciativa de las personas fuertes, el administrador tiene que tener el cuidado de nunca tratar este problema de tal modo que cause vergüenza.)
9. Nunca vaciles en hacer una decisión. (La indecisión en la cumbre genera falta de confianza y vacilación en toda la organización. Si a esto se agregan otros problemas, la motivación puede deteriorarse irreparablemente.)[1]

Todos los consultores sostienen el criterio de que el éxito de un líder como motivador está directamente relacionado con su sinceridad al mostrar interés en sus subordinados. "La mejor manera de motivar a un subordinado—según Feinberg—consiste en demostrarle que uno está consciente de sus necesidades, sus ambiciones, sus temores y de él mismo como individuo. El administrador insensible, que tal vez involuntariamente permanece retirado, frío, impersonal y sin manifestar interés en su personal, generalmente encuentra muy difícil lograr que su gente haga un esfuerzo extraordinario".[2] Las siete maneras de Feinberg, para que el administrador manifieste su interés y sensibilidad (y por tanto, los motive) hacia sus empleados son útiles:

1. Comunica normas, y sé constante. (Esto reduce al mínimo los esfuerzos semidirigidos y motiva a través de metas conocidas.)
2. Reconoce tus propias preferencias y prejuicios. (Las reacciones emocionales a menudo desfiguran lo que debía ser el criterio objetivo.)
3. Permite que la gente sepa dónde se encuentra. (Haz esto constantemente por medio del análisis del desempeño o de otros métodos. Al retener esta crítica información le prestas el menor servicio a tu organización—ya que destruyes la motivación de los empleados—y al empleado, quien tiene derecho y necesita saberla.)
4. Elogia cuando sea pertinente. (Cuando se maneja adecuadamente, esto constituye uno de los más poderosos motivadores, especialmente en áreas de desempeño difícil o en áreas de ansiedad.)
5. Mantén informados a tus empleados sobre los cambios que puedan afectarlos. (Esto no significa que hay que decirles todos los secretos de la compañía, pero uno manifiesta la preocupación por ellos al informarles los asuntos en los cuales ellos pudieran tener un interés directo.)
6. Cuida a tus empleados. (No estés sólo informado sobre las necesidades individuales de aquellos que están bajo tu dirección, sino comunícales que estás enterado de ello.)
7. Entiende a las personas como fines, no como medios. (Para evitar que se te acuse de utilizar a las personas para tus propios fines egoístas, recuerda a Tomás Cook, el explorador. A una isla recién descubierta le dio el nombre del primer hombre que la avistó. A cada hombre de la tripulación lo consideró como un participante en la aventura, y ellos lo apreciaron mucho por el sentimiento de utilidad que esto les dio a ellos como individuos.)
8. Apártate de lo rutinario para ayudar a tus subordinados. (Un pequeño esfuerzo extraordinario, alguna privación personal, hace mucho para confirmar en tus subordinados el sentimiento de que lo que ellos están haciendo es importante para ti . . . y que ellos también son importantes. Asegúrate de que la ayuda que estás ofreciendo es la necesaria. Recuerda que al corregir un error, mejorar una

deficiencia o fortalecer una debilidad, primero tienes que conocer al individuo. Para esto se necesitan horas de ruda reflexión y experiencia.)

9. Acepta la responsabilidad por tus empleados. (Una parte del cuidado es la disposición a asumir alguna responsabilidad por lo que ocurre a tus empleados. Participa en sus fracasos personales así como participas en sus éxitos. Hay una parte de ti que fracasa o tiene éxito con ellos. Frank Stanton, presidente de la Columbia Broadcasting System, pregunta a sus principales ejecutivos: "¿Es esta la mejor tarea que ustedes y yo podemos realizar juntos?" De este modo demuestra que asume una responsabilidad parcial y que realmente se preocupa.)

10. Promueva la independencia. (El supervisor que se preocupa trata de aflojar y gradualmente ir soltando las riendas de la supervisión. Estimule el pensamiento independiente, la iniciativa y el ingenio.)

11. Exhiba diligencia personal. (Los líderes más altamente motivados tienen los seguidores más altamente motivados. El ejemplo es uno de los mejores factores de motivación.)

12. Sé atinado con tus empleados. (La consideración, la cortesía, el sentido de equilibrio, el aprecio y la sensibilidad hacia los puntos de vista de los demás, son todos elementos importantes al tratar con los empleados.)

13. Muéstrate dispuesto a aprender de otros. (Da una amistosa recepción a las nuevas ideas, aún cuando sepas que no serán efectivas. Esto estimulará más el pensamiento creador y las futuras ideas que sí puedan ser eficaces.)

14. Manifiesta confianza. (Repasa cualesquiera dudas que tengas acerca de tu departamento, tu personal, tus proyectos o tu compañía a solas y en privado. La demostración de confianza por parte del líder fomenta la confianza en sus seguidores. Muestra por tu conducta y vocabulario que confías en que la obra se hará; que confías en tu propia responsabilidad; que confías en la habilidad de ellos para manejar el trabajo.)

15. Permite la libertad de expresión. (Cuando asumes que tus subordinados son razonablemente competentes, baja la guardia y permíteles la libertad para hacer ocasionalmente las cosas a su manera. Preocúpate más por los resultados finales que por los medios para lograrlos. Este procedimiento hace que las asignaciones sean mucho más interesantes y desafiantes para tus subordinados.)

16. Delega funciones, delega autoridad, delega responsabilidades. (Si asumes que tu gente es competente y ambiciosa, entrégales tanto de tu carga como puedas. Reconoce que la presión motiva y que la mayoría de nosotros no somos desafiados a desempeñarnos hasta llegar cerca al límite de nuestra capacidad. Luego, permíteles, hasta donde sea posible que hagan sus propias decisiones. Aprende de los propios errores de ellos y regocíjate en su éxito.)

17. Estimula la ingeniosidad. (El empleado menos pagado pudiera ser ingenioso. Desafía el espíritu creador urgiendo a tus subordinados para que mejoren tu sistema de hacer las cosas. Si tu sistema de archivo no es satisfactorio, no lo cambies tú mismo. Permite que los empleados y el jefe de la oficina se peguen a esa tarea. El desafío para mejorar el sistema del jefe puede producir sorprendentes resultados.)[3]

Una de las mejores maneras para motivar a la gente consiste en permitir que participe en la toma de decisiones. Tal participación requiere que se haga provisión para consultas sistemáticas en asuntos directamente relacionados con las tareas de ellos. Las sugerencias, las recomendaciones y el consejo son poderosos estímulos y ofrecen mucho impacto de motivación en cualquier organización que tenga el valor de permitirlos.

¿Qué diremos con respecto a la motivación cristiana?

Parece haber una tendencia en las organizaciones cristianas a suponer que la motivación nunca debe examinarse, pues el hacer esto equivaldría a una violación de la admonición a no juzgar. Esta no es sólo una admonición completamente aplicable a la administración de las organizaciones cristianas, sino que el fracaso en hacer cualquier esfuerzo por entender o utilizar los principios humanos básicos de motivación puede estar privando a nuestras organizaciones de una fuente de energía, entusiasmo, espíritu creador e ingeniosidad. Con esto no estamos negando la importancia de la dedicación a la obra del Señor: no hay nada que puede sustituir a este ingrediente.

¿Cómo hace uno que la gente haga lo que debe hacerse? Esta pregunta, que se ha venido haciendo desde que la gente comenzó a trabajar conjuntamente para lograr una meta común; todavía no se ha contestado definidamente. Los científicos sociales del campo de la administración le han dedicado mucha atención recientemente. La preparación de la sensibilidad está diseñada para hacer que uno esté más consciente de los sentimientos de los demás. Esto es ciertamente básico para comprender cómo motivar, cómo inspirar, cómo infundir un espíritu de disposición para el desempeño efectivo.

Durante años se supuso que la más eficaz motivación en la industria era la autoridad arbitraria y la amenaza de emplearla para retener beneficios o para imponer penas. Los estudios sobre el tiempo y el movimiento se pusieron de moda para lograr la máxima eficiencia. Luego llegó la comprensión de que la maquinaria y los procesos no andaban mejor que lo que la gente les *permitiera*. La disminución del ritmo de trabajo, las huelgas y la apatía no podía controlarse con los estudios del tiempo y el movimiento. Los famosos estudios de Hawthorne Works, de la Compañía Western Electric, demostraron que el simple hecho de colocar a un trabajador en condición de prueba despertó suficiente interés y estímulo para asegurar una creciente productividad, aun frente a las crecientes desventajas de las condiciones de trabajo. El hecho de comprender qué es lo que da a la gente un sentimiento de reconocimiento e importancia es de primaria importancia para el administrado. Las personas que sienten que en su dirigente hay la capacidad para ayudarlas a satisfacer sus necesidades lo seguirán con voluntad y entusiasmo.

La falta de unanimidad en los estilos de liderato que se prefieren refleja, hasta cierto punto, la diferencia de opinión sobre los conceptos de las relaciones humanas.

El administrador que primariamente está interesado en la tarea no considerará las relaciones humanas como un factor tan importante en el desempeño como el administrador que está interesado en la gente. La motivación es afectada por factores tales como el grado de identificación entre las metas de la organización y las metas personales, la seguridad, el sentido de satisfacción y realización, las relaciones con los asociados y con el superior y las necesidades de ingresos.

Entre los principios más importantes de la conducta humana que son de interés para los administradores están los siguientes:

1. La conducta depende *tanto* de la persona *como de* su ambiente.
2. Cada individuo se comporta de una manera que *para él tiene sentido.*
3. *La percepción* que el individuo tenga *de determinada situación* influye en su conducta en esa situación.
4. *El concepto* que el individuo tenga *de sí mismo influye en lo que hace.*
5. La conducta de un individuo es influida por sus *necesidades,* las cuales varían de persona en persona y de tiempo en tiempo.

La conducta de una persona puede cambiar en cualquiera de los siguientes tres modos: cambiando su conocimiento y capacidades; ayudando a que la persona cambie la situación en que trabaja, a través de la modificación de procedimientos o asignaciones; o mediante una combinación de estos dos modos de cambio.

Se sabe que la experiencia previa es un factor fundamental en la percepción que tengamos de la situación. Puesto que la experiencia de uno es única, inevitablemente resultan puntos de vista altamente individualistas. Para el líder, esto pone de manifiesto la importancia de oir y observar para aumentar la probabilidad de un cambio de conducta. El análisis objetivo y el comprender con simpatía los puntos de vista divergentes pueden convertirse en los más efectivos instrumentos del administrador para producir un mejor desempeño de los empleados.

Los sicólogos dicen que es completamente imposible ser completamente objetivos en lo que hacemos. Dicen que no podemos separar nuestras preocupaciones internas ni el concepto que tenemos de nosotros mismos de nuestras acciones. Podemos ser más objetivos intentando comprender cómo se reflejan nuestras acciones en nuestras preocupaciones y tomando esto en cuenta en nuestras relaciones con los demás. Tal vez más importante es el hecho de que debemos comprender que otras personas también se comportarán en tal forma que protejan y fortalezcan sus sentimientos internos.

En la obra de Kenneth Gangel, *Competent to Lead*, aparece un pasaje muy útil, en un capítulo dedicado al análisis cristiano de la motivación. Gangel dice que se han hecho estudios que demuestran que la gente no necesariamente trabaja mejor ni mantiene niveles superiores de lealtad al grupo por el simple hecho de que reciben más beneficios o más dinero. Por el hecho de que la motivación es un fenómeno sicológico, es importante reconocer lo que dicen los sicólogos. Gangel cita palabras de Mungo Miller, presidente de la organización Affiliated Psychological Services, quien sugiere los principios generales que los sicólogos han estudiado en su investigación sobre la motivación.

1. La motivación es sicológica, no lógica. Fundamentalmente es un proceso emocional.
2. La motivación es fundamentalmente un proceso inconsciente. La conducta que vemos en nosotros y en otros puede parecer ilógica, pero de algún modo, en lo interno del individuo, lo que está haciendo tiene sentido para él.
3. La motivación es un asunto individual. La clave para la conducta de la persona está dentro de sí misma.
4. Las necesidades de motivación no sólo difieren de persona en persona,

sino que en cualquier individuo varían de **tiempo en tiempo**.

5. La motivación inevitablemente es un proceso **social**. Tenemos que depender de otras personas para la satisfacción de muchas de nuestras necesidades.

6. En la inmensa mayoría de nuestras acciones diarias, estamos protegidos por hábitos establecidos mediante procesos de motivación que estuvieron activos muchos años antes.[4]

Gangel cita un discurso de Milton Rokeach, profesor de sicología de la Universidad del Estado de Míchigan, Estados Unidos de América, sobre el tema de cómo cambia la gente. Rokeach dijo que hay cinco clases diferentes de credos que pueden ayudar a los líderes cristianos a desarrollar sistemas de valores cristianos en los niños, los jóvenes y los adultos. Todos estos credos no son igualmente importantes para el individuo. Por tanto, Rokeach declaró que mientras más importante sea un credo, más se resistirá al cambio; cuanto más trivial sea el credo, tanto más fácil será cambiar. El llegó a la conclusión de que cuanto más importante sea el credo que se cambia, mayores serán los efectos del cambio.

Para Rokeach lo primero son los credos primitivos que son fundamentales. Son los que tendrían el ciento por ciento de aceptabilidad social. Por tanto, son los que tienen la mayor resistencia al cambio.

En segundo lugar están los credos que envuelven una profunda experiencia personal. No dependen del apoyo social, sino que se basan en la experiencia. No dependen de si alguna otra persona los acepta. Cuanto más realista sea la experiencia, tanto más inconmovible será el credo. Obviamente estos credos no siempre son consecuentes con la realidad; para que se produzca un cambio, hay que ayudar a la persona para que vea su sistema de ilusiones.

En tercer lugar, hay credos con respecto a la autoridad. Se nos desarrollan credos con respecto a las autoridades en las cuales podemos confiar en las que no podemos. En este caso de igual modo, estos conceptos pueden ser contrarios a la realidad, pero el líder tiene que estar enterado de ellos por cuanto son sostenidos con tenacidad.

En cuarto lugar tenemos los credos periféricos. Rokeach explicó que esta clase de credo es como un credo en la autoridad, por cuanto es una derivación. En vez de concentrarse en la autoridad, este credo es algo que ha dicho la autoridad. Lo llama periférico por cuanto fácilmente puede ser cambiado si cambia la autoridad.

En quinto lugar, los credos inconsecuentes son los menos importantes para una organización, pues importa poco si una persona cree que el mejor carro es el Ford o el Chevrolet.

La comprensión de estos tipos de credos es útil para los líderes y las organizaciones cristianos porque muchos cristianos sostienen credos borrosos y confusos. A menudo no están seguros en cuanto a si tales credos son verdaderamente autorizados o si son inconsecuentes. Si pierden la fe en la autoridad, entonces pierden la fe en la iglesia, en un sistema cristiano de valores, y así sucesivamente. Se sienten humillados, y esto afecta su motivación. Es bueno comprender que los credos periféricos son sumamente débiles por el hecho de que la persona que representa la autoridad puede ser fácilmente cambiada, por ejemplo, de un pastor a un profesor de una universidad.

La voluntad tiene que cambiar

Todos hemos oído acerca de la extraña enfermedad que aflige a muchos que acostumbran ir a la iglesia. A estos se les da el nombre de "sabáticos". Parece que inmediatamente después del desayuno tales personas sienten una extraña parálisis que los incapacita para ir a la iglesia. Luego, alrededor del mediodía, desaparece. Esa tarde se sienten muy bien en el partido de béisbol o en el paseo campestre. Ninguno de nosotros puede criticar demasiado esta conducta, porque en último análisis cada uno de nosotros tiene similares debilidades de la voluntad en un asunto o en otro.

Pero para aumentar la motivación, se le exige al líder que estimule a la gente para que se sienta insatisfecha con el *status quo*. Como la insatisfacción crea una tensión interna, la persona tiene que actuar para que su equilibrio vuelva a la normalidad. De modo que el líder tiene que tocar la voluntad a fin de ayudar a la persona e indicarle los pasos apropiados para que se mueva desde el punto A hasta el punto B.

El líder tiene que demostrarle a la persona cómo aplicarse a tomar las acciones necesarias para lograr el objetivo. Uno de los estímulos principales consiste en despertar en los subordinados el sentimiento de que el éxito puede lograrse y de que la tarea es importante y lleva consigo una buena medida de condición social.

Debe estimularse el espíritu de compañerismo.

Aquí debemos hacer sonar una palabra de precaución: no es bueno ni justo pedir a una persona que emprenda una tarea para la cual no tiene capacidad en absoluto. Esto ciertamente destruye la motivación. El Principio de Pedro (que simplemente indica que una persona puede ser promovida más allá de sus capacidades hasta un "nivel de incompetencia") siempre está al acecho; un buen líder sintoniza esto para saber lo que ocurre en la estructura de la personalidad de la gente cuya capacidad mental hace imposible que funcionen en niveles superiores. Además, tiene que estar consciente de lo que tales errores de criterio pueden significar para la organización. Los automóviles y los aeroplanos no deben conducirse a una velocidad mayor de la que les estableció el diseñador; bajo demasiada presión, algo cederá. Lo mismo se aplica a los seres humanos.

Notas

[1]Ted Engstrom y R. Alec Mackenzie, *Managing Your Time* (El manejo de tu tiempo), Grand Rapids: Zondervan Publishing House, 1974, págs. 136, 137.

[2]*Ibid.*, pág. 137.

[3]*Ibid.*, págs. 137-139.

[4]Kenneth O. Gangel, *Competent to Lead* (Competentes para dirigir), Chicago: Moody Press, 1974, pág. 85.

CAPITULO 14
Las principales tareas de los líderes

 El líder que se interesa en la tarea siempre coloca el deseo de realización y el gozo del logro por encima de la condición social, el poder o el dinero.

La mayoría de los autores históricamente han estado de acuerdo en que las funciones administrativas de planificación, organización, motivación y control se consideran como centrales en cualquier discusión sobre administración y liderato.

Estas funciones son básicas e importantes, sin tener en cuenta la clase de organización que dirigimos ni el nivel de administración en el cual estamos comprometidos.

Al actuar en nuestra condición de administradores, todos nosotros: presidentes, jefes de departamento, capataces, supervisores, pastores, ejecutivos, básicamente hacemos lo mismo. Todos estamos empeñados en parte en lograr que se hagan las cosas con la gente y por medio de la gente. Cada uno de nosotros tiene que llevar a cabo, en algún momento, todas las responsabilidades que caracterizan a los administradores. Aun una familia bien organizada utiliza estas funciones administrativas, aunque en muchos casos se utilizan de manera intuitiva.

El líder eficaz de hoy logra que se hagan las cosas porque utiliza un estilo práctico y tiene la capacidad de motivar altamente a otras personas. También llega a tener éxito cuando está interesado en la tarea. Esto significa que tiene que aprender cuáles son los recursos de que dispone su organización y estudiar los medios para llegar a las metas. Tiene que tener la capacidad para definir los programas y procedimientos para organizar las actividades de su personal hacia la meta común.

Como ya se indicó, una definición de liderato es la siguiente: el arte o la ciencia de lograr que la gente haga las cosas. Esto llega a ser realidad a través de las cuatro tareas principales de la administración. En este capítulo trataremos las que considero que son dos fundamentales tareas: la planificación, y luego la organización de estos planes en una estructura adecuada.

La planificación envuelve el establecimiento de metas y objetivos para la organización y el desarrollo de "gráficas de trabajo" que indiquen cómo se han de lograr estas metas y estos objetivos. Tan pronto como se han establecido los planes, la organización llega a ser significativa. Esta envuelve el unir todos los recursos: personal, capital y equipo, de la manera más efectiva para lograr las metas. La organización y la planificación, por tanto, envuelven una integración de recursos.

Generalmente se conviene en que hay por lo menos tres clases de capacidades necesarias para llevar a cabo el proceso de administración: técnicas, humanas y conceptuales.

La habilidad técnica. Es la habilidad para utilizar el conocimiento, los métodos, las técnicas y el equipo necesario para la ejecución de tareas específicas. Estas habilidades se obtienen por la experiencia, la educación y la preparación.

La habilidad humana. Es la habilidad y el criterio para trabajar con la gente y por medio de ella. Se incluye una comprensión de la motivación y una aplicación del liderato eficaz.

Habilidad conceptual. Es la habilidad para comprender las complejidades de la organización en general y en qué parte de ella cuadra la operación propia de uno. Este conocimiento le permite a uno actuar según los objetivos de la organización total, y no sólo basado en las metas y necesidades del propio grupo inmediato de uno.

La planificación, en resumen, es el establecimiento de metas, la definición de ellas. Entre estas metas tiene que haber algunas de largo plazo, otras intermedias y otras de corto plazo. Tienen que ser alcanzables dentro de determinado tiempo. Y siempre es prudente tener un plan alterno. Se dice que como estratega militar, Napoleón no tuvo igual, por cuanto siempre tuvo listo un segundo plan alterno e inmediato, para el caso en que el primero no resultara efectivo.

La planificación comienza con las metas

El establecimiento de metas es el punto de arranque hacia los resultados. En el mundo del comercio, a este procedimiento se le pueden aplicar diversos nombres: "administración a través de objetivos", "normas de ejecución", o "administración en busca de resultados". Para nuestro propósito, prefiero hacer una distinción entre el establecimiento de las metas y el logro de ellas.

Sin tener metas, el proceso para llegar al logro esperado se convierte en una operación sin dirección y se malgasta el tiempo. Es cierto que una hora que se pase en el tablero de dibujo, en el campo de la ingeniería mecánica, puede ahorrar literalmente muchas horas en el taller. Esto ilustra lo que quiero decir, pues la ejecución exige amplia reflexión en cuanto a cuál es la mejor manera de realizar la tarea.

Las metas tienen que ser específicas. Las metas vagas y generales pueden tener su lugar al comienzo del juego, pero con el tiempo tienen que tenerse en mente metas específicas. "Tenemos que obtener un producto de calidad", y "vamos a vender tanto como nos sea posible", son metas tan amplias que no pueden producir ningunos resultados reales. Un equipo de fútbol tiene a largo plazo la meta de llevar la pelota hasta la zona del equipo contrario, pero tiene que dedicarse a las metas más inmediatas y precisas de cómo llegar allí metro por metro.

Los objetivos no sólo tienen que ser específicos, sino que deben llenar la condición de que se puedan lograr y medir. Por ejemplo, sería una necedad que una compañía que obtuvo ganancias netas, digamos, de dos millones de dólares este año, sin aumentar la fuerza de ventas ni la propaganda, espere dar un salto hacia los cinco millones el próximo.

El establecimiento de metas es sumamente importante también para las organizaciones cristianas y aquellas que no persiguen fines de lucro. Esto no es siempre fácil, por cuanto sus metas frecuentemente no han sido claramente definidas. Una iglesia, por ejemplo, no puede realistamente establecer la meta de ganar nuevos miembros, a menos que conozca el curso que ha seguido para llevar el proceso hasta el punto en que se halla en ese momento.

Objetivos específicos

Para ayudarte a comenzar a establecer metas, sugiero el siguiente esquema:

> *Instrucciones:* Al desarrollar tus objetivos (generalmente no deben ser más de cinco a la vez), cubre cada uno de los siguientes aspectos,

si te parecen adecuados. A menudo es útil indicar, como ejemplo, que no se necesita equipo adicional, o que no se requerirá ayuda externa.

  I. Enuncia el objetivo brevemente.

 II. Vuelve a enunciar el objetivo en términos cuantitativos. (Generalmente puedes mejorar tu primer enunciado de este objetivo. Si haces esto, omite el primer enunciado al presentar la declaración del objetivo a tu superior.)

III. Razona sobre cómo puedes lograr este objetivo.

IV. Haz un plan para lograr el objetivo.

 V. Establece límites de tiempo.

    A. Fecha para terminar.

    B. Fecha para comenzar.

    C. Indica los puntos de referencia que has planificado (fechas y condiciones de trabajo): revisión de la obra, progreso, etc.

VI. Ayuda necesaria para lograr el objetivo.

    A. Recursos que están bajo tu control. (Si no es probable que estén disponibles cuando se necesiten, ¿cómo se obtendrán?)

       1. Cantidad de tiempo que se necesitará.

       2. Subordinados que tendrán que participar (se deben indicar por nombre, o según las condiciones requeridas y el tiempo que se necesita).

       3. Materiales y provisiones que han de utilizarse (lista).

       4. Equipo y espacio que han de utilizarse (lista).

       5. Otros gastos que se requieren (lista, pero deben excluirse las cosas que se enumeraron en VI-B y VI-C).

       6. Supervisión que se necesita: quién debe ofrecerla y quién debe realizarla.

    B. Ayuda que se necesita de otros empleados de la organización (especifica qué, cuándo, de quién y la cantidad).

    C. Recursos foráneos que se necesitarán (especifica qué, cuándo, de quién, la cantidad y el costo).

VII. El costo total para lograr el objetivo no debe exceder de $ _____.

VIII. Si no se emprende el logro de este objetivo, el costo podría ser de $ _____. Explicación:

 IX. Cómo se medirán los resultados. (Si tienes dificultad para de-

terminar cómo se medirán, repasa el punto II de este esquema. Tal vez no hayas reformulado el objetivo en forma tan
clara como sería posible.)

X. Para realizar el programa planificado se debe recibir la aprobación de _____ .

XI. Principios para seleccionar objetivos específicos.

A. ¿Está dentro de los deberes y responsabilidades de esta
posición? (¡La descripción de la posición puede revisarse!)

B. ¿Tiene un impacto favorable en el éxito presente y futuro
de la empresa como un todo? (No sólo en el éxito de una
unidad de la organización, a menos que contribuya al objetivo general.)

C. ¿Se puede realizar dentro de un tiempo razonable, por
ejemplo, de seis a doce meses? (Objetivos que ocupen pla-
zos más largos pueden tener metas intermedias.)

D. ¿Lo va a llevar a cabo el funcionario que ejerce ese oficio,
además del desempeño normal de sus deberes y responsabilidades regulares? (Puede revisarse de nuevo la descripción de la posición.)

E. Uno de los objetivos debe ser el de ayudar a otros a cumplir sus objetivos.

Un par de mellizas: ejecución y metas

Todo estudio que se haga sobre el ejecutivo de éxito coloca el deseo de la ejecución, el gozo de la realización, adelante de todo lo demás: dinero, poder, condición social.

Aun más importante es el hecho de que hallamos que el impulso
hacia la ejecución y el gozo de la realización están vinculados y asociados con el esfuerzo por lograr nuevas y originales soluciones para
los problemas.

Por tanto, *el liderato comienza con el deseo de ejecutar, el deseo
de elevar la norma, el deseo de lograr metas.*

Para lograr el éxito, el líder tiene que establecer metas.
Para establecer metas, tiene que hacer decisiones.
Para lograr las metas, tiene que planificar.
Para planificar, tiene que analizar.
Para analizar, tiene que dedicarse a la práctica.
Para dedicarse a la práctica, tiene que organizar.

Para organizar, tiene que delegar.
Para delegar, tiene que administrar.
Para administrar tiene que comunicar.
Para comunicar, tiene que motivar.
Para motivar tiene que compartir.
Para compartir, tiene que preocuparse.
Para preocuparse, tiene que creer.
Para creer tiene que establecer metas que inspiren la creencia y el deseo de lograrlas.
De modo que, el "proceso del liderato" comienza y termina con las metas.

Parte del material que sigue sobre planificación es una adaptación de nuestra "Carta al Liderato Cristiano", producida por Visión Mundial Internacional (mayo y junio de 1973).

Planificar es tratar de escribir la historia futura

El hombre es un ser orientado hacia lo futuro. El planifica basado en lo que ha percibido, pero trata de proyectar su comprensión hacia lo futuro. Con excepción de lo más simple, de los proyectos estrechamente cerrados, es muy improbable que nuestras predicciones sobre lo futuro resulten exactas en un ciento por ciento. El adagio que dice: "Si algo puede andar mal, probablemente andará mal", es otra manera de decir que hay muchísimas posibilidades de que suceda algo que no es lo que esperábamos ni deseábamos, que es remota la probabilidad de que las cosas ocurran a *nuestra* manera.

La planificación es un intento de movernos del "ahora" al "después", de cambiar las cosas de la manera como "están" a la manera "como deben estar".

Puesto que ningún hombre puede estar seguro de lo futuro, ¿para qué planificar? Básicamente, para mejorar la probabilidad de que lo que creemos que debe suceder suceda. La punta de la flecha de la planificación figuradamente toca la meta. Los pasos que deben tomarse vuelven a lo largo del eje de la flecha hacia el presente para crear un plan.

La planificación es un proceso

Si se considera que los planes son fijos e incambiables, lo más probable es que fracasen. La planificación es un proceso. Los pasos necesarios se establecen de tal modo que señalen hacia una meta futura, pero a medida que se da cada uno de los pasos principales, tiene que haber una reevaluación. Entre el tiempo en que se conciben los planes y el tiempo en que se da el primer paso, ocurren *cambios*. Puede aparecer un obstáculo imprevisto. Se puede descubrir algún método más apropiado. La meta puede haber cambiado.

Esta es la razón por la cual a todos nuestros planes necesitamos diseñarles una reevaluación o proceso de retroacción que nos lleve a examinar lo futuro en cada paso y que luego mida la extensión de nuestro programa. Si hemos establecido la meta de tener cien nuevos miembros en nuestra iglesia durante los próximos doce meses, es mejor que no esperemos hasta el décimoprimer mes para ver cómo estamos marchando. Si estamos planeando conducir el carro a través de unos 1600 kilómetros por una carretera desconocida, es mejor mirar el mapa de carreteras y medir el avance. Si tenemos el plan de preparar a un grupo para una nueva asignación, y los ponemos a trabajar a los seis meses, será necesario establecer puntos periódicos de revisión.

Sin embargo, vez tras vez fallamos en eso de evaluar el progreso. Algunas veces hasta establecemos un programa de evaluación y luego no lo empleamos. ¿Por qué? Muchas veces porque la medición puede tomarnos tanta energía como el programa mismo. Otras veces estamos tan ocupados en nuestra tarea que simplemente se nos olvida (o no queremos) preguntarnos: "¿Cómo nos va?"

La planificación toma tiempo

La evaluación es valiosa cada minuto. Pero la mayoría de nosotros no la hacemos, a menos que conscientemente apartemos tiempo para ello. Debemos tener el hábito de apartar un tiempo diariamente para hacer una lista de las cosas que se deben hacer. El hecho de establecer en nuestros calendarios fechas mensuales, trimestrales y anuales para revisión, transformará el proceso en un trabajo regular que necesitamos hacer cada día.

Por el hecho de que la planificación toma tiempo, debe comenzar con tanta anticipación como sea posible. En una iglesia, no se debe esperar hasta que llegue octubre para comenzar a planificar para el año que sigue. Este proceso no debe comenzar más tarde de abril o mayo, a fin de que pueden entrar en la planificación tantas personas como sea posible y que uno no se vea apurado posteriormente.

La evaluación, por tanto, debe ser una parte de la planificación, tanto como los pasos que conducen hacia la meta. *Alguien* debe tener la responsabilidad de la medición del avance, y generalmente no es el mismo individuo que tiene la responsabilidad de la ejecución del plan.

La planificación es a la vez un trabajo personal y de equipo

No te equivoques al creer que la planificación para el mañana es útil solamente para grupos. El establecimiento de metas y la planificación tienen que llegar a ser un estilo de vida personal, si han de llegar a ser verdaderamente eficaces. Hay una relación directa entre la eficacia de un hombre en su vida personal y su eficacia en la vida de la organización a que pertenece.

Tan pronto como se hayan analizado todas las alternativas, y se hayan separado, y se hayan establecido planes finales, es útil recordar que cada paso del plan es realmente una meta en sí mismo. Cada paso, por tanto, debe tener las mismas características de la meta final del proyecto: debe ser alcanzable y medible. También debe establecérsele un tiempo definido y debe contar con el nombre de una persona que es la responsable de su realización. Sin importar cuál fue el método de planificación que se utilizó (hay muchos), el hecho de no asignar fechas fijas e individuos responsables para cada paso menguará la probabilidad de éxito.

Algunas veces, tan pronto como se establece una meta, los pasos necesarios para lograrla—los planes—se hacen inmediatamente aparentes. Pero frecuentemente necesitamos reunir tantas ideas como nos sea posible antes de proseguir. Si estas sugerencias proceden del grupo que se va a encargar de realizar el trabajo, cuánto mejor.

Planificación para el fracaso

Hay varias razones por las cuales los ejecutivos no planifican, pero probablemente pueden reducirse a dos principales. La primera es que la planificación raras veces cae en la categoría de la emergencia y, por tanto, no parece tan urgente. Así que fácilmente uno puede llegar a ser víctima de la postergación.

La segunda razón es que los líderes generalmente se consideran personas de acción. La planificación, para muchos de ellos, es un proceso demasiado lento, y ellos se impacientan con los detalles. Quieren acometer el trabajo sin dar suficiente tiempo ni estudio al análisis de la mejor manera para lograrlo.

Esto no ocurriría si los líderes establecieran como meta para sí mismos el establecimiento de metas. Cuando ellos reservan un tiempo regular para esto, la disciplina producirá sus resultados. El apartar unos pocos minutos para establecer metas y planificar *todos los días*, por la mañana o al terminar las horas de trabajo, es algo que resultará altamente eficaz. Cuanto más planifique uno sistemáticamente, tanto más fácil se le hará.

La mayoría de las organizaciones no planifican suficientemente, pero también pudieran tener el problema opuesto. Ciertos individuos pueden planificar mucho, pero no entran en la acción. La siguiente lista de consejos ayuda a fomentar la confianza en el proceso de planificación, al decidir quién va a hacer qué, y cuando:

1. Reconoce que la búsqueda de la meta es la actividad más importante del liderato.
2. Reconoce que, aunque es importante, nunca es urgente.
3. Aparta períodos específicos para actividades de planificación.
4. Establece metas específicas, que puedan medirse, en todas las áreas de actividad.
5. Incluye a otros de una manera creadora en la planificación.
6. Establece un clima creador que tolere errores ocasionales.
7. Prepara todos los niveles de supervisión en la planificación, y asegúrate de que lo hagan.
8. Incluye uno o varios consultores externos, que entiendan lo de buscar la meta y puedan actuar como catalizadores.
9. Aprende de la experiencia de otras personas mediante el estudio de la literatura que trata el tema de la administración.
10. Crea tarjetas y señales que sirvan de recordatorio, y colócalos en lugares prominentes.
11. Reconoce que la búsqueda de la meta es una técnica universal, y aplícala en todas las áreas de actividad.
12. Establece controles de retroacción y un sistema de constante evaluación de planes y objetivos.
13. Haz hincapié en las metas, más que en los métodos para alcanzarlas.
14. Considera siempre el costo de la eficacia.
15. Establece metas tanto a largo plazo como a corto plazo.

16. Asegúrate de que las metas de corto plazo **están coordinadas con las** de largo plazo.[1]

Los cristianos necesitan ayuda

Por el hecho de que el verdadero liderato es una acción, requiere planificación. He descubierto que una de las principales debilidades en muchas de nuestras organizaciones cristianas evangélicas es la planificación: Se hacen planes a largo plazo que abarcan un período de tres a cinco años. Los cristianos generalmente no están acostumbrados a pensar con tanta anticipación, pues desde los días de la Escuela Dominical, la mayoría han oído que Jesús puede regresar en cualquier momento. Tal verdad permanece para siempre, pero jamás debe inhibir el crecimiento al entorpecer la planificación responsable para el tiempo futuro.

La planificación a largo plazo es lo que un bien conocido autor sobre administración llama: "la decisión de correr riesgos". Tal planificación necesita valor por causa del factor del riesgo. Tal acción riesgosa es mal entendida algunas veces.

No es vaticinar. Vaticinar intentos para hallar el más probable curso de acción.

No se preocupa por las decisiones futuras. Más bien se preocupa por el futuro de las *presentes* decisiones.

No es un intento para eliminar el riesgo. (Significa la capacidad para correr mayores riesgos, y los riesgos adecuados.) "Nunca hay seguridad cuando no se toman riesgo".

Hay un notable ejemplo tomado de la Segunda Guerra Mundial que pone de manifiesto la importancia de la planificación. Se trata de la ofensiva británica contra el ejército alemán en el norte de Africa. Bajo las órdenes del general Erwin Rommel, los alemanes habían avanzado casi todo el camino hacia el Cairo. Desesperado el Alto Mando Británico, asignó la tarea de cambiar la situación al mariscal de campo Bernard Montgomery.

Inmediatamente Montgomery hizo saber que él iba a tomar la iniciativa. Hizo una planificación cuidadosa con gran detalle. A cada persona, a lo largo de toda la cadena de comando hasta llegar a los soldados rasos, se le hizo saber específicamente cuál iba a ser su tarea. Se formó un equipo perfectamente coordinado, y cada hombre sabía precisamente cuáles eran los objetivos del comandante y cómo debían lograrse. Cuando la ofensiva británica comenzó con esta gran precisión, el poderoso ejército alemán fue derrotado, y esta derrota se convirtió en uno de los primeros puntos que cambiaron el curso de la guerra.

Montgomery tuvo éxito porque a través de la sólida planificación pudo animar, motivar y desafiar a sus tropas. La diferencia estuvo en el desafío que les hizo a la ejecución.

La planificación es la que establece la diferencia. Recordemos que la planificación es un trabajo que se hace hoy para hacer que mañana ocurra lo que específicamente queremos que ocurra.

El siguiente paso

En tanto que la planificación se relaciona más con las *ideas*, la organización se relaciona con las *cosas*. Se han de utilizar herramientas específicas tales como tiempo, materiales, programa, preparación y horas-hombre. Se necesita la organización para llevar a cabo el plan, pues ha de realizarse a través de la gente. Según lo veo, la organización es la segunda tarea principal del líder responsable porque, por necesidad, tiene que seguir a la planificación.

La organización tiene que comenzar con la descripción del trabajo del líder. Con esto queda preparado para reunir los recursos necesarios y estar mejor equipado para determinar quién es el que va a hacer qué.

Un creciente medio popular para organizar mejor o para fortalecer la organización es el uso del equipo coordinado. De acuerdo con este enfoque, los equipos que resuelven los problemas en cada nivel de la organización se reúnen a intervalos previstos. Los representantes luego se comunican con los departamentos y sobre esa base hacen las decisiones diarias que se necesiten. Este sistema ofrece una continua coordinación a través de toda la organización, permite la manifestación de la facultad creadora en el grupo, reduce los conflictos interdepartamentales, facilita la toma de decisiones y permite al personal una mayor participación en los programas de la compañía. Con esto se desarrollan las actitudes positivas. Tal enfoque es un poderoso medio que ayuda a que la organización mantenga su impulso y logre sus metas más rápido y mejor.

Críticas a la organización

En nuestra sofisticada sociedad occidental, sin embargo, en años recientes ha habido una tendencia hacia la descentralización y hacia una menor organización. En los círculos académicos, por ejemplo, se ha enseñado que la exagerada estructura inhibe la flexibilidad. Esto significa, por supuesto, que el crecimiento y la facultad creadora no pueden fomentarse fácilmente.

Pero claramente se puede ver que numerosas organizaciones están enterrados en el olvido por cuanto no se estructuraron suficientemente. Como no establecieron las líneas adecuadas de autoridad y delegación, se despolmaron, pues fueron incapaces de utilizar al máximo el potencial que había dentro de su grupo. En un capítulo anterior, ya vimos cómo el suegro de Moisés, Jetro, le dio consejos en forma muy parecida a un consultor administrativo: "Moisés, tú no puedes hacer todo el trabajo por ti mismo; ¡tienes que organizar!"

Se hacen muchas críticas a las gráficas organizativas que son tan corrientes en el día de hoy; sin embargo, tales gráficas constituyen una genuina necesidad. No hay ninguna ventaja en darle un punta pie al asunto. Lo que se necesita en muchos casos no es descartar las gráficas, sino ajustarlas a intervalos regulares, siempre y cuando cambie la organización. Esto ayuda a garantizar una organización saludable que tiene planes oportunos.

La planificación de la organización es tal vez el mayor fundamento de toda la planificación, pues clarifica las líneas formales de responsabilidad y de autoridad. Un diagrama no debe limitar la facultad creadora del trabajador; la clave para el crecimiento dinámico está en permitir un aumento en la participación del trabajador.

Hay que clarificar las distinciones

Las funciones que se realizan dentro del grupo pertenecen a dos categorías básicas: funciones del cuerpo administrativo y funciones laborales. Las autoridades pueden estar en desacuerdo sobre estas distinciones, pero la principal distinción es que el cuerpo administrativo es el que aconseja, y los trabajadores son los que realmente ejecutan.

La más vívida ilustración de estas funciones está en lo militar. Frecuentemente existen problemas en este arreglo. Pero la mejor solución está en que el cuerpo de oficiales administrativos aconsejen a los supervisores de línea, o busquen consultores externos que ayuden en la preparación y guía del personal.

Cómo hacer significativa la organización

Organizar, en último análisis, es *arreglar* y *relacionar* el trabajo que ha de hacerse de tal modo que la gente pueda ejecutarlo de la manera más eficaz. En esto se incluye lo siguiente:

1. La delegación, es decir, el encomendar responsabilidad y autoridad a otros y hacerlos responsables de los resultados.
2. El establecimiento y mantenimiento de relaciones humanas entre el personal.
3. La preparación de descripciones de las posiciones: declaraciones en forma escrita de los resultados finales que se esperan, las actividades, las relaciones con la organización y la responsabilidad. Se debe detallar cuál es la persona y cuál su trabajo dentro de la organización.
4. Normas de trabajo: criterios por medio de los cuales se puedan evaluar los resultados.
5. La apreciación del desempeño: una apreciación directa de la obra que se está realizando y de los resultados finales.

Recordemos que la función de organizar la administración o el liderato debe:

1. Desarrollar la estructura de la organización.
2. Delegar responsabilidad.
3. Establecer relaciones.

La preparación es fundamental

Prepara un diagrama de la organización y revísalo constantemente. Reconoce, sin embargo, que esto es sólo el comienzo. La preparación es una parte fundamental de la organización. Preparar es enseñar a una persona a hacer algo; no es orientación. Cuando termina un programa de preparación, las personas deben quedar capacitadas para hacer cosas que antes no podían hacer.

Todo buen líder sabe que la preparación conduce a la competencia, y sin ésta, ninguna organización puede florecer. La inversión de tiempo y dinero paga ricos dividendos, porque nadie es inmune a aprender más acerca de su trabajo, sus responsabilidades y sus habilidades. Aun una secretaria altamente preparada tiene que continuar desarrollando sus habilidades, porque las nuevas máquinas y los nuevos métodos continuamente están produciendo cambios en la oficina. La preparación, por tanto, no es sólo para la orientación del nuevo personal, sino para producir un mejor desempeño por parte de aquellos que ya están en el trabajo.

Se pudieran escribir volúmenes sobre este tema. Tal vez el mejor recurso para desarrollar un programa de preparación (por lo menos en los que a los Estados Unidos de América se refiere) sea la Asociación Americana de Administración, que puede ofrecer la información que se necesita para la mejor preparación posible en cualquier organización específica.

Las pequeñas organizaciones generalmente tienen dificultades para ofrecer preparación, porque sus líderes piensan que no pueden incluir en sus presupuestos este "lujo". ¡Cuán equivocada y dañina para el crecimiento es esta actitud!

Se necesita conocer lo que constituye un liderato excelente para iniciar un exitoso programa de preparación. Los ejecutivos o los funcionarios de las organizaciones tienen que estar convencidos de que esto es fundamental para el éxito. También es importante que los líderes no deleguen la preparación a los niveles inferiores y que luego no la tenga en cuenta.

La dedicación al grupo

Tratamos el tema de la dedicación en forma más completa en los capítulos que se refieren a la motivación y a la excelencia del liderato. Pero tenemos que reforzar el hecho de que todo líder de éxito tiene que estar dedicado a la tarea de satisfacer las necesidades del grupo a nivel de su trabajo. Siempre tiene que estar listo para ayudar a formular definiciones que ayuden a clarificar las tareas y los objetivos del grupo. Para hacer esto, tiene que estar dispuesto a asignar tareas específicas, pedir información y presentar a consideración los datos necesarios.

Estadísticamente sabemos ahora que la mayor parte de las personas que abandonan su trabajo lo hacen a causa de algún problema personal con el líder del grupo o con algunos compañeros de trabajo, y no por la incompetencia en su trabajo que los llevó a ser despedidos. Las personas pierden su deseo de trabajar en un equipo si se sienten infelices. De modo que todo líder siempre tiene que estar enterado de que la dinámica del grupo es la fuerza impulsadora, espiritual, moral o intelectual de un grupo específico. Cada grupo tiene su propia dinámica; así que el líder tiene que estar en contacto con él a nivel profundo a fin de ser eficaz en el fortalecimiento de las relaciones entre las personas.

Lo que está en juego principalmente es la lealtad: lealtad a los líderes del grupo, y lealtad de los unos para con los otros. El líder perceptivo sentirá los sentimientos y los caprichos del grupo, y agresivamente tratará de limar las asperezas, reducir la tensión y mantener abiertos los canales de comunicación.

El liderato eficaz no es sólo un asunto de utilizar buenas herramientas y prácticas para realizar tareas diseñadas para otros. Tiene que comenzar con los propios planes y metas del mismo líder, los cuales luego deben ser colocados en prioridades adecuadas, programas y calendarios.

El cumplimiento de las tareas esbozadas en este capítulo fomentará tu organización. Atraerá y nutrirá el buen liderato. Ayudará a todas las personas relacionadas con él a establecer elevadas normas de conducta, responsabilidad y desempeño. Esto a su vez ofrecerá una mayor motivación, orgullo en el trabajo, y una vida más satisfecha, en la que cada uno sabe que está contribuyendo significativamente para el bien de su generación.

Notas

[1] Frank Goble, "Excellence in Leadership" (La excelencia en el liderato), Nueva York: American Management Association, 1972, pág. 18.

CAPITULO 15
El líder lleva a cabo el plan

 La dirección adecuada siempre determinará si la producción de bienes y servicios satisfará las normas de calidad y si éstos estarán disponibles en el tiempo oportuno y en el lugar preciso, así como también a un costo razonable.

En un excelente trabajo titulado "La institución como sirviente", Robert Greenleaf escribe:

El punto de vista tradicional de la organización considera que el *modus operandi* de cualquier institución tiene tres partes, y un elemento que las cubre a todas.

1. *Metas* y *estrategia*, en las cuales se incluye el pensamiento a largo plazo que culmina en los planes.
2. *Organización.* El interés por la gente y la estructura, los arreglos razonablemente duraderos y el nombramiento del personal que ha de llevar a cabo los planes.
3. *Ejecución*, es decir, la realización de los planes día a día, en lo cual se incluye la iniciativa de la administración y la respuesta a las situaciones. Es el uso que se hace de la organización para llevar a cabo los planes.

Por encima de estas tres partes está el ejercicio del *liderato*, que le da coherencia y dinámica al proceso total, al establecer prioridades, localizar recursos, escoger y guiar al personal, articular metas y filosofía y ejercer una meta sostenida en busca de la excelencia.

La planificación y la organización son esenciales, pero por sí solas son insuficientes para obtener los resultados deseados en la administración o el liderato. Los problemas de coordinación y control para llevar a cabo los planes y fortalecerlo también tienen que resolverse. Para lograr esto, el líder ha de ser ayudado en gran medida por otros medios.

El propósito de este capítulo es el de sugerir otras tareas por medio de las cuales los líderes pueden por lo menos comenzar a dirigir o coordinar sus actividades con otras personas.

181

El primer punto de discusión es la relación de la coordinación y el control con la administración. Para que los miembros de cualquier grupo puedan coordinar sus actividades, su líder tiene que dar completamente los siguientes cuatro pasos: (1) El y ellos tienen que saber o definir las metas comunes de todo el grupo, tal como las estudiamos en el capítulo 14 de este libro; (2) tienen que declararse las áreas específicas de responsabilidad para cada uno de los individuos; (3) hay que identificar las normas para el desempeño para que cada persona conozca qué será lo que se considera un buen trabajo; estas normas pueden establecerse en función de costo, cantidad, calidad, servicio, tiempo o en otros criterios que puedan medirse; y (4) es obligatorio medir los resultados del trabajo de cada hombre.

Para alcanzar las metas comunes, el líder tiene que proveer la dirección que sigue las principales tareas de la planificación y la organización. Esto envuelve varias funciones importantes: (1) nombramiento o selección del personal; (2) comunicación genuina; (3) delegación; y (4) toma de decisiones. Examinemos dichas funciones en el orden dado.

Selección del personal

La mayor parte de las organizaciones, incluso las cristianas, indudablemente pasan por alto la importancia de esta tarea del liderato. A menudo se concede más atención a la selección y compra de nuevos equipos: pasan los meses y se estudian numerosas propuestas antes de hacer la decisión sobre alguna nueva máquina. Pero a la fundamental tarea de seleccionar el personal frecuentemente no se le da adecuada atención. Creo que, sin discusión, las más grandes pérdidas económicas en todas clases de organizaciones se deben a los errores que se cometen al hacer la selección del personal. Los costos comparativos han sido revelados por la industria, por ejemplo, y las pérdidas son asombrosas.

En este libro es imposible tratar este tema exhaustivamente. Pero quiero destacar aquí varios puntos claves. Uno debe recordar siempre que hay muchos factores que entran al hacer las decisiones con respecto al empleo. No sólo son importantes las calificaciones que tenga una persona para un trabajo específico, sino que también deben ser examinados otros criterios de colocación en forma completa, tales como la capacidad, la promoción, las oportunidades, los intereses, la clase de supervisión que la persona necesita o quiere y la clase de compañeros con los cuales congenia más la persona que ha hecho la solicitud. Así que no olvides seleccionar el personal que tenga la mayor potencialidad para el crecimiento en la organización.

Otro principio importante es la observación de que, aunque los empleados comunes y corrientes pueden hacer un buen trabajo en los niveles inferiores y medios de la administración, raras veces se sienten bien en la alta administración. Raras veces puede ser útil esta clase de individuo a esa altura, a causa de que el ya famoso Principio de Pedro se apodera de él. La razón de esto es que aquellas cualidades necesarias para los altos administradores de éxito: amplitud de perspectiva, genuina confianza en sí mismos, y acción compulsiva, generalmente están ausentes en aquellas personas que han estado niveladas en una posición particular.

No puede exagerar la verdad de que esta tarea de selección del personal es crucial, pues si se cometen errores en la contratación del personal, no hay organización que pueda funcionar adecuadamente. Siempre hay una correlación de uno a uno entre el nivel del personal y la calidad de la realización lograda por ellos. Muchas organizaciones cristianas son a menudo culpables de contratar personal mediocre, por cuanto las personas altamente competentes y bien preparadas a menudo son muy escasas.

Cuando un líder empleador contrata apresuradamente, generalmente deplora la decisión. Muchas organizaciones se han pasado a la práctica de contratar personas para un período de prueba, digamos entre 90 y 120 días. Esto elimina la incompetencia y ayuda a salvar las apariencias a los líderes que puedan necesitar liberar o relevar personal en determinado trabajo. También ayuda a dar algún incentivo a los nuevos empleados y ofrece la seguridad de saber que, después de tal período de prueba, cuentan con una posición permanente.

Reflexión con respecto a la selección

La abundancia de material que se ha escrito sobre este tema puede reducirse a varios principios importantes que tienen que seguirse para obtener mejores resultados.

El primer requisito previo es apartar tiempo para pensar detenidamente en la clase de persona que se necesita y definir cuáles criterios se deben utilizar para seleccionarla. Se pueden utilizar varios métodos de selección, como también de investigación y estudio del mercado con el fin de reconocer las fuentes adecuadas de personal potencial. Si se prolonga este último proceso pueden perderse los mejores candidatos. A la tarea del líder debe dársele la primera prioridad.

Con no poca frecuencia es cierto que, a menos que se necesite una persona altamente calificada, los empleados corrientes pueden llenar la vacante, con tal que se les dé la preparación adecuada. Esto debe investigarse siempre antes de comenzar la investigación fuera de la empresa. Hacemos bien en recordar que cuando una organización sale a hacer esta investigación, los empleados corrientes ofrecen una excelente fuente de pistas que conducen a nuevas personas.

Muchos criterios se han inventado para cernir a los que hacen la solicitud para optar a cierta posición, pero uno de los más importantes es una completa investigación de la actuación del que hace la solicitud en los trabajos anteriores. Raras veces se hace esto con suficiente detenimiento. Jack McQuaig, del *McQuaig Institute of Executive Training,* escribió el libro *How to Pick Men* (Cómo seleccionar el personal), Nueva York: Frederick Fell, Inc., 1963, el cual es sumamente perceptivo y práctico.

Y aún hay más

La selección del personal no termina cuando se hace la selección. El líder tiene que tener también un programa de continua evaluación de la actuación, para apreciar las posibles promociones y los aumentos de salario según los méritos.

Para estudio posterior recomiendo altamente el libro *The Selection Process: Choosing the Right Man for the Job* (El proceso de selección: Escogiendo los hombres adecuados para el trabajo), por Milton M. Mandell, Nueva York: American Management Association, 1964).

Luego de la selección del personal, una de las tareas claves del líder consiste en ayudar a la gente a mejorar su conocimiento, sus actitudes y habilidades. Aún cuando los cargos estén desempeñados por personas que tengan aptitudes y habilidad para ejecutarlos, hay que dar atención al mejoramiento. El desarrollo de conceptos y nuevas técnicas en determinado campo aumenta con el desarrollo del personal, y este solo hecho es significativo.

Centenares de millones de dólares se gastan cada año en la industria, dedicados a programas de desarrollo y preparación para la administración. Pero aun así parece haber escasez de un fuerte liderato en potencia. Puede haber dos razones que expliquen esto. Una es que se hace mucho más hincapié en la promoción que en el desarrollo; la otra, que frecuentemente el desarrollo no está apoyado por los altos niveles de la administración. Sin comprender esto, los líderes a menudo condenan el resultado final de los programas pues muestran muy poco interés activo, aunque ellos pudieran dar una señal de consentimiento o estímulo a sus personas claves.

Luego de un tiempo, al darse cuenta la administración media de que la alta administración está tan ocupada que no tiene tiempo para molestarse, pierde el interés en el desarrollo. Creo que la mayoría de los líderes que tienen éxito colocan el desarrollo del personal entre sus más elevadas prioridades.

El desarrollo exige una atmósfera de descanso para el que se está adiestrando. La mejor clase de liderato es un proceso creador. Sabemos que la gente sólo utiliza una fracción de su potencialidad creadora. Se ve inmediatamente que el individuo que tiene facultad creadora puede manejar más fácilmente los problemas a pesar del fracaso, por cuanto tiene una alta estima de sí mismo que le provee el impulso interno. La facultad creadora no nos viene a la mayoría de una manera natural. Si un individuo realmente quiere desarrollar esta cualidad, tiene que aumentar la cantidad de tiempo que dedica al verdadero pensamiento creador.

La solución de los problemas de una manera creadora puede enfocarse de varias maneras, pero todas siguen cierta fórmula:

1. Definir el problema: decidir cuál es o cuál es la meta que uno quiere lograr.
2. Reunir los hechos conocidos relacionados con la situación y enumerar algunas de las posibles soluciones.
3. Decidir cuáles hechos adicionales son necesarios y elaborar un plan para reunirlos.
4. Con los hechos disponibles que se tienen a mano, pensar atentamente

en estos hechos y en las posibles soluciones.

5. Conceder un período de incubación; es decir, olvidar el problema por un tiempo y dedicar la mente a otros asuntos, pero entre tanto mantener papel y lápiz a mano para anotar cualquier idea que se nos ocurra.

6. Volver a examinar el problema y llegar a una decisión basada en las ideas que nos han llegado durante el período de incubación.[1]

Frecuentemente los líderes no permitirán que otros manifiesten su facultad creadora por cuanto ellos mismos carecen de ese rasgo personal. Los mayores obstáculos en el camino de la facultad creadora del líder generalmente están dentro de su propia personalidad. Si él manifiesta sospechas paranoicas en otros, no permitirá que lo desafíen las sugerencias de ellos para el crecimiento o el cambio. Si se manifiesta crítico o inseguro de sí mismo, tendrá temor de salir con nuevas ideas por temor a ser rechazado. Las nuevas ideas desafían profundamente a las que ya están atrincheradas. Si un individuo no está seguro se manifestará altamente defensivo, y esto impide el crecimiento o el cambio.

La dirección exige comunicación

Una segunda función necesaria para fortalecer la tarea de dirección que le corresponde al líder es la comunicación eficaz.

"En estos días hay mucha comunicación sobre el tema de la comunicación —dijo un caballero que asistía a un seminario en que se trataba este tema—. El conflicto está en que el conferenciante simplemente no entiende nuestra situación".

El líder de dicho seminario, bien conocido como director del departamento de comunicaciones de la universidad del estado, había fallado en cuanto a comunicarse. Sabía todo el lenguaje adecuado y las teorías. Proyectaba los hechos, pero sin entenderlos.

Este incidente puede repetirse veintenas de veces de diferentes maneras. La comunicación se bloquea cuando las emociones no coinciden con los sentimientos de otro, o cuando hay audición selectiva por parte del oyente. Una apreciación de estos factores capacitará a los líderes para dar mejores pasos que garanticen la efectiva comunicación dentro de su grupo.

Este asunto puede expresarse de otro modo. ¿Te comunicas sin tratar de hacerlo, o tratas de comunicarte sin lograrlo? Por el hecho de que las personas responden más a la manera como uno siente que a lo que uno les dice, a todo líder le corresponde determinar la profundidad de la aceptación que produce en sus relaciones dentro de la organización.

La dirección exige influencia

Si el liderato es una acción para lograr que la gente siga, entonces no es necesario decir que es tarea del líder reunir el deseo, la capacidad y la energía humana para que sea alcanzada la meta común. Para conseguir esto, tiene que influir en los demás a través de varias formas de comunicación. Ordway Tead sugiere por lo menos ocho métodos diferentes: (1) sugerencia, (2) imitación, (3) exhortación, (4) argumentos persuasivos, (5) publicidad, (6) confianza en la lógica de los eventos, (7) una manifestación de devoción afectuosa, y (8) el uso de situaciones problemáticas que en sí mismas crean presiones.[2]

Las sugerencias se hacen generalmente en forma verbal. Ya se ha probado el poder de la sugerencia, y puede avanzar mucho hacia el logro de los resultados apelando a las emociones. El líder prudente ocasionalmente utilizará este medio.

La imitación es un modo confiable para influir en otras personas. La causa del líder tiene que estar bien establecida. Cuando la gente ve la realidad, está mucho más dispuesta a imitar o seguir. Este método enaltece la unidad de propósito y dirección.

Tal vez la exhortación es lo opuesto de la sugerencia por cuanto aquella es directa, en tanto que la sugerencia es menos directa. Es necesario impartir información, pero la exhortación tiene sus límites y debe utilizarse con cuidado. El problema consiste en sostener una alta motivación a lo largo de un período de tiempo, pues la exhortación fácilmente se olvida. Por otra parte, cuando se usa la constante repetición para hacer comprender cierto punto, puede debilitarse. Sin embargo, la exhortación, si se utiliza prudentemente, puede producir poderosos resultados.

La publicidad es una técnica que ayuda a fomentar el prestigio y la fortaleza. Tiende a influir en los demás mediante los hechos y el descubrimiento de datos como para mover a la gente hacia alguna acción concertada. Corrientemente, este es uno de los más poderosos medios de influencia; y el líder prudente la cultivará.

Creo que una clave real para dirigir y mantener unidas a las organizaciones es la comunicación, tanto hablada como escrita. Raras veces recibe suficiente atención, pero es básica para las relaciones humanas.

No basta hablar

Todos hemos oído a personas que hablan mucho pero realmente no dicen nada. Pero en la comunicación hay otro problema. J.C. Penney solía decir que una de las enfermedades ocupacionales de un pobre líder era la incapacidad de oir. El oir todo el relato y ayudar en el momento oportuno con una palabra bondadosa puede ser algo decisivo. Para estimular a las personas a fin de sacarlas hacia adelante el líder tiene que estar en contacto con ellas en el nivel en que están.

Pero la *verdadera* comunicación es más que la expresión verbal. La mejor definición que he leído me la ofreció un amigo mío: "La verdadera comunicación consiste en tener el sentimiento que la otra persona tiene en ese momento y aceptarla como tal". El tener profundos sentimientos hacia los subordinados es una verdadera clave para establecer puentes en las relaciones humanas. Sin ellos, sobreviene la separación, que afecta la calidad del trabajo y las actitudes.

A continuación presento algunas sugerencias para ayudarte en la comunicación:

1. ¡Deja de hablar! No puedes oir si estás hablando. Polonio *(Hamlet)*: "Presta a todo hombre tu oído, pero a pocos tu voz".
2. Haz que el hablante se sienta tranquilo. Ayúdalo a sentir que tiene libertad para hablar. A menudo, a esto se lo llama "ambiente permisivo".
3. Demuéstrale que quieres oírlo. Mira y actúa con interés. No leas cartas mientras hablas. Oye con el propósito de entender, y no para responder.
4. Elimina las distracciones. No garrapatees garabatos, ni perfores, ni muevas papeles. ¿Sería más tranquila la comunicación si cierras la puerta?
5. Proyecta tu personalidad en la del que te habla. Trata de colocarte en su lugar para que puedas comprender su punto de vista.
6. Ten paciencia. Concédele tiempo suficiente. No lo interrumpas. No te dirijas hacia la puerta, ni hagas el intento de retirarte.
7. Domina tu temperamento. Una persona enojada les saca el mal significado a las palabras.

8. Ten cuidado con la discusión y la crítica. Esto te coloca a la defensiva. El puede negarse a revelar algo o disgustarse. No discutas: aun si ganas, sales perdiendo.

9. Haz preguntas.
   Esto lo estimulará y le demostrará que estás oyendo.
   Esto ayuda a desarrollar los puntos posteriormente.

10. ¡Deja de hablar!
    Esto es lo primero y lo último, pues todos los demás mandamientos dependen de él. Simplemente no puedes oir bien mientras estás hablando.

La naturaleza le dio al hombre dos oídos y una sola lengua, lo cual es una buena indicación de que debe oir más que hablar. Los mayores beneficios para el buen oyente son: (1) Un buen oyente puede hacer mejores decisiones porque tiene mejor información; (2) un buen oyente ahorra tiempo porque aprende más dentro de un período de tiempo determinado; (3) el hecho de oir ayuda al comunicador a determinar cómo está siendo recibido su mensaje; (4) un buen oyente estimula a otros para que hablen mejor; (5) el oir bien aumenta la comprensión.

Cómo comunicar

Cuando existe la buena comunicación, eso ayuda a crear una forma sólida de comprensión dentro de la organización. Esto a su vez enaltece el elemento persuasivo. Entonces las personas son motivadas a cumplir sus asignaciones. Cuando las líneas de comunicación están abiertas y todas las personas que están dentro de la organización las conocen, la información sobre los resultados del proceso será automática. Necesitamos reacciones para probar continuamente las metas y los métodos que se están empleando para lograr los resultados. Esto ayuda a elevar las actitudes y ofrece la respuesta a la pregunta que todos los empleados se hacen: "¿Por qué lo hacemos de esta manera?"

1. El éxito en la comunicación depende de lograr la aceptación de lo que se dice. Por tanto, el comunicador tiene que planificar cuidadosamente, no sólo lo que va a decir, sino cómo lo va a decir.

2. Una de las mejores maneras para lograr la aceptación consiste en dar razones significativas a los que están recibiendo la información.

3. Cuando se necesita la persuasión, la comunicación oral es más efectiva que la escrita. Una discusión personal da una oportunidad para ob-

servar la reacción y para adaptar la presentación a fin de lograr el fin que se desea.

4. Mantén los canales abiertos en ambos sentidos al estimular la reacción por parte del empleado. Las comunicaciones fluirán más fácilmente, si se reciben unas pocas observaciones y opiniones que fluyan, aunque algunas sean desagradables.

5. Al planificar la comunicación, siempre busca más de un método. Un encuentro que está reforzado por una carta enviada al hogar es más eficaz que el que se hace mediante un anuncio hecho una sola vez.

6. La comunicación no está completa mientras el comunicador no esté seguro de que el mensaje fue recibido e interpretado exactamente. El receptor debe considerar: "¿Qué quiso él decir con eso?" El transmisor, por tanto, debe considerar: "¿Qué es lo que probablemente pensará él que quiero decir yo con esto?"

La comunicación real deja fuera el falso razonamiento y ayuda al líder para formarse mejores criterios. También ofrece los medios para saber en qué parte están los demás en sus sentimientos, metas y actitudes. Esto es sumamente esencial para el buen funcionamiento de la organización. La mayor parte de las capacidades para la comunicación pueden adquirirse, y el esfuerzo para lograrlas se reflejará de mil maneras en aquellos que apartan tiempo y gastan energía para desarrollar este rasgo.

El líder eficaz aprende a utilizar la comunicación de una manera tan positiva que fortalezca la unidad de la organización, en vez de dividirla. Esto significa que tiene que mantener los canales abiertos—cuando hay un mensaje que puede traer discordia o abierta hostilidad—hasta que el problema esté completamente resuelto. No siempre es fácil esto, porque puede amenazar al líder, a menos que sea maduro y entienda claramente el proceso de la comunicación.

Una tarea del líder consiste en desarrollar el lado positivo de las relaciones humanas por medio del uso adecuado de la comunicación entre las personas. El punto de comienzo está en la comprensión de las necesidades de la gente. Si el líder las comprende, no proyectará una fría imagen ante los demás, y a la gente se le hará más fácil descargarse en él, lo cual es fundamental para la comunicación eficaz.

La comunicación se fortalece dentro de una organización si ésta está estructurada para lograrla. Cuando la responsabilidad administrativa se divide en pequeñas unidades, esto estimula la comunicación. El hecho de que un líder pase tiempo individualmente con todos los ejecutivos de sus departamentos engendra armonía. Cuando se estimula a las personas que aporten más energía, tenderán a ser menos negativas y a contribuir más por medio de la interacción.

Canales de comunicación

Puede haber poca comunicación si no hay canales que la lleven. Entre los canales formales se incluyen las reuniones regularmente programadas, los memorándums de información, el uso adecuado de los boletines que se publican en la cartelera, y otros similares. Se llama canal informal aquel que lleva el mensaje, aunque la organización no lo había planificado así. Lee Thayer habla acerca de los canales de comunicación con el uso de algunos principios guiadores que son útiles:

1. Cuanto más importante, significativo o urgente sea un mensaje, tantos más canales deben emplearse.
2. Cuando la rapidez de la transmisión es el factor que guía, utiliza canales informales. Si el mensaje también es importante, puede reforzarse enviándolo también a través de los canales formales más lentos.
3. Para que se considere autorizado, un mensaje oficial tiene que pasar a través de los canales formales de la organización.
4. Para que el mensaje influya, los más ventajosos son los canales del poder y del prestigio; les siguen los canales que establecen la comunicación entre los grupos y entre las personas.
5. La política de una organización es transmitida con más efectividad cuando se hace a través de los canales de la misma, pero las pautas se transmiten con mayor efectividad a través del personal.
6. Un canal que ordinariamente "lleva" cierto tipo de mensaje, puede "llevar" otros tipos de mensajes con menos eficacia.
7. Se logra llegar mejor a las actitudes por medio de los canales que establecen la comunicación entre los grupos, entre las personas y por los que se acostumbra comunicar lo relativo al valor; al conocimiento se llega mejor por medio de los canales formales e ideológicos.[3]

Sin duda alguna, la comunicación es una responsabilidad que los líderes no pueden tomar con demasiada liviandad. Hablar y escuchar son medios que pueden desarrollar un clima de receptividad, confianza, cordialidad e interacción que no se puede lograr de ninguna otra manera.

La comunicación en las organizaciones cristianas

A los líderes cristianos a menudo les parece difícil comunicarse porque, en primer lugar, no hay una tradición añeja que glorifique los pronunciamientos autoritarios. "Así dice el Señor". Esto paraliza la comunicación porque la gente piensa entonces que no tiene nada con lo cual contribuir. En segundo lugar, hay una tácita asunción de que en los grupos cristianos cada uno participa en común en la creencia de que lo que nos decimos los unos a los otros es la voluntad de Dios. Por tanto, no nos gusta desafiar los motivos o las acciones de otro cristiano: no queremos hacer mover peligrosamente el barco. Podemos tener la tendencia de suprimir la comunicación para que no afloren las opiniones divergentes.

Evalua tu comunicación

A continuación presento un cuestionario para evaluar el desempeño comunicativo en tu organización.

1. ¿Los miembros de la alta administración están sinceramente interesados en los empleados, en sus necesidades y problemas, o están exclusivamente interesados en su propio beneficio?

2. ¿Los miembros de la alta administración hacen un sincero intento para mantenerse regularmente en contacto con el punto de vista de los trabajadores comunes y corrientes?

3. ¿*Conocen* los empleados de la empresa a los miembros de la alta administración? ¿Los conocen por nombre, o simplemente de vista? (Esta pregunta está obviamente expresada más para las grandes compañías que para las pequeñas, pero también pudiera aplicarse a las pequeñas.)

4. (Como miembros de la administración) ¿Hemos hecho un esfuerzo para decirles a los empleados lo relativo a nuestros problemas administrativos, y alguna vez les hemos pedido la cooperación para resolverlos? ¿O nos ponemos obstáculos a nosotros mismos al creer que los empleados no tienen nada con qué contribuir?

5. ¿Hemos hecho una real provisión para dar a nuestros empleados en forma regular una información útil, por medio de publicaciones en las carteleras, boletines de información, encuentros personales, sesiones de supervisión, etc.? ¿O como funcionarios de la administración estamos tan ocupados que no tenemos tiempo para preocuparnos por eso?

6. Si *realmente* nos comunicamos—esto es, si respondemos las preguntas precedentes con un *Sí*—, ¿controlamos la eficacia y credibilidad de lo que hacemos y decimos? ¿O simplemente damos por aceptado que los empleados aceptan la veracidad de los patronos?

7. ¿Como miembros de la administración, hemos introducido un método práctico y efectivo por el cual los empleados puedan *hacernos* llegar sus puntos de vista? ¿O suponemos que instintivamente supone-

mos lo que piensa nuestra gente?

8. ¿Los empleados de nuestra compañía sienten que pertenecen a ella? Si la respuesta es positiva, ¿qué estamos haciendo específicamente para hacer que se sientan parte de la compañía? Si nos apremiaran, ¿podríamos realmente probarlo?

9. ¿Estimula nuestra alta administración la participación de los empleados en programas de deportes, en programas de crédito, en grupos de empleados para promover ideas geniales, así como en actividades cívicas y administrativas de la nación, sólo para mencionar algunas al azar? ¿O pasamos por alto todo esto con la idea de que no tiene significado?

10. Finalmente, una pregunta de tres filos: ¿Tiene nuestra compañía un sistema satisfactorio a través del cual se puedan exponer los motivos de queja? ¿Sabe nuestra gente los pasos que deben darse en caso de que considere injusta la decisión del supervisor—o la nuestra—? ¿Realmente revisa nuestra administración los "refunfuños" que hacen los empleados?[4]

Hagamos un resumen de las razones por las cuales la comunicación es importante:

1. Prepara para los cambios. La información secreta pudiera tomarte la delantera. Si lo hace, ha usurpado tus prerrogativas.

2. Desestimula la mala información. El taller del rumor se especializa en mala información por el hecho de que cuenta con un mercado activo.

3. Disminuye el temor y la sospecha. Es más seguro mantener el temor y la sospecha que la confianza. El temor y la sospecha son "seguros" porque el pesimista nunca sufre de abandonos. Tiene que apartarte de esta incipiente estructura mental, de lo contrario, habrás abandonado tu derecho a ser líder.

4. Permite que tu personal sienta el orgullo de estar bien informado. Las personas bien informadas tienden a convertirse en extensiones de tu propia personalidad, y por tanto, emulan tus actitudes. Tienen que estar informados en todos los asuntos que afectan sus utilidades síquicas. Si descuidas esto, tu gente pensará que está mal pagada, en lo que se refiere al ingreso síquico. Entonces "querrán salir". Y no mantendrán esto en secreto.

5. Reduce los agravios. Un agravio es una queja personal contra la administración. Es más imaginaria que real. En cualquier forma hace el mismo daño; de modo que hay que hacerle frente. Los agravios, sean justos o no, se reflejan en el líder.

Eliminación de los obstáculos para la comunicación

Los siguientes son factores que impiden la comunicación eficaz:

1. No seas condescendiente ni actúes como un juez superior, ¡a menos,

por supuesto, que quieras disimular con dificultad alguna información potencialmente valiosa!

2. No siempre des tu opinión antes que la den tus subordinados. Si lo haces, se verán obligados a estar de acuerdo contigo hasta lo último.
3. No pierdas el dominio de ti mismo cuando recibas malas noticias. El que hace esto nunca recibe bien las malas noticias, de modo que no puede hacerlas frente con eficacia.
4. No seas de mentalidad cerrada. Los hechos y las opiniones frescos pueden prepararte mejor para discutir y defender tu posición.
5. Actúa frecuentemente en concordancia con las ideas de otras personas. Los empleados no van a malgastar su tiempo derramando sus energías creadoras en un recipiente que no tenga fondo. En vez de ello, harán sólo lo que tienen que hacer, y dejarán que el líder se preocupe por las maneras nuevas y mejores de hacer las cosas. Los que pierden no son los subordinados, sino los líderes.

Esto es el comienzo. Permite que la comunicación sea tu lema. En todo grupo, la oportunidad aguarda que se desarrolle la clase de personas que de la diversidad podrán integrar una unidad de esfuerzo y propósito que los capacite a todos para realizar.

Dirigir significa delegar

La delegación de responsabilidades es la tercera función importante necesaria en una buena dirección.

Dwight L. Moody, el famoso predicador norteamericano de otros tiempos, dijo una vez que el prefería poner a trabajar a mil hombres que hacer la obra de mil hombres. Cuando un líder puede cumplir con éxito esta tarea se ahorra muchas frustraciones. La delegación llega hasta el corazón en la dirección de determinado grupo. Si el líder no delega responsabilidades, constantemente estará enredado en un pantano de detalles secundarios que pueden derribarlo e impedirle que funcione en sus responsabilidades primarias. Bien lo ha dicho alguien: "El valor de un hombre para su organización no se mide por lo que tiene sobre el escritorio, sino por *lo que pase sobre él*". Esta es otra manera de indicar que realmente es importante la delegación de responsabilidades.

Problemas especiales en las organizaciones cristianas

El mundo está lleno de organizaciones agonizantes, y el mundo cristiano no es una excepción. Hay iglesias, misiones y toda clase de organizaciones cristianas que están muriendo. Algunas de ellas deben morir, por cuanto han realizado la tarea que se propusieron. Hubo cierto tiempo y cierto lugar para ellas. Finalmente llegaron a estar absortas en su función, y no en metas de largo alcance.

Uno de los principales problemas frecuentemente lo constituye la organización cristiana que fue fundada por un individuo que tenía una visión más amplia que el promedio de las personas. Como fundador, generalmente hace la mayor parte de las decisiones. La organización crece, y él aún continúa haciendo todas las decisiones; el tiempo pasa, pero él continúa. En consecuencia, la organización a menudo no se ha mantenido con la marcha de los tiempos por cuanto no ha insertado sangre dinámica y nueva. Comienza a morir por cuanto la toma de decisiones y las asignaciones no se han delegado adecuadamente.

Pero los grupos cristianos se enfrentan también a otros problemas, como lo señalamos en nuestra "Carta al liderato cristiano" de Visión Mundial (agosto de 1974):

> Hay dos problemas especiales con los cuales tienen que enfrentarse muchos ejecutivos en las organizaciones cristianas. El primero es el uso de obreros voluntarios. Cuando delegas parte del trabajo a un voluntario, es importante que te asegures de que (1) crees que él puede realizar el trabajo; (2) tengas una clara comprensión en cuanto a cuándo te va a informar sobre el avance de la obra; y (3) tengas toda la ayuda de respaldo que tú o él puedan necesitar. Al explicar claramente qué es lo que se va a delegar, y hablar con la persona que recibe la responsabilidad delegada para asegurarse de que tiene tanto el tiempo como el conocimeinto para hacer el trabajo, se puede superar gran parte del problema.
>
> El segundo problema, que es menos obvio, es un resultado de algo que es una de las ventajas principales en la organización cristiana: su sentido de propósito y dirección comunes. Muchas veces tus subordinados creen que ellos saben qué es lo mejor para la organización, y en vez de considerar que la tarea que les has delegado les viene de ti, la consideran como parte de la tarea de la *organización*. Con tal percepción, la información y comunicación que te ofrezcan sobre lo que están haciendo fácilmente pueden irse abajo. Repito que esta clase de problema puede manejarse mejor explicando claramente con anticipación qué es lo que ha de hacerse y cuáles serán los puntos de control a lo largo del proceso.

Nadie discute el hecho de que el líder que delega responsabilidades, bien sea en una organización cristiana o no cristiana, puede lograr más—mejor y más rápido—que el que trata de hacer la mayor parte de las cosas por sí solo. Sin la práctica de la delegación de actividades, el hombre está limitado en fuerza, capacidad y tiempo.

Preguntas que deben hacerse

Delegar responsabilidades es transferir el trabajo de un empleado en particular a otro. Naturalmente surge la pregunta: "¿Cuál trabajo, y a quién se le debe delegar?" Una de las maneras de enfocar este asunto consiste en que el líder haga un estudio informal de todos los trabajos que pasan por su escritorio, y se haga las siguientes preguntas: "¿Podría alguna otra persona hacer esto?" "¿Podría asignársele a otro empleado parte del trabajo?" "¿Qué sería lo peor que pudiera ocurrir si otro se hiciera cargo de él?" "Si le encargo el trabajo a algún empleado, ¿qué podría decirle específicamente para evitar que le maneje mal?"

Tal vez el asunto más difícil que el líder debe vencer es la idea de que dicho empleado desempeña cierta tarea mejor que cualquiera otra persona. Esto conduce a la desconfianza en los demás. Además, tal actitud u opinión realmente delata una deficiencia en el mismo líder, porque, bien no puede explicar un trabajo a otra persona, o carece de la capacidad organizativa para destribuir el trabajo adecuadamente y aun supervisarlo hasta que se haga por completo.

Por otra parte creo que se debe decir que los líderes no deben dejar todas las decisiones a sus asociados. El hecho de ofrecer al individuo o al grupo mayor libertad de la que están dispuestos a aceptar en determinado momento bien pudiera tener la tendencia a degenerar en ansiedades. Esto, en vez de facilitar el alcance de los objetivos deseados, inhibe. Pero esto no debe impedir que el administrador haga un continuo esfuerzo de confrontar a sus subordinados con el desafío de la libertad que ofrece una eficaz delegación.

Piensa, piensa en delegar responsabilidades

Los líderes tienen que aprender a actuar mediante la delegación de autoridad para ser eficaces en su liderato. Muy a menudo han dicho los empleados: "Tengo la responsabilidad, pero no tengo la autoridad". Esto sólo puede conducir a la frustración y a la pérdida de incentivo para la persona que se encuentra en esta obligación. Es fácil escribir o hablar acerca de la delegación de responsabilidades, pero mucho más difícil es ponerla en práctica. Un escritor ha señalado que tal vez la mejor manera de saber si uno tiene éxito al delegar actividades consiste en examinar de cerca lo que ocurre en la oficina de uno unos pocos días antes de salir de vacaciones.

El hecho de no delegar responsabilidades puede ser legítimo en algunas oportunidades a causa de las deficiencias de los subordinados. Si esto ocurre, tienes que pensar en la necesidad de sustituirlos. O el hecho de no delegar pudiera deberse a tu inseguridad personal. Repito, ¡si no estás dispuesto a hacer el esfuerzo de delegar responsabilidad, una breve visita al cementerio local pudiera tener un asombroso efecto!

El líder sabio no hace aquello que fácilmente se puede asignar a otras personas. No sólo ayuda a desarrollar a las personas mediante la delegación de actividades, sino que él mismo continuará siendo aquella persona de facultad creadora que no está dominada por los detalles innecesarios.

Me impresiona poco cuando veo a un administrador que se lanza a una actividad tormentosa. Pero gana mi admiración cuando entrega tales acciones en manos de sus subordinados.

El ejecutivo logra los resultados principalmente a través de la gente. Pero hay un peligro. Para esperar que tu gente produzca resultados, tienes que capacitarla para que los produzca.

Un consultor dijo una vez: "Ningún ejecutivo crece simplemente; se delega a sí mismo para el crecimiento". Estoy completamente de acuerdo con eso. Las pruebas que se han hecho demuestra que al delegar el trabajo, es prudente transferir la tarea en sí y no necesariamente el procedimiento. En último análisis, lo que vale es el resultado. La posición de bateo de un jugador de béisbol no es tan importante, si él se las arregla para golpear constantemente la pelota de tal manera que salga un hit.

Andrew Carnegie explicó una vez la fórmula de su éxito como sigue: "Es muy simple. Sólo soy un hombre que sé alistar para mi servicio hombres mejores que yo mismo".

La delegación de responsabilidades implica cuatro ideas básicas:

1. Transferir el trabajo.
   Una tarea que se asigna pasa del líder a un subordinado, y éste acepta

el trabajo que se le encomienda, basado en los resultados que se esperan.

2. Transferir autoridad.

Esto es esencial en la mayoría de los casos. La mayoría de los expertos en administración y organización creen que la autoridad debe medirse según la naturaleza del trabajo.

3. Aceptación de la responsabilidad.

Si la delegación del trabajo ha de ser eficaz, el subordinado tiene que estar genuinamente dispuesto a realizarlo y tiene que tener la iniciativa para lograr que se haga.

4. Importancia de la consolidación y la responsabilidad.

Delegar un trabajo no significa abandonar todo interés en él. El líder aún es responsable y, por tanto, siempre debe estar disponible y listo para dar ayuda y consejo al subordinado cada vez que los necesite.

Beneficios procedentes de la delegación de actividades

La delegación de responsabilidades siempre ofrece sustanciales beneficios a toda la organización por cuanto ayuda a desarrollar el talento y las habilidades latentes. Notemos los siguientes beneficios:

1. Mejora la comprensión entre los niveles.

Casi siempre sucede que cuando personas de un nivel emprenden un trabajo correspondiente a un nivel superior aumenta la comprensión a causa de que se desarrolla una apreciación más profunda de los problemas y demandas.

2. Mejora la relación entre el líder y sus seguidores.

La creciente comprensión desarrolla la armonía, lo cual tiende a fortalecer las relaciones. Los líderes aprenderán a confiar más en sus subordinados, y éstos a su vez aprenderán a ser más útiles a sus supervisores.

3. Aumenta la satisfacción y la moral en el trabajo.

La delegación de responsabilidades es un poderoso medio para la satisfacción en el trabajo. Ha quedado muy bien establecido que la moral depende menos del pago y de los beneficios, y más de la manera como se siente la gente con respecto a sus líderes en el trabajo. Cuando las relaciones son galardonadoras, la gente resulta más productiva. Esto ayuda a desarrollar un fuerte espíritu de equipo entre los departamentos, el cual es fundamental para la eficiencia de la organización.

Beneficios para el líder

1. Suaviza las presiones del trabajo.

Alivia la presión del trabajo. La posición de liderato envuelve muchas frustraciones y tensiones.

2. Aumenta el tiempo para las funciones más amplias.

Cuando se delegan los aspectos menos importantes del trabajo, el líder queda libre para las funciones más importantes de administración y liderato. Esto le concede más tiempo para planificar y hacer cuidadosas decisiones.

3. Aumenta las oportunidades de promoción.

Esto se hace posible por el hecho de que cuando una persona delega responsabilidades, queda libre para desarrollar otras capacidades que aumentan su valor para la organización. Además, cuando esté listo para asumir una posición de mayor responsabilidad, habrá un sustituto disponible para él en su propio departamento.

Beneficios para los subordinados

1. Hay desafío e interés.

A la mayoría de nuestros asociados les agrada un desafío, especialmente si quieren avanzar en la organización. La autoridad delegada les concede la oportunidad de demostrar lo que pueden hacer, de probarse a sí mismos en nuevas situaciones, y de hacer errores y aprender de ellos.

2. Aumenta la motivación.

Las oportunidades que ofrece la delegación de actividades estimulan a los subordinados a un trabajo más eficaz. Si encuentran que tienen éxito en tareas que están fuera de su rutina, aumentarán su confianza y esfuerzos para el desempeño y la realización.

3. Aumentan las oportunidades.

La delegación de actividades ofrece oportunidades a los subordinados para que practiquen sus capacidades administrativas, para que comprendan los problemas, presiones y puntos de vista del líder y logren una perspectiva más amplia de todo el cuadro de la empresa. En resumen, los prepara tanto para actuar más responsablemente en su trabajo como para aceptar una posición de mayor responsabilidad en lo futuro.

Por qué fracasan algunos líderes

El hecho de no delegar responsabilidades puede socavar el liderato de uno. Hay varias razones por las cuales los supervisores descartan esta importante función.

1. Creen que los subordinados no podrán manejar la asignación.
2. Temen que los subordinados les hagan la competencia.

3. Tienen temor a perder el reconocimiento.
4. Temen que sus debilidades serán expuestas.
5. Piensan que no tendrán tiempo para entregar el trabajo a otros y ofrecer la necesaria preparación.

Si analizamos realistamente estas razones, cada una de ellas señala defectos sicológicos o de supervisión que realmente ponen de manifiesto la necesidad de delegar trabajo para ayudar a la cura de la enfermedad que implica.

Cómo delegar responsabilidades

Consideremos seis principales principios para la delegación de responsabilidades. Si uno se adhiere a éstos fortalecerá grandemente su propia posición y el reconocimiento.

1. Selecciona los trabajos que haz de delegar y organízalos para transferirlos.
2. Escoge a la persona adecuada para el trabajo.
3. Prepara y motiva a la persona a quien has de encomendar el trabajo para su asignación.
4. Entrégale la tarea y asegúrate de que comprende plenamente lo que ha de hacer.
5. Estimula la independencia.
6. Mantén la supervisión de control: nunca sueltes las riendas.

Nunca olvides que la delegación eficaz de responsabilidades añade progreso, fomenta la moral, inspira la iniciativa. "La prueba final de un líder —dijo Walter Lippman— es que deja en otros hombres la convicción y la voluntad para seguir adelante".

Esto se puede hacer por medio de una delegación eficaz de responsabilidades.

La delegación es un instrumento que raras veces se utiliza bien. Mi colega R. Alec Mackenzie, en su libro *The Time Trap* (La trampa del tiempo), señala las barreras críticas para la delegación de responsabilidades.

Barreras para él que delega

1. Tiene que tener preferencia por la operación.
2. Exige que todo el mundo sepa todos los detalles.
3. Puede ser víctima de la falacia: "Es mejor que yo mismo lo haga".
4. Falta de experiencia en la delegación de actividades.

5. Inseguridad.
6. Temor a no agradar.
7. El negarse a cometer errores.
8. Falta de confianza en los subordinados.
9. El perfeccionismo, la dirección dominante.
10. La falta de capacidad organizativa para equilibrar las cargas de trabajo.
11. La falta de delegar autoridad en proporción con la responsabilidad demostrada.
12. Incertidumbre con respecto a las tareas e incapacidad para explicarlas.
13. Falta de inclinación hacia el desarrollo de los subordinados.
14. Falta de establecer controles efectivos y un proceso de consolidación.

Barreras para la persona que recibe el trabajo delegado

1. Carece de experiencia.
2. Carece de competencia.
3. Se abstiene de asumir responsabilidades.
4. Demasiada dependencia en el jefe.
5. La desorganización.
6. El exceso de trabajo.
7. Puede estar inmerso en cosas triviales.

Barreras que se presentan para la situación

1. Da la apariencia del plan de un solo hombre.
2. La falta de saber tolerar los errores.
3. La crítica contra las decisiones.
4. La urgencia, que no deja tiempo para hacer explicaciones (crisis de administración).
5. Confusión en las responsabilidades y en cuanto a la autoridad.
6. Escasez de personal.[5]

Necesitas delegar más responsabilidades

A continuación se te ofrecen algunas preguntas para ayudarte a marchar hacia una buena práctica en la delegación de responsabilidades.

1. ¿Tienes que llevar trabajo a casa casi todas las noches?
   Sí _____. No _____. ¿Por qué? _____
   _____
   _____

   Enumera las medidas que puedes tomar para reducir esto.
   _____
   _____

2. ¿Trabajas más horas que aquellos a quienes supervisas o que lo acostumbrado para los que trabajan por horas en el negocio? Sí _____. No _____. Si contestas positivamente, anota lo que puedas hacer para cambiar esta situación. _____

_____

3. ¿Tienes poco tiempo para otros compromisos, recreación, estudio, obra cívica, etc.? Sí _____. No _____. Anota cómo pudieras obtener ese tiempo. _____

_____

4. ¿Necesitas dos o más teléfonos para mantenerte al día con el trabajo? Sí _____. No _____. ¿Y cómo llegaste hasta ese punto? _____

Escribe algunos planes para resolver ese problema _____

_____

5. ¿Eres frecuentemente interrumpido porque otros acuden a ti con preguntas o en busca de consejo o decisiones? Sí _____. No _____. ¿Por qué ocurre esto? _____

Enumera las estrategias para reducir estas interrupciones. _____

6. ¿Piensan tus empleados que ellos no deben hacer decisiones relacionadas con el trabajo, y te traen todos los problemas? Sí _____. No _____. Ejemplos: _____

Escribe lo que puedes hacer para cambiar esto. _____

_____

7. ¿Gastas parte de tu tiempo haciéndoles a otros cosas que debieren realizar por su cuenta? Sí _____. No _____. Ejemplos: _____

Escribe lo que pudieras hacer para evitar esto. _____

8. ¿Se te está acumulando el trabajo no terminado, o tienes dificultad para tener listos los trabajos en el tiempo fijado? Sí _____. No _____. Ejemplos: _____

Anota cuándo podrías terminar estos trabajos a tiempo. _____

_____

9. ¿Pasas la mayor parte de tu tiempo trabajando en detalles, y no planificando ni supervisando? Sí _____. No _____. ¿Por qué? __
_____
_____

Anota cómo podrías mejorar el equilibrio. _____
_____

10. ¿Crees que debes mantener un directo control de los detalles para que otro haga bien el trabajo? Sí _____. No _____. Ejemplos: _____
_____
_____

11. ¿Te ocupas tú de los detalles porque te agrada, aunque otra persona pudiera desempeñarse bien con ellos? Sí _____. No _____. Como por ejemplo, _____
_____

Lo que se puede hacer al respecto es lo siguiente: _____
_____

12. ¿Tienes la inclinación de tener la mano metida en todo lo que acontece? Sí _____. No _____. Ejemplos: _____
_____

Las siguientes prácticas pudieran sustituir ese procedimiento: _____

13. ¿Te falta confianza en la capacidad de tus trabajadores, por lo cual temes correr el riesgo de que ellos se encarguen de más detalles? Sí _____. No _____. Ejemplos: _____
_____
_____

14. ¿Estás demasiado envuelto en los detalles (un perfeccionista) que no son importantes para los objetivos principales de tu posición? Sí _____. No _____. Ejemplos: _____
_____
_____

Escribe los nuevos planes que tienes para contrarrestar esto. _____

15. ¿Guardas los detalles en secreto para que no los sepan los trabajadores, para que ninguno de ellos te desplace? Sí _____. No _____. Ejemplos: _____
_____
_____

Anota los nuevos planes de acción al respecto. _____
_____
_____

16. ¿Crees que un ejecutivo debe apresurarse para justificar su salario? Sí _____. No _____. ¿Por qué? _____
_____

El principal trabajo de un ejecutivo es el siguiente: _____

_____

17. ¿Vacilas en admitir que necesitas ayuda para mantenerte a flote en tu trabajo? Sí _____. No _____. Ejemplos de ayuda que puedes utilizar: _____

_____

_____

Enumera algunos de tus subordinados que pueden prepararse para proporcionarte esa ayuda. _____

_____

18. ¿Eres negligente en pedir a los trabajadores sus ideas con respecto a los problemas que surgen en su trabajo? Sí _____. No _____. Ejemplos: _____

_____

_____

Escribe lo que puedes hacer para cambiar esto. _____

_____

_____

_____

¿Qué es lo que se necesita delegar?

Ahora cuando sabes que debes delegar más responsabilidades, la siguiente pregunta lógica es ésta: "¿Qué debo delegar?" Hacemos bien en recordar que la obra que se ha de delegar debe ser seleccionada para que los beneficios sean compartidos entre el líder y el subordinado.

En primer lugar, se deben delegar los detalles rutinarios. Las decisiones menores deben ser referidas a otra persona para que el líder pueda concentrarse más en funciones más importantes. Las tareas que consumen tiempo también pueden delegarse a los subordinados. Lo que parece ser una diligencia torpe para el líder puede ser una oportunidad interesante para el subordinado.

En segundo lugar, cuando el líder no está plenamente capacitado en determinada área, otra persona debe manejar el trabajo. Esto es especialmente cierto cuando algún departamento es sumamente técnico o especializado. Puede que el jefe no siempre esté al día en los últimos detalles por causa de los nuevos avances: su educación original y su preparación pueden ser obsoletos, o las presiones de su trabajo pueden interferir en el tiempo que necesitaría para aprender nuevas habilidades y especialidades. Las tareas de esta clase ciertamente deben ser delegadas.

En tercer lugar, la delegación de responsabilidades debe ocurrir para evitar la excesiva especialización. Si el líder llega a atascarse con los aspectos técnicos de su trabajo, debe pensar en la ayuda de otros. En la vida de un individuo puede llegar un tiempo en que debe cesar de confiar en su competencia técnica y dedicar más plenamente su atención al desarrollo de las capacidades y habilidades administrativas y del personal. El delegar responsabilidades le concederá más tiempo para incrementar su competencia general como administrador dirigente.

En cuarto lugar, las tareas de resolver problemas deben ser delegadas a menudo. Tales tareas aumentan las capacidades de decisión de los subordinados y la utilidad de ellos dentro de la organización. Además, agregan variedad y desafío al trabajo del subordinado y, por tanto, aumentan su interés en él.

¿Qué es lo que no se debe delegar?

Hay ciertas funciones claves que nunca deben ser entregadas a otras personas. Una de las razones por las cuales se deben delegar responsabilidades es que el líder quede libre a fin de que pueda desempeñar sus funciones claves. Estas funciones pueden ser compartidas, pero nunca completamente delegadas. He aquí algunos ejemplos de esto: (1) el establecimiento de objetivos, para la división o el departamento ante el cual es responsable; (2) los arreglos para trabajo de equipo, mediante la organización del trabajo de tal modo que se obtenga máxima coordinación, máxima comunicación y máxima cooperación; (3) la preparación y el desarrollo de los subordinados, para que adquieran conocimiento y habilidad a fin de que aumente su motivación y su satisfacción en el trabajo; (4) el establecimiento de metas individuales sobre cantidad, calidad, costos y tiempo.

Los asuntos disciplinarios tampoco deben delegarse nunca. La autoridad final en tales asuntos tiene que reposar sobre el líder, pues la revisión final de la posible acción disciplinaria le tocará a él de todos modos.

A quién se deben delegar responsabilidades

El líder debe ser inflexible en la selección de los individuos a quienes va a delegar responsabilidades. Hay varios factores que se deben tener en cuenta cuando se hace la selección de personas para delegarles responsabilidades: (1) Debe tenerse en cuenta a la persona que busca una responsabilidad adicional. La persona que quiere una oportunidad para desarrollarse y demostrar lo que puede hacer merece que se le dé tal oportunidad. (2) Debe tenerse en cuenta a aquél cuya potencialidad es desconocida. Tal vez sea un individuo nuevo en el departamento o alguien cuyo trabajo es sumamente simple y rutinario. El delegarle una responsabilidad constituye una oportunidad para que el líder evalúe mejor el desempeño y la potencialidad del individuo. (3) Debe pensarse en el hombre que esté más cercano al trabajo. Lo mejor es no delegar nada a alguien que se encuentre varios niveles más abajo del nivel de la responsabilidad que se va a delegar, pues el trabajo será desempeñado más eficazmente por alguien que esté más cerca de la verdadera situación.

A quiénes no deben delegárseles responsabilidades

Debe evitarse el encomendar actividades a ciertos tipos de personas: (1) Individuos que estén fuera del grupo. Si se hace esto, los del grupo se resienten, por cuanto esto constituye una interferencia que no tiene ninguna garantía en la esfera de autoridad y de responsabilidad de otra persona. (2) Individuos que se hallen a varios niveles más abajo que el nivel del líder. Ya lo dijimos en el párrafo anterior, pero aquí queremos destacarlo. Tal delegación quebranta la cadena de organización eficaz. Siempre es mejor que la delegación venga directamente del inmediato superior. (3) También debe evitarse la delegación de responsabilidades a individuos en los cuales privan ciertos factores. Entre estos están incluidos los subordinados que no están técnica o administrativamente listos para recibir más responsabilidad. Tal vez ni siquiera hayan dominado sus propias tareas, porque tal vez no hayan tenido la experiencia requerida que los haga competentes para hacer frente a otras cargas adicionales. Por otra parte, algunos subordinados puede que no estén emocionalmente preparados; pudieran tener dudas con respecto a sus capacidades, o por estar satisfechos donde están, no desearían cambiarse. Algunas veces es necesario el cuidadoso entrenamiento a fin de que el individuo esté sicológicamente preparado.

Finalmente, si el trabajo que se agrega va a interferir en el desempeño regular del hombre, sus líderes deben estar seguros de que tal persona entiende esto y está dispuesta a aceptarlo. Hacer que los subordinados trabajen horas extras sin la debida compensación es algo que probablemente no conducirá a la buena moral ni al desempeño eficaz.

(4) Hay que evitar el favoritismo. Conviene dar aquí una vigorosa palabra de precaución, pues el hecho de delegar responsabilidades exclusivamente a individuos preparados y dispuestos, puede conducir a sobrecargar al trabajador que tenga esta disposición, lo cual es posible que tenga efectos negativos en su motivación o en su salud; o puede crear envidia por el hecho de que el líder tiene unos pocos favoritos; esto tendrá resultados perjudiciales en la moral del grupo.

Las relaciones personales en la delegación de responsabilidades

Es esencial que haya una sólida relación entre el líder y sus subordinados, si la organización ha de cosechar los beneficios de este procedimiento de delegación de autoridad. Hay por lo menos cinco puntos importantes que recordar que ayuden a desarrollar el clima adecuado para la delegación de responsabilidades que ayude a obtener el máximo resultado positivo del proceso.

El *primero* es la confianza. El subordinado tiene que sentir que su supervisor, al delegarle una responsabilidad, está genuinamente interesado tanto en el bien del uno como del otro. La confianza se fomentará si se cumplen los siguientes consejos: (1) No hagas la decisión que le corresponde hacer a otro hombre. Teodoro Roosevelt dijo una vez que el mejor ejecutivo es el que tiene suficiente sentido para escoger buenos hombres para hacer lo que quiere y se refrena suficientemente para no mezclarse con ellos mientras lo están realizando. Si por alguna razón, el supervisor tiene que meterse, debe explicar la razón de ello, y hacer la decisión en consulta con el subordinado. (2) No retengas la información necesaria. Si haces esto, conviertes la responsabilidad delegada en una vergüenza. (3) No le pises los talones al subordinado, ni directamente, ni a través de la observación de otros subordinados. Esto crea siempre intranquilidad, suspicacia, desconfianza y resentimiento; y puede destruir el propósito total de la delegación de la responsabilidad.

Segundo, debe haber una clara manifestación de la responsabilidad. Es mejor hacerlo por escrito antes que el subordinado emprenda el trabajo, a fin de que sepa presicamente cuáles son los resultados que se esperan. Este requerimiento envuelve varias consideraciones: (1) Conviértelo en un desafío. Mientras el supervisor lo expresa claramente, al mismo tiempo debe evitar que la asignación suene como rutinaria o monótona. Aunque no debe omitir ninguno de sus aspectos, debe destacar aquellos que son interesantes, susceptibles de desarrollo y estimulantes. (2) Los objetivos deben expresarse claramente. Tienen que ser específicos, comprensibles, aceptables, logrables y medibles. (3) Establece límites claros. Una tarea delegada nunca debe expresarse vagamente; pero el subordinado debe saber exactamente qué es lo que se espera que haga y qué es lo que no debe hacer. Además, cuando se delegan actividades a diferentes personas, no debe haber nunca superposición de asignaciones. Cada individuo debe saber plenamente dónde termina su asignación y dónde comienza la de su compañero. Cuando se establecen límites se ayuda a que las personas se sientan más seguras al aceptar la tarea que se les delega. (4) Hay que establecer programas y normas. Los límites de tiempo deben estar claramente especificados desde el comienzo. El subordinado tiene que entender cuáles son las exigencias de calidad que dominan en el desempeño de su tarea. Esto lo guía en el cumplimiento de su responsabilidad.

Tercero, la tarea delegada debe ir acompañada por un grado apropiado de autoridad. Esto se puede enfocar de la siguiente manera: (1) El grado de autoridad tiene que ser cuidadosamente especificado. No hay nada que pueda conducir a una mayor confusión que el no saber hasta dónde puede uno llegar, ni de qué recursos puede disponer para realizar la tarea que se le delega. (2) Hay que especificar los grados de autoridad. A continuación sugiero un código útil para medir y registrar la autoridad relacionada con una tarea delegada:

a. Autoridad completa. Se faculta al individuo para decidir y tomar acción, sin consultar de antemano con el supervisor, ni informarle posteriormente sobre la acción que ha tomado. Esta acción rara vez choca, por cuanto casi todo lo que hace el supervisor se refleja o resume en diversos informes.

b. Autoridad para actuar e informar. El individuo puede decidir y actuar según los dictados de su criterio, pero posteriormente tiene que informar y mantener al líder informado. Estos informes pueden ser regulares o periódicos, o también pueden ser especiales e inmediatos.

c. Autoridad para actuar después de la aprobación. El individuo en este caso sólo puede actuar después de haber consultado con el supervisor y haber obtenido su autorización.

En todos los casos, debe concederse el grado apropiado de autoridad, para que la persona puede realizar eficazmente la tarea que se le delega.

Cuarto, debe haber una adecuada libertad para el desempeño. Sólo si se le permite el subordinado desempeñar la tarea que se le delega, podrá derivar beneficios de ésta, y aliviar verdaderamente a su superior de la carga de responsabilidad diaria. Esta libertad debe reflejarse por lo menos en dos aspectos generales. El primero es la libertad de una supervisión estricta. El hecho de supervisar excesivamente el desempeño de una persona niega los beneficios potenciales de la acción de delegar responsabilidades tanto para el subordinado como para el supervisor. Si el trabajo que se delega ha de ser eficaz, el subordinado tiene que tener libertad para ejercer su propio criterio y desempeñar el trabajo a su propia manera. El segundo es la libertad para cometer errores "de costo mínimo". En el desempeño de tareas de menor importancia, los errores generalmente no resultan muy costosos en lo que se refiere a dinero o tiempo. Los hombres aprenden a cometer menos errores y menos costosos y a mejorar su capacidad para hacer decisiones, al tomar acciones basadas en su propio criterio, al cometer errores ocasionales y al examiniar las razones y las causas de sus fracasos.

Quinto, debe haber una adecuada consolidación y un adecuado informe sobre los resultados a la supervisión. Como ya se indicó, la supervisión excesivamente estricta crea desconfianza; pero, por otra parte, el supervisor no debe abandonar al individuo para que se desempeñe estrictamente por su propia cuenta, sin ninguna forma de guía ni control. Este control debe reflejarse en los modos siguientes: (1) Debes estar disponible para consultas. El supervisor debe estar dispuesto a dar su consejo, si se le solicita y cuando se le solicite. Debe refrenarse de hacer ciertas decisiones, pero puede ofrecer información adicional, guía y sugerencias para ayudar al subordinado a que haga por su propia cuenta una mejor decisión. (2) Exije informes regulares sobre los resultados. Aunque no hay necesidad inmediata de consultar con el supervisor, se puede hacer algún arreglo para que el subordinado presente informes sistemáticos sobre el avance del trabajo y sobre los problemas. Es lo mejor, particularmente si el trabajo delegado abarca un largo período de tiempo. Debe convenirse sobre la frecuencia de estos informes, y esta frecuencia se puede cambiar si es necesario. La información regular al supervisor ayuda a dar un sentido de progreso y de realización al proyecto y evita que el supervisor abdique su responsabilidad final de la tarea.

Técnicas y procedimientos específicos

No hay fórmula completamente segura que cubra todas las situaciones de responsabilidad delegada, por cuanto este es un proceso dinámico y creador, que no se aprende por rutina. Sin embargo, hay normas generales que se aplican a la mayoría de las situaciones. El supervisor debe conocer estas normas y utilizarlas inteligentemente, y modificarlas cuando las condiciones lo exijan. A continuación presento por lo menos una lista parcial:

Primera, hay algunas reglas negativas aplicables a la delegación de responsabilidades por parte del supervisor: (1) No esperes hasta estar completamente abrumado por el trabajo para entonces delegar algo. Cuando uno está excesivamente ocupado, no puede pensar bien en lo que quiere delegar, ni seleccionar a la persona adecuada, ni dar apropiadas instrucciones sobre la tarea que ha de hacerse, ni proseguir adecuadamente el desempeño. (2) No esperes perfección. Uno no puede esperar un desempeño excelente de la noche a la mañana. (3) No te portes como un conductor que va sentado en el asiento de atrás de su vehículo. Da la libertad y la autoridad necesarias en relación con la asignación que has hecho. (4) No esperes hasta que ocurra una catástrofe. Si el subordinado se encuentra en dificultades, no esperes hasta que las cosas exploten para entonces actuar. Hay una separación definida entre marchar en el asiento de atrás y meterte cuando sea necesario: utiliza tu mejor criterio para evitar lo uno y, sin embargo, está listo a hacer lo otro.

Segunda, son importantes las actitudes del supervisor. Desde el comienzo, la delegación eficaz de actividades depende de la estructura mental y de la actitud del supervisor. A menudo lo primero que tiene que hacer es vencer su propia vacilación y su renuencia a delegar trabajo. Hay varias razones que explican esta renuencia, y el hecho de que las conozca puede ayudarle para que les haga frente en forma constructiva y eficaz. Tal vez piense que puede realizar mejor el trabajo por su propia cuenta; está acostumbrado a hacerlo, y sabe cómo debe hacerse. Pudiera disgustarse e impacientarse mientras la persona a quien delega el trabajo está aprendiendo y tal vez desempeñándose en forma deficiente. Sin embargo, en estos casos, la práctica es la que hace al maestro. Con el tiempo, el subordinado indudablemente podrá desempeñar la tarea satisfactoriamente. Repito que la falta de confianza del líder en su gente, por cuanto piensa que no están listos, ni dispuestos, ni capacitados para hacerse cargo de más trabajo, puede convertirse en un problema. Sin embargo, esta es realmente una crítica que puede ir directamente contra el supervisor. Esto pudiera constituir una vigorosa indicación de que él mismo no ha estado haciendo un adecuado trabajo de selección, entrenamiento y desarrollo de sus subordinados. Por otra parte, tal vez el líder no pueda comunicarse efectivamente. Si este es el caso, el supervisor debe desarrollar y practicar estas habilidades para que le ayuden en el proceso de delegar responsabilidad.

Otro de los problemas puede ser el deseo del líder de retener la autoridad. Esto puede convertirse en una verdadera barrera cuando el líder se halle sicológicamente incapaz de compartir alguna clase de autoridad con sus subordinados. Se admite que es difícil vencer tal actitud, pero ningún administrador que la tenga puede lograr el pleno desarrollo de su potencialidad. Puede ser necesario un examen básico de sus intereses, habilidades, aspiraciones y potencialidad que vuelva a establecer un equilibrio entre sus propios sentimientos de confianza en sí mismo y la amenaza que siente de un desempeño superior de parte de sus subordinados.

En *tercer* lugar, tiene que haber un continuo interés en delegar responsabilidades. Es un proceso recíproco que debe ser iniciado por el líder. Como comunicador eficaz, el líder tendrá un número de canales de comunicación establecidos entre él y sus subordinados, y puede usarlo para concentrar la atención de su gente en el trabajo que él pudiera delegar, a fin de estimular el interés de ellos en emprenderlo. Algunos de tales canales son las reuniones regulares de grupos, para tratar sobre ventas, producción, calidad, costos, etc.; entrevistas para echar un vistazo al desempeño; informes y consultas semanales; y situaciones de entrenamiento y consejo.

Una sólida relación supervisor-subordinado es la única estructura dentro de la cual puede ocurrir una eficaz delegación de responsabilidades. Si existe esta relación, el supervisor conocerá los intereses y el potencial del individuo, contará con la confianza de éste y tendrá constante comunicación con él. En tal situación, el empleado y su supervisor están listos para llevar a la práctica el proceso de delegación de responsabilidades, y pueden practicarla para beneficio de sí mismos y de toda la organización.

Indicaciones útiles

Haré una sugerencia final sobre la delegación de responsabilidad. Es prudente mantener una "gráfica sobre el desempeño del trabajo delegado", en privado. Esto te permitirá conocer a aquellos a quienes puedes encomendar algún trabajo, y así puedes llevar un registro de tu propio éxito en el proceso de delegar responsabilidades.

En el liderato es fundamental el desarrollo de un estilo de vida equilibrado. Los intereses foráneos y el descanso son necesarios para tener un cuadro global de la personalidad. La delegación de responsabilidades realmente puede ayudar a tu crecimiento como persona: te proveerá más tiempo para el trabajo, para el juego, para el amor y para adorar a Dios. Esta es una buena prescripción para la salud del ejecutivo. A menos que el líder disfrute de buena salud y de paz mental, no podrá estar en el sitio de labor trabajando bien para mantener su escritorio listo para la acción. Es entonces cuando la organización sufre junto con él.

Dirigir significa decidir

Luego del nombramiento del personal, de poner en práctica la comunicación y saber ejercer las funciones de delegación de actividades, la cuarta función que necesita la adecuada dirección es la buena toma de decisiones. Esta es una de las señales más destacadas del liderato eficaz. Muchas veces la decisión que se hace equivale a un problema que se resuelve. Hay varios pasos que todo líder debe considerar para fortalecer su capacidad en el proceso. Primero tiene que identificar y describir la situación exactamente; tiene que aprovechar todos los hechos que estén a su disposición. En segundo lugar, tiene que ordenar las alternativas. Tienen que tenerse en consideración todas las opciones; estas pueden ir desde una alternativa donde no hay necesidad de acción (sino que basta con la misma decisión) hasta una hueste de posibilidades. En tercer lugar, tiene que comparar las diversas opciones; esto se hace mejor considerando tanto las ventajas como las desventajas. En cuarto lugar, tiene que considerar los riesgos que envuelve cada alternativa. Por último, tiene que seleccionar la mejor opción, basado en la total evaluación que ha hecho de todas.

Considera lo relativo al tiempo y a los obstáculos

Cuando se ha completado el antedicho proceso, la siguiente consideración es: "¿Cuándo debo proceder?" Tal vez sea mejor posponer el comienzo hasta que prevalezca el conjunto adecuado de circunstancias. Antes de hacer la decisión, siempre es mejor tomar un poco de tiempo antes de anunciarla; detenerse a pensar. Dios pudiera tener otros planes.

Después de tomar la decisión, no adivines por segunda vez. Dedícate a ella y motiva a los demás que van a estar envueltos en el trabajo. Y no busques popularidad en las decisiones que tomas, pues el liderato a menudo puede ser solitario, riesgoso y costoso. No vaciles. Cuando ocurre la vacilación, las personas la detectan rápidamente, y esto puede crear mucha inseguridad en la organización.

En el camino hay muchas piedras de tropiezo para la decisión eficaz. Uno de los serios obstáculos es la renuencia a proceder por temor a cometer un error. Todas las empresas que han tenido éxito en la historia han corrido grandes riesgos; el líder eficaz tiene que estar dispuesto a cometer errores y a sacar provecho de ellos. Cuán acertado es el proverbio: "El crimen no está en fracasar, sino en tener un blanco bajo".

Para asegurar la objetividad, hay que tener cuidado. Las decisiones deben basarse en datos verificados. Hay que tener en consideración la economía en el uso de talentos y dones, y uno tiene que tener el cuidado de no dejarse llevar por una ola de emoción. Tal vez lo más importante que el líder debe hacer al prepararse a tomar una decisión es preguntarse: "¿Cuál es el problema real?" Cuando se identifica el problema se descubrirán las mejores soluciones posibles, de las cuales se debe escoger la mejor.

Examina las decisiones que hace un líder y allí verás exactamente reflejadas su capacidad para razonar, sus facultades de observación y su actitud hacia las personas. Estas decisiones demostrarán si es positivo, lógico y visionario; o incierto, confuso y defensivo.

Algunos principios importantes

Como se ha hecho con otras capacidades administrativas, la de tomar decisiones se ha analizado con gran profundidad en años recientes. Firmas consultoras, seminarios, libros y artículos periodísticos señalan la naturaleza seria de esta facultad. Se han compilado muchas listas de principios para ayudar a los líderes a hacer decisiones. Todas pueden ser sumamente valiosas, pero a continuación presento una lista general que me ha parecido útil:

1. No hagas decisiones bajo presión. Es mejor retardar una decisión que hacerla cuando estás airado, disgustado o bajo una gran presión.
2. No hagas decisiones de repente. Las decisiones que brotan momentáneamente son meras conjeturas, a menos que estén respaldadas por los datos adecuados.
3. No te arrastres lenta y penosamente. La decisión hay que hacerla alguna vez. El posponerla generalmente trae como resultado algo más que se añade al ya superabundante inventario de negocios no terminados.
4. Consulta con otras personas, particularmente con aquellos que serían afectados por tu decisión.
5. No trates de prever todo. Nunca contarás con todos los hechos, así que tendrás que basar tu acción en los hechos que tienes a disposición en el momento en que se necesite la decisión.
6. No tengas temor de hacer una decisión equivocada. Nadie entre los humanos es omnisciente. Toda decisión envuelve riesgos.
7. Tan pronto como hayas hecho la decisión, pasa a otro asunto. No ganas nada al preocuparte por las decisiones pasadas, y en cambio, pierdes la capacidad para dedicar tu atención plena y desapasionadamente a otras decisiones importantes.[6]

La coordinación o dirección es un proceso continuo. Tiene que mantenerse y lograrse.

Notas

[1]Frank Gobel, "Excellence in Leadership" (La excelencia en el liderato), Nueva York: American Management Association, 1972, pág. 26.

[2]Ordway Tead, *The Art of Leadership* (El arte del liderato), Nueva York: McGraw-Hill Book Company, Inc., 1963, pág. 34.

[3]Lee O. Thayer, *Administrative Communication* (Comunicación administrativa), Homewood, Illinois: Richard D. Irwin, Inc., 1961, págs. 254, 255.

[4]Ted W. Engstrom and R. Alec Mackenzie, *Managing Your Time* (El manejo de tu tiempo), Grand Rapids: Zondervan Publishing House, 1974, págs. 131, 132.

[5]R. Alec Mackenzie, *The Time Trap* (La trampa del tiempo), Nueva York: Amacom, 1972, págs. 133, 134.

[6]Harold Shapp, "Trained Men" (Hombres preparados), en *Executive's Digest* (Sumario del ejecutivo), vol. 44, No. 3, marzo de 1965.

CAPITULO 16
El líder tiene que controlar efectivamente la operación

 El control necesario es la única manera en que los resultados que se logren se conformarán a los planes previamente hechos.

Además de las tareas principales de planificar, organizar y dirigir, el líder tiene que ejecutar las actividades diseñadas para asegurar que los resultados que se logren se conformen a los planes previamente hechos y aprobados. Para lograr esto tiene que controlar.

Tenemos que reconocer que cuando delegamos responsabilidades o dirigimos, no necesitamos perder el control. Cuando delegamos la autoridad para una tarea, no abdicamos la responsabilidad final del trabajo. En la mayoría de los casos, los controles van dentro de la misma asignación, como por ejemplo, los límites del tiempo, los informes periódicos acerca del progreso, o el presupuesto prescrito. Los controles pueden ser pocos o muchos, pero nunca debemos obstaculizar una tarea al no revisarla periódicamente.

Hay varios factores que influyen en la eficacia de los controles. Podemos entender mejor esto comparando al líder verdaderamente profesional con el aficionado o inexperto: (1) El profesional continuamente utiliza sus errores como base para mejorar su futura actuación. El aficionado puede enorgullecerse de su triunfo y disimular sus errores. (2) El profesional es sistemático, no sólo en sus actividades profesionales, sino en programar y controlar el trabajo de otras personas y los recursos que tiene a su disposición. (3) El profesional generalmente tiene un mejor sentido del tiempo para cristalizar las cosas en su departamento. (4) El profesional sabe emplear la información para mejorar las operaciones.

Se necesite tanto preparación como experiencia para desarrollar estas características plenamente. Pero puede acelerarse el ritmo al cual el líder las aprende, poniendo una atención ordenada, racional y consciente a la técnica y al método de realizar todas las funciones de la administración. Para obtener los resultados deseados, el líder tiene que concentrarse en que los planes, la organización y la dirección culminen en controles.

Aprendizaje procedente de los errores

El aprendizaje mediante el intento y el error puede ser una educación costosa, no sólo para el líder, sino también para su organización y para los empleados de su departamento. Naturalmente, la experiencia de otros es el método más importante para aprender, pues así se evitan los errores que ellos hayan cometido. Aun en este caso, sin embargo, no se ha logrado el toque final, puesto que nadie aprende jamás las lecciones plenas, basado en los errores de algún otro individuo. Un administrador que aprende lecciones de su propia experiencia está en condiciones de crecer y desarrollarse más rápidamente.

El método más fructífero de análisis para cubrirse uno contra el error envuelve cuatro pasos básicos. En primer lugar, el líder tiene que desarrollar su plan y establecer normas de ejecución. Después que el plan se ha puesto en operación, los resultados se comparan con estas normas; las diferencias se informan a la planificación para la segunda fase, que es la realización de las operaciones. Con esto se pone en movimiento el plan, se dirigen las diversas fases de tal modo que se mantengan en armonía la una con la otra. Luego viene la revisión, en la cual se miden los resultados reales confrontándolos con el plan o con las normas y notando las diferencias. Esto se complementa mediante el análisis de las razones por las cuales se notan diferencias.

Finalmente, es necesaria la información acerca del resultado del proceso. Allí entra la información exacta acerca de las variaciones entre el resultado real y lo planificado, y una comprensión sobre la razón de las variaciones. Luego se puede tomar la acción correctiva, que consiste en cambiar el plan o modificar las operaciones.

Este simple control puede utilizarse para saber lo que está pasando o lo que ha ocurrido. Reduce los errores y permite una penetración a niveles nuevos y más elevados de desempeño.

Tal vez la peor aplicación de este concepto de control se produce cuando se permite que se convierta en un vehículo para el ejercicio de la facultad del veto por parte del líder con relación a cualquier clase de estímulo positivo para el mejoramiento. En tal procedimiento, el líder utiliza el control sobre el sistema de comunicación como medio para aumentar su poder personal. Infortunadamente, en muchas organizaciones, las ideas brotan y los vetos las sofocan.

Para que el control sea una fuerza constructiva y creadora, el mismo líder tiene que desempeñar más que un simple papel administrativo de control. Como ya lo notamos, el líder tiene que constituir una fuerza positiva y poderosa para la motivación. Ningún líder ha producido nada mediante la simple lectura de informes. Debe hacerse el hincapié en el desempeño y luego en el control, y no a la inversa. Una señal cierta del estancamiento administrativo es un sistema rígido de controles innecesarios que estrangulen el flujo de nuevas ideas y de innovación, que es esencial para el continuo crecimiento de la empresa.

El impulso para realizar es tan vital cuando analizamos el éxito que hemos dedicado un capítulo entero a este importante tema. Primero tiene que estar motivado el mismo líder. Luego, una de sus principales tareas es la de motivar a sus subordinados. Una buena ayuda para un detallado estudio de este tema es la jerarquía de las necesidades sicológicas introducida por Abraham Maslow, el padre de la moderna teoría de la motivación. Su "jerarquía" es el punto de comienzo para cualquier profunda comprensión de la motivación industrial. La base de esta jerarquía incluye nuestras necesidades sicológicas: en la escala de abajo hacia arriba aparecen nuestras necesidades de seguridad, de pertenencia y de amor; luego la necesidad de estima; por encima de todo está nuestra necesidad de autorrealización.

La mayor parte de los sicólogos están de acuerdo hoy en que la realización (impulso, motivación, energía, ambición) es más un resultado de la educación que una fuerza genética o una condición ambiental. Personas que pueden salir de una tradición extremadamente pobre pueden llegar a ser altamente motivadas. Los beneficios marginales, como el pago, la seguridad en el trabajo y las condiciones laborales no siempre dicen toda la historia. Cuando se estimula a las personas a través del crecimiento personal, la realización, el reconocimiento, la responsabilidad, el avance y el trabajo interesante, entonces invariablemente aumenta el nivel de productividad. Cuando una persona considera su trabajo como algo digno, disfrutable y emocionante, logra un alto sentido de realización.

Los ejecutivos y otros líderes que quieran aumentar su eficacia tienen que pasar tiempo motivando a otras personas. Existen técnicas útiles de motivación que el líder adaptará para mover a su gente de un punto a otro. En una lista parcial de técnicas eficaces se incluyen el establecimiento de metas, el reconocimiento, la aprobación, la oportunidad, los incentivos económicos, la libertad.

No puedo destacar con excesivo vigor la verdad de que la motivación tiene que comenzar por arriba. El líder tiene que estar personalmente interesado en su gente. Cuando él está motivado, por medio de su propio ejemplo entusiasta, hará que las personas se muevan desde dentro de sí mismas.

Tal diagnóstico garantizará adelantos, pero se necesita más que un simple control. Cuando un líder verdaderamente evalúa a su propio personal y lo motiva, y aprende de los errores de ellos, no está previniendo el cambio, sino sacando provecho de ello.

El líder profesional es sistemático

Los líderes más eficaces enfocan los problemas de la administración identificando las áreas en que pueden aplicarse fructíferamente los controles. Hay por lo menos seis maneras básicas por las cuales el líder puede determinar cuándo y dónde se necesitan controles, y cuáles son los controles que se necesitan. En forma ordenada, estudia las operaciones para hallar nuevas áreas en las cuales haya que sistematizarlas.

(1) Los costos como un indicador. Tanto en las organizaciones que buscan dividendos como en las que no tienen fines de lucro, la naturaleza germinal del control del costo y de la reducción del costo es fundamental. En un hospital, en una agencia gubernamental, en una organización religiosa o en una empresa comercial, el control de los costos es una habilidad esencial. El costo es un instrumento universal de medición que responde al mejoramiento administrativo. Esto no significa que una atención de mente estrecha a la tacañería sea necesariamente una cualidad de la buena administración. Pero

sí significa que el administrador sabe que su administración económica se mide por su capacidad para distribuir los escasos recursos entre las múltiples demandas de ellos.

Esta clase de control por medio del análisis sistemático no se hace con una hachuela de cortar carne. Exige que todas las operaciones del negocio u organización sean consideradas como recursos alternativos que pueden utilizarse, y que con base en lo racional se deben escoger las mejores, y no las menos convenientes.

(2) Eliminación de los atascaderos. En cualquier organización hay estaciones claves, empleados o actividades que controlan el volumen y la calidad del trabajo o de la actividad. El líder aumenta su control sobre la situación hasta el grado en que pueda modificar, cambiar o eliminar la influencia de los atascaderos.

Uno de los problemas claves en el control consiste en la capacidad para descubrir los atascaderos, y eliminarlos o abrir camino alrededor de ellos, para reducir así su influencia sobre los resultados totales. Aquella máquina, aquella ocupación, aquella operación que produce a un ritmo inferior que el de los individuos que le proveen trabajo o lo reciben de allí, es un atascadero. A menudo los líderes logran mayor productividad de un departamento simplemente al identificar el atascadero a tiempo, y a través de una buena planificación, evadir su fuerte influencia.

(3) La capacidad para estimar el tiempo. Al desarrollar y mejorar los controles, el profesional es a menudo el que ha eliminado la tiranía del tiempo sobre los resultados. Ha descubierto que los tiempos estimados requeridos para la realización de faenas y operaciones específicas, simplemente no son razonables, y entonces ha reducido la estimación del tiempo por medio de un nuevo arreglo de otros factores. Un líder descubrió que estaba gastando entre cuatro y cinco horas por día en reuniones o comités. Un cuidadoso análisis de su asistencia a las reuniones y a los encuentros de los comités le indicó que muchas de estas actividades podían ser eliminadas al utilizar otros medios de comunicación, y logró desarrollar su propio sistema de ahorrar tiempo.

En la simplificación del trabajo, es necesario preguntar con respecto a cada operación: "¿Cuál es su propósito?" (con el fin de eliminarla por entero siempre que sea posible). También se pueden formular otras preguntas:

¿Cuándo debe hacerse?

¿Cómo debe hacerse?

¿Quién debe hacerlo?

¿Pudiéramos eliminarla, combinarla, cambiar el orden, simplificarla?

El producto final de estas preguntas es un mejor manejo del tiempo.

(4) Percibir una marcha en dirección equivocada. Una característica del líder profesional es su capacidad para establecer normas que indiquen claramente los cambios que son imperceptibles a la inspección casual, y que han ocurrido o están para ocurrir. A menudo, en las presiones del trabajo diario se permite que las altas normas establecidas desde el comienzo, se arrastren lenta pero ciertamente hacia abajo.

Esto significa que se necesita una revisión sistemática, tal vez continua, mediante la comparación de las normas que se aplican en el proceso con las originales. Uno de tales métodos de controlar consiste en establecer una continua información hacia el supervisor de la operación. En un plan como éste, se aplica a las situaciones sociales el principio del termostato de pared: las variaciones automáticamente disparan las respuestas de vuelta a la fase de ajuste para corregir la desviación.

En una planta, por ejemplo, el simple problema de controlar el gasto de guantes para el trabajo lo maneja el capataz a través de un sistema de cambio en la caja de herramientas. Cuando un guante está completamente desgastado puede cambiarse por uno nuevo; a los que no tengan un guante gastado se les exige que presenten una boleta firmada por el capataz. De este modo, todas las excepciones de la regla que dice: "No se repondrán guantes a menos que los viejos se hayan desgastado", son identificadas automáticamente por el sistema. Sólo las excepciones se presentan ante el capataz, lo cual realmente aumenta su control sobre la distribución de guantes; al mismo tiempo no se requiere su atención personal para mantener tal control.

Las comparaciones periódicas de los resultados reales con las normas originales también se exige cuando el control continuo y la revisión son imposibles o no son factibles económicamente. Métodos tales como el control presupuestario, auditorías, inventarios y programas similares ofrecen revisiones periódicas y previenen contra cualesquiera pérdidas o deterioros que pudieran no ser aparentes para el observador casual, ni notables en la supervisión rutinaria del trabajo.

(5) Observación de los cambios en las condiciones externas. El líder profesional no sólo establece controles internos, sino que nota los principales cambios en el ambiente externo que influyen en el control de su departamento. Hoy, muchos de los principales cambios de estilo en las prácticas administrativas surgen de los cambios en el mercado laboral. El administrador obstinado de la década que comenzó en 1930, descubrió que se requerían nuevos estilos de motivación que envolvían maneras más bondadosas en las relaciones humanas, cuando se presentó la Segunda Guerra Mundial y eliminó el trabajo excedente sobre el cual se había fundado su estilo autocrático. Muchos descubrieron este cambio en el ambiente sólo después que sus mejores empleados se habían ido a trabajar en otras partes o se habían inscrito en algún sindicato militante.

Desde la década que comenzó en 1950, muchos supervisores manufactureros han descubierto que la necesidad de aumentar la productividad para prevenir la inflación ha exigido la aplicación más firme de la disciplina y de las normas de desempeño que la que se empleó durante las condiciones de guerra. Esta capacidad de adaptar su ambiente es característica de los profesionales en cualquier campo. Sus métodos de control reflejan más que sus propias teorías y su experiencia pasada; reflejan las necesidades del mundo de hoy y los sistemas de valores por medio de los cuales opera su organización.

Los cambios de tecnología han afectado los métodos de administración. El administrador que se resiste a emplear nuevos métodos, o la nueva tecnología con la computadora, descubre a menudo que sus normas todavía pueden ser satisfechas, pero que los cambios externos las han hecho obsoletas. En la industria del automóvil, por ejemplo, el mayor número de caballos de potencia que tienen los carros y los límites mayores de garantía que se conceden a los compradores han impuesto unas nuevas normas de calidad que ejercen un efecto sustancial sobre los métodos de supervisión dentro de la planta. El profesional está alerta a tales cambios, y dirige a su organización para que se mantenga al día con los cambios que se necesitan para sobrevivir y crecer.

(6) La capacidad para ver cuándo se necesitan nuevos enfoques y métodos. Para el líder profesional, a menudo, el hecho de que las cosas se estén haciendo en la misma forma como se hacían meses o aun años atrás, puede constituir una señal en el sentido de que todo el enfoque necesita estudio. Esto no significa que está en contra de la estabilidad, ni que desea cambiar sólo por el cambio. Al mismo tiempo reconoce que el mejoramiento no puede producirse sin el cambio. Sospecha que el estancamiento es más bien una señal de debilidad que de fortaleza. Así, sistemáticamente repasa todos los aspectos del desempeño en la organización, y se pregunta con regularidad cuáles parecen ser los sistemas más formales y estables.

Cuando descubre que el razonamiento que respalda al actual sistema sigue siendo el mejor, tiene la prudencia de no cambiarlo. Por otra parte, cuando descubre que aún se están utilizando métodos arcaicos, planea un programa ordenado para eliminarlos o mejorarlos.

El líder profesional desarrolla su habilidad para escoger el momento oportuno

Una buena manera de facilitar la dirección y el control está en desarrollar la habilidad para escoger el tiempo oportuno y utilizar hábilmente la información disponibles. Esta capacidad hizo del carro pequeño una sólida innovación, abrió nuevos mercados y elevó un producto a la prominencia por encima de los demás. La falta de la habilidad para escoger el tiempo oportuno, además, causó el colapso de los automóviles Studebaker y Edsel que tenían una torrecilla en la ventana trasera. El público norteamericano simplemente no estuvo dispuesto a obtener este tipo de carros; tal vez iban mucho más adelante de su tiempo y estilo.

La habilidad para escoger el tiempo oportuno en la administración significa principalmente tres cosas:

(1) Dominar los elementos fundamentales. El líder que muy a menudo calcula mal su tiempo oportuno es el que olvidó alguno de los ingredientes claves o que perdió alguno de los hechos fundamentales de la vida. El líder prudente no actúa simplemente como una enciclopedia andante de información acerca de su departamento, sino que más bien agrega aquel toque creador especial que viene a través del uso oportuno de esa pericia. Ve nuevas y hábiles combi-

naciones de los hechos; se basa en su experiencia y aplica el conocimiento procedente de campos no relacionados a las nuevas situaciones.

Se necesita tiempo para adquirir tal dominio de los factores fundamentales, y eso significa adquirir la clase de experiencia que ofrecen el tiempo y los errores que se cometen. Para el profesional que demuestra buena habilidad para escoger el tiempo oportuno, las equivocaciones cometidas en la prueba y el error o la inexperiencia quedan atrás, y el equilibrio del experto se hace evidente. Además, cuando el administrador continúa pensando en forma creadora acerca de su trabajo, viene el pulimento de la profesión.

De esta clase de reflexión madura viene la habilidad para escoger el tiempo oportuno y el profesionalismo, ingredientes del trabajo del administrador que sólo les vienen a aquellos que continúan pensando y soñando tan pronto como cumplen los mínimos requerimientos del trabajo sin error ni vacilación.

¿Cómo se desarrollan entonces la habilidad para escoger el tiempo oportuno y el profesionalismo cuando tú eres el que estás controlando? Simplemente, haciéndote preguntas continuamente, inquiriendo y reflexionando acerca de tu trabajo, después que llegas a la convicción de que sabes todo lo que hay que saber al respecto.

La tranquilidad cuando uno se halla bajo presión —que es una compañera común en tiempo oportuno— también es un producto de este dominio de los hechos fundamentales. El supervisor que se enfrenta a las crisis con destreza y nervios tranquilos, no sólo ha aprendido todos los finos detalles de su trabajo, sino que ha ido más allá de esto, hasta pensar en cuanto a las posibles clases de respuestas que se necesitan en tales situaciones, antes que se presenten.

(2) Conoce a las personas que están envueltas en el asunto. Las ideas que no son aceptadas, o los planes que se resisten al cambio, a menudo se describen como "equivocados con respecto al tiempo". Esto penetra en las actitudes de parte de las personas que ofrecen resistencia, que hallan objeciones, o que no se desempeñan como se esperaba. El buen manejo del tiempo en la acción administrativa exige el control de un número de factores humanos.

El primer paso consiste en predecir lo que la gente hará en determinadas circunstancias. Muy a menudo esto puede hacerse bien basando tales predicciones en el conocimiento de lo que ha hecho la gente en circunstancias similares. La conducta tiende a caer en patrones habituales, y aunque no es absolutamente segura, es la base más firme sobre la cual se pueden afianzar las predicciones sobre futuras respuestas.

Nunca olvides que cambiar la conducta de la gente es a menudo un asunto de simplemente planificar el tiempo oportuno para el cambio hacia las nuevas condiciones, o de relacionar los cambios con algunas razones significativas. El gerente de planta de una compañía en el medio oeste de los Estados Unidos de América descubrió esta verdad cuando recibió el cargo de su predecesor que se acogió a los beneficios de la jubilación. Este había permitido hábitos más bien flojos en el manejo de la planta. Los empleados habitualmente se quedaban más del tiempo permitido en la hora de tomar el café; el tiempo para lavarse se prolongaba indebidamente. El nuevo líder, no queriendo interrumpir las cosas, no se movió de inmediato para hacer saber a su gente lo que esperaba de ellos.

Luego de seis meses de continua operación en conformidad con el antiguo orden, de repente se movió para cambiar la situación. Naturalmente, encontró considerable resistencia. "Al reflexionar sobre la dificultad que he tenido —informó—, si tuviera que programar mis movimientos de una manera diferente, me convertiría en una 'escoba nueva' buena y firme considerablemente más pronto. Ahora puedo comprender que cuando era nuevo en el trabajo, hubiera podido hacer los cambios necesarios, cuando el grupo realmente esperaba algunas estrecheces. Ahora esto parece como una dura lucha".

Una norma sana para hacer cambios consiste en trabajar con los hábitos de las personas, no con sus responsabilidades, cuando se van a introducir nuevos métodos para hacer las cosas. Cuando se cambia el programa en cuanto a tiempo, a menudo es prudente trabajar con respecto a los malos hábitos del grupo al mismo tiempo.

El saber que las personas esperan consecuencia es otra clave para el eficaz manejo del tiempo en el liderato. El líder que trata de hacer dos cosas mutuamente inconsecuentes al mismo tiempo, se enfrentará a la resistencia contra uno de los cambios o contra los dos a la vez.

El dar una idea sobre el tiempo para "empapar" es una sana estrategia en los movimientos de tiempo que envuelven a las personas. A causa de la naturaleza habitual de la conducta humana, puede necesitarse algún tiempo para que la gente se acostumbre a lo nuevo antes que descarten por completo lo viejo. En cualquier grupo, una nueva idea será buscada anhelantemente y aceptada por unos pocos que están en un extremo; en el extremo opuesto, unos pocos se resistirán amargamente al cambio hasta el fin.

La mayoría aceptará el cambio con precaución, cuando ven las razones para ello y comprenden que es beneficioso e inevitable. Para este grupo intermedio frecuentemente es útil conceder tiempo para que comprendan la utilidad o el beneficio de una idea. Este arreglo de tiempo permite que la estructura interna del grupo se acomode a la nueva idea y haga posible el desarrollo de un patrón de conducta informal, voluntario y cooperativo dentro del grupo. Tal crecimiento de la coordinación permite una relajación de los controles.

(3) Usa la lógica más que la emoción. El líder que espera que los controles sean efectivos tiene que evitar las reacciones emocionales exageradas. Al mismo tiempo preverá el impacto emocional que producirá en los individuos afectados el cambio y la innovación.

Cierto líder hizo algunos errores administrativos y terminó con una costosa huelga en sus manos. Había varios departamentos en su planta donde estaba perdiendo dinero a causa de la fuga de los promedios de incentivo. Se le aconsejó que hiciera las tareas una por una: que analizara cada una de ellas y la volviera a planificar; en esa forma, gradualmente reduciría los costos sin causar inseguridad ni hostilidad. En vez de ello, bajo el calor de la presión, llamó al sindicato y anunció drásticos cambios. El resultado fue una larga huelga. Si hubiera tenido táctica y hubiera utilizado la lógica en vez de la emoción, hubiera espaciado sus cambios en un corto período de tiempo y hubiera evitado las inmensas pérdidas que hubo como resultado de la huelga.

El líder profesional utiliza habilmente la información

Por último, la eficacia de los controles se determina por la capacidad del líder para utilizar una amplia gama de datos a la vez específicos y generales.

(1) Conoce el ambiente de la organización. El líder eficaz comprende las normas generales y los reglamentos de la organización

que lo emplea a él. Comprende el diagrama organizativo prevaleciente en la organización (y la manera como operan las cosas *realmente*) y cómo cuadra su actividad dentro de ella. Conoce los objetivos generales de la organización y constantemente está relacionando sus propias responsabilidades con esas metas.

No sólo está consciente de las normas escritas, sino que también conoce las costumbres, las prácticas aceptadas y los procedimientos de la organización informal. Sabe dónde están los centros de influencia y poder, y adapta su conducta para utilizarlos eficazmente. Vigila con atención las prácticas antiguas, y trata de utilizar los métodos prevalecientes para hacer decisiones y resolver problemas hasta donde le sea posible.

(2) Conoce el sistema de valores. Todo líder que controla eficazmente a aquellos de los cuales es responsable, conoce el sistema de valores que prevalece en el negocio, la organización o el ministerio. Nota qué es lo que necesita mayor atención administrativa y relaciona su responsabilidad con el cumplimiento de las metas declaradas o implicadas. Por ejemplo, si su organización está orientada hacia la producción o hacia la calidad sin consideración de los costos, como pudiera ser el caso de ciertos contratistas de la defensa vital, tiene un conjunto de valores diferente al de una firma altamente competitiva donde los costos y la cantidad son los valores dominantes.

Si trabaja en una firma farmacéutica, sabe que la calidad y la integridad del producto tienen precedencia sobre los costos y la velocidad de producción. Si trabaja en una planta donde se hacen productos tóxicos o explosivos, sabe el valor que se le concede a la seguridad. Como líder cristiano será especialmente sensible a la moralidad y a la ética en todos los aspectos de su vida; su sistema de valores cristianos será evidente en todas sus actitudes y hábitos de trabajo.

Puesto que cada organización tiene tal ambiente de valores, el líder descubre que su propio éxito está relacionado con su capacidad para colocar a su personal y sus responsabilidades en armonía con esos valores. A menudo, las idiosincracias personales de su supervisor forman parte de ese sistema de valores. Si este individuo, por ejemplo, está interesado en mantener una fuerza de trabajo estable y de alta moral, el supervisor subordinado rige sus prácticas de tal manera que logre esa meta. Generalmente, el supervisor tiene la responsabilidad de ayudar a su inmediato superior a "conservar su imagen". Así que la orientación hacia esa meta es una sana adaptación al sistema de valores de la organización.

Cuando todo se haya dicho y hecho, los controles de desarrollo y mejoramiento requieren capacidades tanto técnicas como humanas. El líder no puede lograrlos simplemente siendo un buen "narrador humano", ni siendo eficiente mecánicamente en los procedimientos y métodos. Los controles exigen que el supervisor tenga algunos planes y normas con los cuales pueda comparar el desempeño de sus propias unidades.

La planificación, la organización, la dirección y el control son las tareas esenciales de todos los líderes en todo campo. Prescindiendo del estilo que utilices en el liderato, estas cuatro responsabilidades no pueden menospreciarse. Bien seas tú un pensador o un hacedor, extrovertido o introvertido, analítico o intuitivo, conciliador o dogmático, los buenos resultados sólo se obtienen cuando hay una vigorosa concentración y un esfuerzo para lograr las cuatro tareas administrativas que hemos considerado en estos últimos tres capítulos.

CAPITULO 17

Principios para un excelente liderato

 No es tanto lo que el líder piense que está tratando de hacer, sino lo que piensen las personas que están bajo su dirección.

Para lograr una alta calidad en el desempeño, tienen que estar presentes en el líder ciertos ingredientes.

El sargento del ejército que dice: "Haz lo que te digo, no lo que yo hago", no es respetado nunca; sus hombres le rechazan el liderato. El espíritu de compañerismo sólo se manifiesta donde el ejemplo del líder es evidente. La confianza, la honestidad y la integridad van muy lejos para proveer el mejor ejemplo.

Si el líder no cree en sí mismo, nadie creerá en él. La confianza tiene que penetrar en el grupo, y tiene que provenir en primera instancia de los líderes. En todas las etapas, tiene que haber un firme fomento de la seguridad, una convicción de competencia basada en la preparación y en la gradual acumulación de experiencia y habilidad.

Además, si una persona no siente confianza en que puede manejar el siguiente trabajo con más altura, nunca podrá vender a otros su capacidad de manejarlo. Tal confianza se logra sólo mediante el estudio, la aplicación, y utilizando los mejores esfuerzos día tras día.

Integridad

A medida que una persona asciende en una organización, el sendero que deja atrás—tanto dentro como fuera de la empresa o del ministerio—es el factor crítico que determina sus posibilidades de un mayor éxito. Dos cualidades—virtualmente una—que la gente busca en el liderato (y que son imperativas en el liderato cristiano) son la honestidad y la integridad.

Es inútil en este punto utilizar sutilezas sobre lo honestos e íntegros que nosotros y nuestros amigos *pensamos* que somos. Muchos individuos honestos han aparecido como deshonestos simplemente porque han sido descuidados con respecto a ciertos detalles que pueden despertar sospechas. Por tanto, sufren tanto como si fueran culpables del engaño intencional. Así que el sendero que han dejado atrás ya ha sido interpretado por otros como les ha parecido bien.

Feliz es el hombre que se asegura de que este sendero no tenga patrones que sean confusos o vagos, que puedan parecer torcidos para otros, sin importar cómo le puedan parecer a él. El consejo de Jesús es sumamente importante: "Pero sea vuestro hablar: Sí, sí; no, no" (Mateo 5:37). Así que no es sólo lo que la persona piense con respecto a sí como en lo relativo a su honestidad, sino lo que los demás vean en él. Lo que necesita la alta administración es un hombre en quien todos respeten la autoridad de su carácter. El sendero que deja un hombre tiene que haber hablado muy alto y claro a todos los que él espera dirigir y en quienes ha de influir.

Hoy abunda una falacia común que sostiene que para hacer dinero o tener éxito en el mundo secular, uno tiene que comprometer su integridad. Ciertamente, muchas personas deshonestas tienen éxito, por lo menos en el sentido económico. Pero un estudio detenido del liderato excelente revela que la honestidad y la integridad son básicas.

Los subordinados fácilmente pueden detectar las medidas deshonestas o la ética cuestionable. Siguiendo el sendero de la menor resistencia, tales prácticas generalmente se filtran desde arriba y comienzan a penetrar en toda la organización.

Para que las personas puedan ser dirigidas, tienen que tener una confianza básica en su líder. Tienen que pensar que están seguras en las manos de él por cuanto es absolutamente confiable y digno. La integridad llega a ser evidente cuando el individuo despliega una consecuencia de motivos y está integrado en carácter y conducta.

El líder no puede darse el lujo de ofender en cualquier forma vocinglera las normas, las costumbres, la moralidad de la gente, si quiere o espera la lealtad. La adquisición de esta cualidad no es algo insignificante: es un problema fundamental que toca la total filosofía de la vida que tenga el líder. No hay sustituto para esta clase de ejemplo.

Haz hincapié en lo futuro

Otro principio fundamental para la excelencia es la necesidad de que el líder mira hacia lo futuro. Una de las mayores responsabilidades del líder es la de desarrollar y preparar hombres. La excelencia requiere que él haga responsables a los hombres dándoles tareas y ofreciéndoles motivación para que puedan realizarlas en lo futuro. Para lograr estas metas, el líder tiene que hacer lo siguiente:

1. Tiene que llegar a conocer a su gente—sus habilidades, sus capacidades—para poder motivarla.
2. Tiene que envolver a sus hombres en la planificación de la organización, a fin de que las metas de ellos lleguen a ser las metas de la compañía.
3. Tiene que comunicar a todos sus asociados los beneficios que recibirán a medida que mejore su desempeño.
4. Tiene que aprender la magia de la motivación y comprender que cada hombre es motivado hasta un grado diferente y para diferentes propósitos.
5. Tiene que ofrecer un liderato desafiante que obtenga lo mejor de la organización.
6. Tiene que guiar a sus hombres hacia el logro de las metas de ellos, y no sólo hacia el cumplimiento de su trabajo.
7. Tiene que quitar todos los obstáculos que haya en el camino de los individuos y de la unidad que está tratando de llegar a las metas y a los objetivos.
8. Tiene que desarrollar un programa eficaz de comunicación para que se incremente la moral y todo el personal sienta que forma parte de un equipo.
9. Tiene que dirigir a todos sus hombres para que tengan experiencias de realización y mejoren su capacidad de trabajo y producción en forma sostenida.[1]

Haz frente a las causas

El manejo adecuado de las situaciones problemáticas exige tacto y a la vez la habilidad para manejar a las personas. Esto requiere que se tome la acción necesaria para hacer frente a las razones que produjeron la tensión y el conflicto. Los problemas con la gente no se harán mayores, si los mantienes pequeños. Para hacer eso tienes que actuar rápida y directamente cuando comience a aparecer la más leve tensión entre los individuos.

El tacto se puede definir como una percepción intuitiva. Lo que ayuda a evitar determinada ofensa es el discernimiento y el decoro que cuadran y son adecuados para determinada situación. Por ejemplo, una persona atinada puede reconciliar dos puntos de vista contrarios sin comprometer sus propios principios. Tener tacto o tino, o ser discreto, significa que el individuo tiene sensibilidad hacia otras personas; mientras otros pudieran herir o lesionar, él puede utilizar las mismas palabras o el mismo enfoque con un hincapié levemente diferente o expresarlas de tal modo que no ofende.

Los problemas del personal se le presentan al líder perpetuamente. No podríamos referirnos adecuadamente a la excelencia del liderato, sin hablar de la necesidad de manejar los conflictos del personal.

Es obvio que en la administración tendremos problemas. ¡No nos sorprendamos cuando se presenten! Estoy convencido de que el 95 por ciento de todos nuestros problemas son personales: esa es la ecuación humana. No se relacionan primariamente con el equipo, no con los métodos, ni siquiera con los presupuestos, sino con la gente.

Reflexionaremos sobre este tema en dos aspectos: problemas relacionados con los individuos, y problemas relacionados con el personal como corporación. Sugiero que al tratar con individuos se necesitan las siguientes cualidades:

1. Accesibilidad. Debes estar inmediatamente disponible. No te demores en confrontarte con el problema que te trae el individuo.
2. Oye con simpatía, aunque no estés de acuerdo.
3. Permite que cada persona con la cual tratas sepa que reconoces su dignidad humana. Estos individuos, además de empleados, son personas.
4. Podría muy bien convenir la postergación de la decisión hasta que cuentes con todos los datos. No actúes precipitadamente.
5. Exhibe un amor y un interés genuinamente cristianos. Ruégale a Dios que te ayude a exhibir los frutos del Espíritu. Ora con la persona y por la persona con la cual estás trabajando.
6. Debes estar preparado para tomar una acción valiente.
7. Aísla el problema. Puede que la primera queja no sea el problema *real* (muy probablemente no lo es).
8. Coloca el problema en un lugar donde pueda verse. Tal vez puedas hacer un diagrama de él, o escribir las alternativas.
9. Haz que la persona, o personas involucradas, te digan cuál piensan que es la solución. Después que le hayas hecho frente y tal vez lo hayas manejado a satisfacción tuya, busca una respuesta de las per-

sonas interesadas. Oye la comprensión que tienen del problema y de
la solución.

10. Finalmente, cuando prometas alguna cosa como solución al problema, ¡hazla!

El asunto de manejar los problemas del personal colectivamente
de una manera responsable envuelve las siguientes consideraciones:

1. Mantén a tu gente bien informada. (Esto es prevención.) No permitas
que lo sepan "después que ha sucedido". La mayoría de nuestros problemas con la gente residen en la falta de comunicación o en la información incompleta.

2. Permite que frecuentemente sepa tu personal que tú entiendes que
habrá problemas; y así no te sorprenderás cuando surjan.

3. Realiza frecuentes y regulares reuniones con el personal de tu departamento. (Para prevenir o prever las incipientes áreas donde podrían
presentarse problemas.) También es prudente tener algún tipo de publicación regular a nivel interno, llena de información, aunque pienses
que tu gente ya sabe lo que contiene la publicación.

4. Establece reglas claras y básicas de operación, y repásalas ocasionalmente. Luego, dispón de alguna manera de recordarlas frecuentemente. Exprésalas claramente.

5. Busca constantemente prever y adelantarte a los problemas.

6. Cuando sepas u oigas acerca de un problema del personal, enfréntate
a él sin dilación, para que no se emponzoñe.

7. Permite que haya manifestación espontánea de ideas y enfrenta colectivamente las áreas problemáticas.

Cuando se trata con la gente, es fundamental tener un sentido de
justicia en todas las cosas. La gente de todos los niveles de la sociedad tiene un sentido de lo que es justo y de lo que no lo es. Cuando
no hay justicia es virtualmente imposible crear motivación en las
personas; tal como pasa con la integridad, son pocas las posibilidades de que la justicia sea un factor vigoroso, a menos que se evidencia en los altos niveles de la administración en cualquier organización.

Aprende de los errores que cometes

La habilidad de sacar provecho de los errores que uno comete es
una importante cualidad y a menudo puede indicar la diferencia
entre la mediocridad y la gran realización. Tomás Edison, según se
informa, decía: "No lo llames un error; llámalo una educación". Le
estaba hablando a un ayudante que acababa de quemar un filamen-

to, por cuanto había hecho pasar por él una carga eléctrica demasiado fuerte. Frecuentemente, el éxito depende de la habilidad del líder para no cometer el mismo error dos veces. Me contraigo internamente al reflexionar sobre el número de horrendos errores que he cometido: de criterio, de ejecución; pero cuán agradecido estoy por las lecciones que he aprendido.

Mack R. Douglas, en su obra *How To Succeed in Your Life's Work* (Cómo lograr el éxito en el trabajo de tu vida), ofrece algunos principios valiosos sobre este asunto.

1. **Di sólo lo bueno acerca de otras personas.** Nunca propagues los chismes ni las calumnias. Eso destruye las relaciones humanas. Por supuesto, la persona de la cual hablas, hablará de ti inevitablemente, y llegará a sospechar de ti.
2. **Practica el principio de que si no se puede decir nada bueno de una persona, no digas nada en absoluto.** No permitas que los rumores pasen más allá de ti. Deja que la corriente pare ahí. Si algún inocente sufre, aunque la situación sea verdadera, no lo digas.
3. **Manifiesta aprecio honesto y sincero, y da todo el crédito que merece la persona que lo ha ganado.** Busca oportunidades para dar manifestaciones significativas de aprecio, y sé específico.
4. **Tan pronto como hayas cometido un error, evalúa las razones por las cuales lo hiciste, y mejora tu habilidad para hacer decisiones, a fin de que la próxima vez sea menos probable que incurras en el mismo error específico.**
5. **Construye fuertes puentes de comunicación con la gente dentro de tu organización.** Permite que los individuos sepan que tú los evalúas. Desarrolla un sentido de sincera humildad. No seas un jefe que hace exigencias a la gente. Sé un amigo que dirige a las personas.
6. **Sé lo suficientemente grande para admitir que estás equivocado, y luego haz algo para mejorar.** Corrige el error.

No tengas miedo de cometer errores. El hombre que no hace errores no hace nada. No hagas el mismo error dos veces.[2]

Sé flexible

Es importante considerar los resultados en una organización tanto a largo como a corto plazo. Serán necesarias la flexibilidad y la apertura: la habilidad para hacer cambios cuando sea necesario. Continúa reexaminando el programa: ¿Hay algo que debiera ser eliminado? ¿Estamos trabajando en tareas de ayer, cuando debíamos estar dedicados a las oportunidades de mañana? Si se hereda una tarea que no da resultados, debe abandonarse y olvidarse.

Todo programa debe concebirse como temporal, pasajero y que debe expirar después de unos pocos años. Se debe suponer que todos los programas sobrepasan su tiempo de utilidad rápidamente y deben ser descartados, a menos que demuestren ser productivos y necesarios. Debemos estar dispuestos a preguntarnos con respecto a toda actividad: "¿Vale aún la pena hacer esto?"

Si un líder no tiene la capacidad para seguir adelante con las punzadas, la frustración y el conflicto pueden crearle tal ansiedad que pudiera perder la capacidad para dirigir. Tiene que tener la capacidad de ajustarse como lo hace un termómetro con los elementos. Tiene que comprender que una nueva conducta puede ser difícil y susceptible de colapso. Por tanto, tiene que fomentar en su pensamiento los medios para el cambio, o saltar en paracaídas cuando se presente.

El compromiso con la gente

En alguna ocasión el compromiso con la gente puede incluir la habilidad para escoger entre gustar y ser respetado. Muchas personas confunden estas dos cosas. Todos los seres humanos emocionalmente normales tienen la inclinación básica de gustar o ser aceptados por el grupo de semejantes o por alguna persona que esté muy cerca de ellos. Las inseguridades básicas nos conducen a pensar que para ser respetados tenemos que gustar.

Al comparar el respeto con la necesidad de ser uno aceptado, que brota de una necesidad de la personalidad, aquél se relaciona más con el carácter. El respeto se logra cuando la persona exhibe competencia. Hay algunos líderes que no gustan particularmente como individuos, pero son bien respetados por sus habilidades de líderes y por su competencia para hacer que se hagan las cosas y que se hagan bien. El respeto es mucho más decisivo para la excelencia que la posibilidad de que la gente le tenga afecto a su líder o no.

Cuando un hombre pierde el respeto, se le presenta un largo camino cuesta arriba para volverlo a adquirir, y eso en caso de que logre tal cosa. Pero si un hombre no gusta, virtualmente es imposible cambiar esa condición. Es muy importante reconocer esto. Si un líder busca agradar a todos y ganar una competencia de popularidad, muy probablemente su autoridad se desvanecerá con cualquier viento fuerte, pues para poder gustar a todos tiene que hacer compromisos a lo largo del camino. Si, por otra parte, busca primariamente ganarse el respeto del grupo, puede ir hasta donde lo desee para ganar su amistad a través de los canales normales de las relaciones humanas.

La excelencia en el liderato requiere relaciones significativas con la gente. En virtud de que un líder esencialmente tiene que manejar, dirigir o guiar gente, no puede ser una persona aislada, si ha de tener éxito. El líder cristiano especialmente tiene que estar consciente de sus relaciones personales, pues la Biblia frecuentemente exhorta a los creyentes a que se relacionen los unos con los otros e indica cómo deben tratar a los demás, tanto hermanos como enemigos. La Palabra de Dios básicamente trata sobre las relaciones en general. Por ejemplo, en Gálatas 6:1, 2 se nos dice: "Sobrellevad los unos las cargas de los otros". Este pasaje es tan obligatorio en una situación de trabajo como en cualquiera otra.

Llevar las cargas de los otros significa que el líder tiene que tener algo más que un compromiso superficial con ellos. Probablemente el aspecto más importante de tu papel de líder es la manera como hablas con la gente, como la ayudas, como te relacionas con ella. Por principio, los líderes que deben ser más amantes, solícitos, comprensivos y expresivos de un espíritu redentor son los que mejor comprenden la cruz de Cristo, porque fue en el Calvario donde Dios manifestó el supremo espíritu de solicitud y amor a este maltrecho mundo.

Cuando aceptamos por fe el amor y la salvación que Cristo ofrece, y nos identificamos con ese amor y esa salvación, su espíritu viene a morar en nuestros corazones. Es entonces cuando el amor de Dios (*ágape*) nos es dado, y debe crear un sentimiento de responsabilidad por el bienestar de los demás. Eso estimula un deseo de comprender a los demás, sin tener en cuenta la relación (familiar, laboral o social).

Los sicólogos enseñan que nosotros como individuos necesitamos estar relacionados con otras personas. El ser humano normal tiene a la vez contactos sociales a nivel superficial y a nivel íntimo, en los cuales van envueltas las relaciones; pero en todos los niveles tiene la capacidad de permitir que otros lo conozcan tal como es. Así que tanto la sicología como el cristianismo afirman la necesidad de relaciones humanas significativas.

El líder tiene que poder relacionarse con otras personas por muchas razones. En primer lugar, eso le ayuda a inducir el cambio tanto en sí mismo como en otros individuos. La interacción intensifica el descubrimiento de los verdaderos sentimientos y permite mayor confianza y apoyo entre las personas. Cuando hay una fuerte confianza, la persona tiende a ser más franca y menos defensiva. No tiene que gastar tiempo probando algo. Las fachadas pueden desaparecer y ser reemplazadas por la comunicación directa y la honestidad.

En segundo lugar, el relacionarse con otras personas ayuda al individuo a desarrollar su propia personalidad. Al franquearse y manifestarse a sí mismo de una manera significativa, llega a conocerse claramente como lo ven las otras personas. La información es esencial: el líder que piensa que tiene que permanecer aislado para retener su "omnipotencia" es realmente temeroso e inmaduro.

Si te parece difícil relacionarte o manifestarte ampliamente a otras personas, hay cierta terapia buena que pudiera resultar sumamente útil. A continuación se presentan varios factores con los cuales puedes trabajar, si quieres mejorar tu armonía con la gente:

1. Ayuda que la otra persona se manifiesta francamente creando un clima de confianza. Una manera de hacer esto consiste en permitir que la otra persona sepa lo que puede contribuir tu relación a favor de los dos mutuamente.
2. Trata de comprender en qué posición se halla la otra persona. La comunicación real no se expresa sólo con palabras, sino sintiendo lo que siente la otra persona en el momento y aceptándola plenamente tal como es.
3. Sé un buen oyente. Ofrece a la otra persona la libertad de hablar y expresarse sin proyectar tú el sentimiento de que están arrancando información que no tiene importancia.
4. Haz lo mejor para ser discreto. No te manifiestes excesivamente curioso. Esto es algo que se relaciona con el punto anterior, pero permite que la otra persona diga qué es aquello con lo cual se siente cómoda en ese momento. No te metas en los aspectos privados de los cuales obviamente la persona no quiere hablar.
5. Respeta siempre los derechos de los demás: lo que sienten, lo que piensan y lo que expresan.
6. Hasta donde sea posible, no emitas juicios ni condenas en aquello en que el sistema de valores de la otra persona pueda diferir del tuyo.
7. Sé honesto con tus sentimientos. Las personas por lo general pueden saber si las estás engañando, y cuando eso ocurre, ellas harán lo mismo.
8. Nunca fuerces una relación. Si respetas a la otra persona, siempre se-

rás considerado. El manifestarte con demasiada fuerza a menudo hará que los demás se retiren, especialmente si han colocado al líder sobre un pedestal. Permite que otras personas se mueven libremente en torno a ti, si así lo quieren; gran parte de esto tiene que venir de ellas por el hecho de que tu posición pudiera hacer que se sientan incómodas.

El líder de hoy tiene que estar armado con todos los medios que tenga a su disposición para facilitar el crecimiento impersonal de la organización. Esto significa que tiene que estar dispuesto a aprender tanto como le sea posible con respecto a la naturaleza humana. Tiene que entender que toda la persona está envuelta en la acción del grupo. Los rasgos personales, los patrones de conducta, los niveles de motivación y las respuestas, todo ello juega su parte en la manera como uno se conduce o se percibe dentro del grupo.

Para el líder que es débil en su personalidad y a quien le parece difícil relacionarse, hay varios instrumentos y medios de ayuda. En el día de hoy hay tests sicológicos disponibles, para cualquiera que esté dispuesto a dedicarles tiempo, que quiera comprender los motivos y las reacciones de las personas. Este material se concentra en la manera y en las causas de la conducta de la gente. Revela mucho acerca de la manera como la gente realiza su trabajo y puede impedir mucho trabajo chapucero.

Tal material le recuerda al líder que debe mantenerse al día con las condiciones tales como en realidad son. Las vigorosas fuerzas sicológicas continuamente afectan la relación de los individuos con el grupo y con los líderes. El líder tiene que estar consciente de estas fuerzas para tratar sabiamente cualquier interrupción en las relaciones.

La excelencia en el liderato exige una conciencia de lo que está en marcha. Vuelvo a declarar que no es tanto lo que el líder piense que está tratando de hacer, sino lo que piensen las personas que están bajo su dirección. El líder sólo puede tratar los problemas en forma realista cuando trata de saber lo que está ocurriendo en las mentes de los demás y comprende los patrones de conducta de sus subordinados.

Finalmente, hacemos bien en recordar las palabras de Cristo: "todas las cosas que queráis que los hombres hagan con vosotros, así también haced vosotros con ellos" (Mateo 7:12). Pregúntate siempre: "¿Cómo me gustaría ser tratado en esta situación, si nuestras posiciones estuvieran invertidas?"

Notas

[1]Mack R. Douglas, *How To Succeed in Your Life's Work* (Cómo tener éxito en el trabajo de tu vida), Anderson, S.C.: Droke House Publishers, 1971, pág. 50.
[2]*Ibid.*, págs. 125-127.

CAPITULO 18
Características del líder cristiano

 El líder cristiano nunca establece una ecuación entre la mediocridad y las cosas de Dios, sino que siempre está dedicado a la búsqueda de la excelencia.

Este libro ha establecido el concepto de que el liderato puede ser considerado desde diversos ángulos: posición, relación y acciones. Los líderes cristianos deben poseer cada una de las características de excelencia anotadas en el capítulo anterior. Luego, hay que hacer la siguiente pregunta: "¿En qué difiere el liderato cristiano?"

El liderato cristiano se distingue básicamente en su motivación, es decir, en el porqué de sus acciones. Cuando se corta todo lo extraño, parece reducirse a lo siguiente: el liderato cristiano está motivado por el amor y dedicado al servicio. Este es el liderato que se ha sometido al control de nuestro Señor Jesucristo y a su ejemplo. En los mejores líderes cristianos se expresan de manera suma todos aquellos atributos de abnegación, dedicación valor, espíritu decisivo y espíritu persuasivo, que son los que caracterizan a los grandes líderes.

Demanda lo mejor

Nadie debe ser más serio que el líder cristiano en la búsqueda de la excelencia. Pienso que carecemos de esto en nuestro medio cristiano evangélico. Estarías de acuerdo conmigo en que la obra de Dios exige de nosotros lo mejor que tengamos para ofrecerle, pero muy a menudo nos enfrentamos a una asignación escasamente preparados, o continuamos viviendo con hábitos desordenados de trabajo, o somos descuidados en el manejo de las diversas responsabilidades cristianas.

Hace algún tiempo cuando estuve en Africa del Sur, un día me hospedé en el hogar de Gary Player, el campeón profesional de golf.

240

El es un excelente cristiano. Llegó a conocer a Cristo como Salvador personal a través del ministerio de Billy Graham. En su hogar situado cerca de Johannesburg, Africa del Sur, cuelga una placa que dice: "Dios abomina la mediocridad. El dice: 'Si vas a ser mi compañero, no me hagas avergonzar' ". Me gusta eso. Dios detesta la mediocridad.

John W. Gardner, ex secretario de salud, educación y bienestar de los Estados Unidos de América, escribió un libro con el simple título: *Excellence* (Excelencia), y el subtítulo: "¿Podemos ser iguales a los demás y también excelentes? (Nueva York: Harper and Row, 1961). En este libro Gardner atacó la idea de que es casi antidemocrático sobresalir en algo por encima de nuestros compañeros. Esforzarse por la excelencia en la obra de uno, en cualquier aspecto que sea. No es sólo un deber, sino la forma básica del testimonio cristiano. Pudiera decirse que ese es el fundamento de la comunicación no verbal que sirve de apoyo a la comunicación verbal.

Con demasiada frecuencia mentalmente no nos preocupamos por la excelencia, si podemos entregar la responsabilidad de ella al Señor. Decimos: "El Señor realmente ha bendecido su ministerio, ¡no es verdad?" o "El Señor realmente le dio a este hermano grandes dones, ¿no es cierto?" Sospechamos si se alaba a alguien directamente por hacer un trabajo notable. Pero debemos reconocer la potencialidad humana y dar crédito por un trabajo bien hecho.

Melvin Lorentzen escribió: "Hoy tenemos que destacar la excelencia por encima de la mediocridad que se pone en práctica en el nombre de Cristo. Tenemos que determinar sacar el mejor provecho de las artes, para que cuando cantemos un himno acerca de Jesús y de su amor, cuando levantemos un edificio para la adoración a Dios, cuando representemos un drama con respecto al peregrinaje del alma, no corramos a las personas, sino que las atraigamos a Dios".

Parte de nuestro problema en la lucha por la excelencia cristiana pudiera ser una teología defectuosa. A muchos nos parece difícil vivir con la verdad bíblica de que Dios está haciendo todo, y la verdad paralela de que el hombre se le ha dado la responsabilidad de actuar, sin embargo, Dios le ha ordenado actuar para cumplir la voluntad de El. Al creer que Dios tiene el control de todas las cosas, tenemos la tendencia de menospreciar el papel del hombre.

Las normas son necesarias

No podemos escapar de esto: en el servicio cristiano somos llamados a la excelencia. Somos llamados a establecer normas de excelencia para nosotros mismos y para todos los hombres. En la Epístola a los Filipenses, el apóstol Pablo dijo mucho acerca de esto. En realidad, esta epístola es un tratado sobre la excelencia. En Filipenses 1:10, Pablo hace una oración: "que aprobéis lo mejor". Cuando Dios nos habla en las Escrituras, nunca permite que lo bueno sea enemigo de lo mejor. "Sed perfectos (completos) como yo", es la norma. Pero, ¿dónde comenzamos? ¿El llamado a la excelencia significa excelencia en todo?

En Colosenses 3:17 se nos amonesta: "Y todo lo que hacéis, sea de palabra o de hecho, hacedlo todo en el nombre del Señor Jesús, dando gracias a Dios Padre por medio de él". No se puede hacer ninguna norma más elevada. El sabio Salomón dijo en Eclesiastés 9:10: "Todo lo que te viniere a la mano para hacer, hazlo según tus fuerzas". Sostengo que nada que sea menos que la búsqueda de la excelencia puede agradar a Dios; sin embargo, la mayoría de nosotros tenemos que admitir que hay grandes segmentos de nuestras vidas en los cuales esto no es una experiencia.

Una medida

La excelencia supone una norma o vara de medir. A la inversa, cualquier cosa que sea menos que liderato cristiano excelente es inferior. La excelencia supone que no hay manera de hacer o ser alguna cosa que sea menos que lo mejor, o menos que lo que debiera ser, o menos que digno.

Esta clase de liderato nos ofrece algo hacia lo cual dirigirnos: una señal que nos dará el éxito por cuanto Dios lo quiere.

Una meta

En segundo lugar, la excelencia supone un objetivo. Exige que pensemos más allá de los sueños y los conceptos; que pensemos de la realidad en función de lo que puede ser, de lo que debe ser. Reconocemos que no lograremos la excelencia en todo, pero tenemos que buscarla continuamente.

El liderato cristiano demanda visión. El líder cristiano tiene que tener tanto previsión como discernimiento. Cuando tiene estas dos cosas, podrá tener la visión del resultado final de los planes o métodos que defiende. Los grandes misioneros pioneros fueron, sin excepción, hombres de visión: tuvieron la capacidad de mirar más allá de lo presente.

La visión incluye optimismo y esperanza. Ningún pesimista llegó a ser alguna vez un gran líder. El pesimista ve una dificultad en toda oportunidad; el optimista ve una oportunidad en toda dificultad.

La visión imparte un espíritu de aventura: la disposición a dar nuevos pasos de fe cuando hay un aparente vacío abajo.

El líder cristiano ha de ser un hombre de visión. Ha de tener discernimiento celestial. El conocimiento se logra mediante el estudio, pero cuando el Espíritu Santo llena a un hombre, le imparte la sabiduría para que use y aplique el conocimiento correctamente.

En Colosenses 1:9 encontramos una oración de Pablo: "que seáis llenos del conocimiento de su voluntad en toda sabiduría e inteligencia espiritual". Eso es lo que se necesita para establecer metas y lograrlas.

Prioridades

La excelencia también supone prioridades. No sólo supone hacer algo bien, sino que se relaciona con la elección entre varias metas. Algunas metas son menos dignas y honran menos a Dios que otras. Hay metas que no llegan a lo que Dios espera que seamos. Esto no significa que sólo hay un camino correcto para todos los hombres, sino más bien que la potencialidad para la excelencia en algunos aspectos está en manos de todos los hombres. Somos llamados a una vida en que podemos lograr la excelencia hasta en el menor aspecto.

Hace algún tiempo vino un joven procedente de un seminario de Indiana a nuestras oficinas principales de Visión Mundial. En el servicio de nuestra capilla él dijo que uno de sus profesores recomendaba que cada estudiante se especializara en un libro de la Biblia. El seminarista dijo: "Acepté el desafío, y determiné que en mi vida me iba a especializar en el libro bíblico de Efesios". Por supuesto, esa mañana él predicó sobre la Epístola a los Efesios. Se había dedicado completamente al estudio de ese libro.

Cada uno de nosotros está llamado a ejercer por lo menos un don a plena capacidad. ¿Has decidido cuál es tu don o cuales son tus dones? Algunos tienen grandes dones, pero tal vez han sido demasiado perezosos para desarrollarlos.

La disciplina es una prioridad fundamental. Esta cualidad es una parte del fruto del Espíritu (Gálatas 5:22). Sólo la persona disciplinada llegará al desarrollo de sus facultades más elevadas. El líder puede dirigir a otros sólo por el hecho de que se ha dominado a sí mismo y a su vez ha sido dominado por Cristo.

Muchas personas piensan que si se administran a sí mismas, llegarían a estar encerradas por todos los lados como si estuvieran en una caja: atados e incapaces de hacer nada. Esa imagen debe descartarse. Administrarte a ti mismo es ser un buen mayordomo de tu tiempo, de tu talento, de tu dinero. Es jerarquizar las cosas en prioridades a fin de poder lograr lo máximo para el Señor.

La administración de uno mismo es sumamente importante por el hecho de que la falta de disciplina puede impedir que se haga la obra por completo. El cristiano es responsable por su modo de vivir. Un estudio sobre la parábola de los talentos (Mateo 25:14-30) resulta útil. El desempeño descuidado produce poca recompensa. Dios espera que invirtamos fructíferamente lo que El nos dio.

La autodisciplina no nos encierra en una caja. Más bien nos libera para que logremos más con lo que Dios nos dio. También nos concede un mejor sentimiento con respecto a nosotros mismos a causa de nuestras realizaciones.

¡El líder cristiano es un seguidor! Esta es otra prioridad, pues el arte del liderato se adquiere, no sólo asistiendo a conferencias, leyendo libros y obteniendo títulos, sino observando primero la manera como dirige y actúa otra persona, respondiendo a la inspiración de esa persona y emulando su ejemplo.

Todavía resuena la invitación desafiante del Salvador: "Venid en pos de mí, y haré que seáis pescadores de hombres (Marcos 1:17). Cuando los hombres y las mujeres ponen atención a esa invitación y siguen a Jesús, comienzan a capacitarse para el liderato espiritual.

Este principio se ve también en la vida de Pablo, el dinámico líder de la iglesia primitiva: "Por tanto, os ruego que me imitéis" (1 Corintios 4:16). A otra iglesia escribió: "Hermanos, sed imitadores de mí, y mirad a los que así se conducen según el ejemplo que tenéis en nosotros . . . Lo que aprendisteis y recibisteis y oísteis y visteis en mí, esto haced; y el Dios de paz estará con vosotros" (Filipenses 3:17; 4:9). Pero el apóstol nunca pidió que se lo siguiera sin hacerle ninguna crítica, como si él fuera un modelo sin falta. "Sed imitadores de mí", instó él; e inmediatamente estableció un límite importante: "así como yo de Cristo" (1 Corintios 11:1). Es asunto de imitar a los hombres hasta donde ellos sigan a Cristo.

Así que los líderes tienen que seguir, tienen que recordar a "aquellos que tienen autoridad sobre vosotros" (compárese esto con Hebreos 13:7).

Un proceso

En cuarto lugar, la excelencia es un proceso. Es más bien un proceso que una realización. La vida es un proceso; la administración es un proceso. Podemos mirar a un individuo o un evento en cierto tiempo de la historia, y decimos que fue excelente, pero es el esfuerzo continuo lo que distingue a la persona que se dedica a la excelencia.

Pablo dijo: "Hermanos, yo mismo no pretendo haberlo ya alcanzado; pero una cosa hago: olvidando ciertamente lo que queda atrás, y extendiéndome a lo que está delante, prosigo a la meta, al premio del supremo llamamiento de Dios en Cristo Jesús" (Filipenses 3:13, 14).

Ningún líder debe vivir engañado pensando que ya ha llegado. La excelencia requiere constante evaluación, corrección y mejoramiento. El proceso, por tanto, nunca termina.

Estilo de vida

Esto nos lleva a una quinta definición de la excelencia en el liderato cristiano. La excelencia está relacionada con el estilo de vida. Sócrates dijo: "Conócete a ti mismo". Varios siglos después, Marco Aurelio dijo: "Contrólate a ti mismo". Los antiguos sabios decían: "Entrégate a ti mismo". Jesús dijo: "Niégate a ti mismo".

¿Cuál es tu estilo? ¿Cuál puede ser? Todos somos diferentes. Algunos hombres se adelantan al tiempo, otros se quedan atrás. Unos pocos son genios musicales, la mayoría no lo son. Unos pocos son grandes predicadores. Algunos conciben grandes ideas. Otros son hombres que se preocupan por los detalles. Pero a cada uno, la excelencia nos exige que le dediquemos lo mejor que Dios ha colocado dentro de nosotros. Nuestro estilo de vida tiene que distinguirse por la excelencia. El líder cristiano no puede adoptar como meta nada que sea menos que la excelencia.

Cada cual tiene que desarrollar su propio estilo, pero veo ciertas características como absolutamente necesarias para el estilo de vida del líder cristiano. En primer lugar, el verdadero líder cristiano tiene que tener la indispensable cualidad que lo separa de los demás: su vida está entregada al Espíritu Santo. Todas las demás características son deseables; ¡pero ésta es indispensable!

En el libro de los Hechos está claramente indicado que los líderes cristianos que influyeron significativamente en el movimiento cristiano fueron hombres llenos del Espíritu Santo. Esto se ha verificado a lo largo de toda la historia de la iglesia.

Estar uno lleno del Espíritu significa que el Espíritu controle su intelecto, sus emociones, su voluntad y su cuerpo. Todos estos elementos están a la disposición de El para cumplir los propósitos de Dios. Tal experiencia es esencial para obtener el éxito en el liderato cristiano. ¡Recordemos que cada uno está tan lleno del Espíritu como realmente quiera estarlo!

La voluntad del líder cristiano consagrado ha sido remodelada, y él está determinado a hacer la voluntad de Dios a toda costa. Su voluntad no es pasiva, sino inmediatamente activa. El puede observar la situación general y hacer la decisión: la buena y en el tiempo oportuno. Alguien ha dicho que el líder cristiano tiene una voluntad totalmente dispuesta en todo tiempo a hacer la voluntad de Dios.

La vida llena del espíritu incluye el hecho de que uno se humille a sí mismo, pero no que uno se propague a sí mismo. En la escala de valores de Dios, la humildad ocupa un puesto muy elevado. A El siempre le encanta promover al humilde. Tal cualidad siempre debe ser creciente.

Pablo reconoció en 1 Corintios 15:9: "yo soy el más pequeño de los apóstoles, que no soy digno de ser llamado apóstol". En otra ocasión pudo jactarse: "He peleado la buena batalla" (2 Timoteo 4:7). Así que hay una clase de orgullo que es correcta, pero siempre está atemperada por la humildad.

La ira es otra de las características de los líderes cristianos. Suena como una característica extraña para un líder, pero es una característica que estuvo presente en la vida del mismo Señor Jesús. En Marcos 3:5 leemos: "Entonces, mirándolos alrededor con enojo". La ira justa no es menos noble que el amor, ya que las dos características coexisten en Dios.

Los grandes líderes que han cambiado el curso de la historia en los días de la declinación nacional y espiritual fueron hombres que podían enojarse a causa de las injusticias y abusos que deshonraban a Dios y esclavizaban a los hombres. Fue esta ira justa en contra de los despiadados contrabandistas de esclavos la que causó que William Wilberforce moviera el cielo y la tierra para emancipar a los esclavos.

Además, el estilo de vida de un líder cristiano debe incluir una disposición o habilidad para estar interesado en la gente. El líder espiritual manifestará su aprecio a los hombres y tendrá una gran capacidad para la amistad. En la Biblia, las órdenes intrépidas que David daba a sus hombres brotaban de las amistades que él se había formado; estos hombres de renombre estaban dispuestos a morir por él. Las epístolas de Pablo fulguran con el calor del aprecio y el afecto personal que él sentía hacia sus compañeros de trabajo. La amistad personal logrará mucho más que las discusiones prolongadas, aunque éstas tengan éxito. El líder cristiano tiene que tener un respeto genuino, un gusto por la gente; si lo tiene, buscará los buenos puntos de los demás y se especializará en ellos.

Las buenas relaciones humanas son vitales para el éxito: "Los planes te llevan a las cosas —dijo una vez Will Rogers—, pero tú tienes que abrirte tu propio camino". ¿Pero cómo te abres tu propio camino con la gente y a través de la gente? Un observador de la escena de los negocios se refiere a la gente como "los portales por los cuales pasan los hombres a posiciones de poder y liderato".

La experiencia repetidamente da testimonio de que realmente tienes que interesarte por las personas para hacer que ellas se desempeñen en su mejor nivel. La sicología industrial dice: "Conoce a tu gente". Cuanto más los conozcas, tanto más se preocuparán ellos por ti. Conoce sus problemas, necesidades, vida del hogar e intereses especiales. Si mi experiencia propia es un indicador, a ti te llegará a encantar esto.

Las incomprensiones siguen siendo incomprensiones sólo mientras se mentengan cubiertas. Cuando salen al descubierto rápidamente se disuelven.

Necesitamos algo de examen introspectivo en este asunto: ¿Está tu gente genuinamente convencida de que tú estás personalmente interesado en su bienestar? ¿Juzgas a tu gente por su habilidad y desempeño, y no por sus rasgos personales? ¿Cuán frecuentemente visitas a tu gente de una manera informal y personal? ¿Siente la gente que realmente tiene un "cargo" al trabajar con tu grupo? ¿Qué clase de amigo eres para tu gente? ¿Cuánto te comunicas, estimulas las preguntas, dando así al otro individuo la oportunidad de expresar sus opiniones y reacciones? ¿Sabe tu gente cómo está contigo?

La falta de interés o una actitud inamistosa son obstáculos en el camino de la realización y conducen a toda clase de problemas con el personal. Tu quieres dar a entender una cosa; tu subordinado te entiende de otro modo. No explicas un programa recientemente anunciado; tu subordinado aplica su propia interpretación deformada. Tú das una asignación, pero no defines la medida de autoridad que implica.

Un enfoque verdaderamente amistoso envuelve el estar uno consciente de los demás, darse cuenta de lo vitalmente importante que es hacerse comprender de la gente, y ayudar a la gente para que uno pueda comprenderla.

La motivación

Esta característica de la excelencia es tan importante que le hemos dedicado todo un capítulo. Vale la pena repetir por cuanto el líder cristiano nunca debe olvidar su significación.

La excelencia no se logrará fácilmente. Hasta un 80 por ciento de ella puede lograrse fácilmente; el 15 por ciento siguiente se adquiere con mucha dificultad; sólo ocasionalmente, la persona altamente motivada llega al 100 por ciento.

George Allen, entrenador del equipo de fútbol los Pieles Rojas de Washington, según se cita a menudo, dijo: "Yo exijo que mis hombres den el 110 por ciento". ¿Qué es lo que quiere decir? Que en el campo de fútbol, él insiste en que sus hombres den más de lo que ellos piensan que pueden dar. Tenemos demasiados líderes que se conforman con establecer un tope de 70, 80 ó 90 por ciento. Cuando el nivel de motivación es bajo, la realización también baja. En este respecto siempre hay una correlación de uno a uno.

La motivación evitará que la persona se agote cuando la marcha se haga dura. Un buen amigo mío, Roberto Cook, trabajó estrechamente conmigo durante muchos años. Roberto me dijo un día, cuando me encontraba luchando con algunos problemas y me hallaba a punto de rendirme: "Mira, Ted, ¡siempre es demasiado pronto para abandonar!"

No sé dónde te encuentras tú en tu vida, en el liderato, en el cumplimiento de tu papel. No conozco tus frustraciones, tus cargas ni las montañas por las cuales has tenido que escalar. Pero una cosa sé: ¡es demasiado pronto para abandonar! Nunca te rindas. Permanece firme. Esta es una parte de la búsqueda de la excelencia. En tal realización hay gozo por el hecho de que es una experiencia demasiado rara para la mayoría de nosotros. Uno de los misterios de la vida consiste en que lo que se logra fácilmente trae poca satisfacción interna. Necesitamos pensar en grande. La motivación garantiza el vigor para vencer y lograr.

La responsabilidad

Finalmente, todos los líderes cristianos tienen que ser responsables ante otra persona. Creo que todo líder necesita tres clases de personas con las cuales identificarse: (1) Un Timoteo. Pablo tuvo su Timoteo. Tú tienes que tener a alguien al cual te puedas dar. Yo tengo un colega de esa clase. En mi carrera he tenido varios, y le doy las gracias a Dios por ellos.

(2) Un Bernabé, el hijo de consolación. Pablo tuvo un Bernabé durante su carrera. Yo también tengo mi Bernabé, un profesor del seminario que ya está jubilado. Acudo a él continuamente con problemas, situaciones y dificultades. El ora conmigo, me aconseja y mantiene mi confianza. El es Bernabé para mí. Todo líder necesita a alguien con quien pueda compartir íntimamente.

(3) Un grupo de compañeros. Durante unos ocho años, me he estado encontrando con otros cinco hombres para desayunar en un restaurante. No es una reunión de oración, pero oramos. No es un

estudio bíblico, pero nos referimos a la Palabra de Dios en conjunto. Compartimos unos con otros. No hay nada que no estaríamos dispuestos a hacer los unos por los otros. A causa de nuestro horario de trabajo, raras veces estamos presentes todos los seis, pero siempre hay tres o cuatro, algunas veces hasta cinco. Somos responsables cada uno ante cada uno de los demás, pues nos respaldamos mutuamente de muchas maneras. Yo soy responsable ante ellos; ellos son responsables ante mí. El líder necesita ser parte de un grupo de iguales. Como líderes cristianos en general, cómo hemos echado de menos este factor de responsabilidad.

Practiquemos

Recuerda que necesitamos dedicarnos a la búsqueda de la excelencia. Ten en mente estas siete características de la excelencia. Repasémoslas. La excelencia es una *medida*, y eso supone una norma de responsabilidad. La excelencia exige una *meta*, y esa meta es la disposición a correr riesgos a favor de otros. La excelencia demanda *prioridades*. Para ello hay que decir a los demás, o decirse a uno mismo qué es lo primero en la vida. La excelencia es un proceso, y esto significa siempre mantenerse al tanto del progreso. La excelencia se relaciona con el *estilo,* lo cual significa que debes decidir cuáles son los dones que Dios te ha dado y cómo utilizarlos. La excelencia se relaciona con la *motivación*, y a eso se refiere todo este asunto del liderato.

¿Cómo respondemos a la meta de la excelencia? Escoge tus metas. No puedes hacer todo; no puedes ser todo; y eso está bien. De aquellas metas que crees que son especiales, decide cuáles tienen la primera prioridad. Realiza esas metas con excelencia. Decide quién eres, qué eres; decide cómo te hizo Dios y qué es lo que El quiere que tú seas: haz eso con excelencia. De Jesús se dijo: "bien lo ha hecho todo". Esforcémonos por lograr eso, pues el Dios del promedio de las personas no es el Dios de la Biblia.

Cuando aspiramos a la excelencia cristiana, mantengámosla en perspectiva. Algunas cosas son más claramente excelentes que otras. En Filipenses 1:9-11 Pablo nos dice que podemos saber cómo juzgar lo que es excelente: "Y esto pido en oración, que vuestro amor abunde aun más en ciencia y en todo conocimiento, para que aprobéis lo mejor, a fin de que seáis sinceros e irreprensibles para el día de Cristo, llenos de frutos de justicia que son por medio de Jesucristo, para gloria y alabanza de Dios".

Notemos el propósito: la gloria y la alabanza de Dios. Notemos la meta: la excelencia ("lo mejor"). Notemos los pasos que hay que dar para llegar a la meta: ciencia y conocimiento, completamente mezclados con un abundante amor. El resultado serán los frutos de justicia.

James Russell Lowell expresó esto muy bien:

> La vida es una hoja de papel blanco
> En el cual cada uno puede escribir
> Una o dos palabras y luego viene la noche.
> ¡Comienza grandemente! Aunque tiempo sólo tengas
> Para una línea, ¡sé sublime!
> El crimen no está en el fracaso, sino en la baja meta.

Palabras de despedida

En medio de todos los problemas del liderato necesitamos comprender y saber que tenemos un gran Dios. Un día hace muchos años, estaba yo luchando con un problema aparentemente insuperable: 40 personas dependían de mí para trasladarse a la India a una conferencia que se ofrecería para millares de jóvenes. Teníamos que salir el día después de la Navidad, pero el día anterior a la Navidad se nos informó que el gobierno indio había cancelado todos nuestros visados.

Mientras mi corazón y mi mente luchaban, oré y abrí la Biblia. En la Primera Epístola de Juan fulguró el mensaje como una luz de neón. Sólo era una declaración de tres palabras: "mayor . . . es Dios". Yo oré al Señor: "Señor, si alguna vez tuviste una oportunidad para probar que eres mayor que los gobiernos y el poder de los hombres, ahora mismo tienes una oportunidad tremendamente buena!" El hizo el milagro, y el problema se resolvió. "Mayor . . . es Dios".

Los líderes cristianos tienen que proseguir siempre hacia el alto llamamiento y hacia las tareas que tienen delante. Muchísimos estamos dispuestos a buscar lo "suficientemente bueno", en vez de buscar "lo bueno"; y "lo bueno", en vez de buscar "lo excelente". Que cada uno de nosotros, en las responsabilidades que Dios nos ha encomendado, las cumplamos de tal modo que la gente nunca establezca una ecuación entre la mediocridad y las cosas de Dios.

Avanza apresuradamente. No hay nada que pueda tomar el lugar de la persistencia. El talento no lo tomará. No hay nada más común que los hombres que tienen talento, pero no tienen éxito. El genio no lo tomará. Es casi un proverbio el genio que no obtiene ningún galardón. La educación no lo tomará. El mundo está lleno de negligentes educados. Sólo la persistencia y la determinación son irresistiblemente poderosas.

(Calvin Coolidge)

INDICE DE TEMAS

Printed in the USA
CPSIA information can be obtained
at www.ICGtesting.com
JSHW031422230624
65271JS00005B/10